صياغة التفكير الواضح

صياغة التفكير الواضح

أنا جين

الهند
2023

محتويات

لا يتم فرض المطابقة في كل حالة

لماذا ستتلعب قريباً الملايين

إهمال الاحتمال

لماذا يصنع آخر ملف تعريف ارتباط في الجرة ماءً من الفم؟

عندما تسمع نبضات الهوب، لا تتوقع سماعها!

إهمال المعدل الأساسي

قوة التوازن

لماذا عجلة الحظ تجعلنا نتحرك في دوامة؟

كيف يمكننا تحرير الملايين من مشاكلهم؟

لماذا يكون الشر أقوى من الخير؟

لماذا أعضاء الفريق كسالى

التسكع الاجتماعي

محاط بالورق؟

النمو الأسي

السيطرة على الحماس الخاص بك

لعنة الفائز

لا ينبغي للكتاب أن يسألوا كاتبهم أبدًا عما إذا كانت روايته سيرة ذاتية

خطأ الإسناد الأساسي

لماذا لا يجب أن تصدق ما يقوله الراوي؟

السببية الكاذبة

في جوهرهم، الجميع جميلون

تهانينا! لقد فزت بالروليت الروسية

مسارات بديلة

الأنبياء الكذبة

الوهم المتوقع

خداع حالات محددة

إنه ليس ما نقوله، بل كيف نقوله

المشاهدة والانتظار أمر مؤلم

تحيز العمل

لماذا أنت الحل أم جزء من المشكلة؟

تحيز الإغفال

لا ألومني

التحيز لخدمة مصالح ذاتية

شاهد كل ما تتمناه!

حلقة مفرغة المتعة

يجب علينا جميعًا أن نتذكر ألا نتعجب من وجودنا ونعيش وفقًا لذلك

لماذا يمكن للخبرة أن تدمر أحكامنا؟

تحيز الرابطة

انتبه عندما تبدأ الأمور بالحدوث بسرعة

حظ المبتدئين

وفي أكتوبر/تشرين الأول 2004، دعاني أحد أقطاب الإعلام الأوروبي إلى زيارة ميونيخ لإجراء ما وصفوه بالتبادل غير الرسمي بين المثقفين. وفي حين أنني لم أعتبر نفسي مثقفًا ـ بعد أن درست إدارة الأعمال بدلاً من الأدب ـ إلا أن روايتي الأدبيتين لا بد أن تكونا قد أهلتني لمثل هذه الدعوة.

كان نسيم نقولا طالب يجلس على الطاولة. في ذلك الوقت، كان تاجرًا مغمورًا في وول ستريت وكان شغوفًا بالفلسفة، وقد التقيت به كخبير في الفلسفة الإنجليزية وفلسفة التنوير الاسكتلندية، وخاصة فلسفة ديفيد هيوم. من الواضح أنني كنت مخطئًا في شخص آخر. لقد صدمت من خطأي، ولكنني كنت لا أزال أحاول الحفاظ على رباطة جأش، وابتسمت ابتسامة مؤقتة في جميع أنحاء الغرفة على أمل أن يكون الصمت بمثابة دليل على قدراتي الفلسفية. في تلك اللحظة، سحب طالب كرسياً متاحاً وربت على مقعده؛ يدعوني للجلوس. فعلت كذلك. بعد مناقشة هيوم لفترة وجيزة، انتقلت محادثتنا بسرعة إلى وول ستريت. لقد تعجبنا من الأخطاء المنهجية في اتخاذ القرار من قبل الرؤساء التنفيذيين وقادة الأعمال ـ بما فيهم نحن! ناقشنا لماذا تبدو الأحداث غير المتوقعة أكثر احتمالا بعد فوات الأوان، بينما ناقشنا سبب رفض المستثمرين بيع الأسهم بمجرد انخفاض قيمتها عن تكلفة الاستحواذ.

بعد الحدث أرسل لي طالب صفحات من مخطوطته؛ جوهرة رائعة قمت بمراجعتها والتعليق عليها جزئيًا؛ أصبح هذا جزءًا من البجعة السوداء، كتابه الأكثر مبيعًا على مستوى العالم والذي دفعه إلى مكانة كل النجوم الفكرية. وفي هذه الأثناء، كانت شهيتي مشتعلة؛ بدأت في التهام الكتب التي كتبها علماء الإدراك وعلم الاجتماع حول موضوعات مثل الاستدلال والتحيزات بالإضافة إلى زيادة محادثات البريد الإلكتروني مع الباحثين بالإضافة إلى زيارة مختبراتهم ـ بحلول عام 2009 أدركت أنه إلى جانب كوني روائيًا، أصبحت طالبًا في الإدراك الاجتماعي. علم النفس كذلك.

يعرّف الخبراء الأخطاء المعرفية بأنها انحرافات منهجية عن المنطق ـ التفكير والسلوك الأمثل والعقلاني الذي ينحرف عن الحالة المثالية. بكلمة "منهجي"، أعني أن هذه الانحرافات عن الفكر الأمثل ليست مجرد سوء تقدير عرضي أو أخطاء في الحكم، بل هي بالأحرى أخطاء متكررة، وعقبات أمام المنطق نواجهها مرة تلو الأخرى عبر الأجيال والقرون. المبالغة في تقدير معرفتنا أكثر شيوعًا من التقليل من شأنها! على سبيل المثال التقليل من التقدير هو ما يحدث في أغلب الأحيان. بالإضافة إلى ذلك، فإن الخوف من خسارة شيء ما يحفزنا أكثر بكثير من احتمال تحقيق مكاسب مماثلة؛ عندما نكون في حضور أشخاص آخرين، غالبًا ما نقوم بتعديل سلوكنا ليتناسب مع سلوكهم؛ تميل الحكايات إلى حجب التوزيع الإحصائي (المعدل الأساسي) وراء حدث ما، مما يجعل الأخطاء تتراكم مثل الغسيل القذر في إحدى الزوايا بينما تترك الزوايا الأخرى نظيفة نسبيًا (أي فيما أصبح يعرف باسم "ركن الثقة المفرطة") بدلاً من ذلك.

بدأت بإعداد قائمة بالأخطاء المعرفية لتجنب المقامرة بالثروة التي جمعتها طوال مسيرتي الأدبية وللحماية من المخاطر غير الضرورية بهذه الثروة، دون أن أعتزم نشر القائمة في المنشورات المستقبلية. لقد قصدت في الأصل استخدام هذه القائمة بنفسي فقط. بعض أخطاء التفكير كانت موجودة منذ قرون، بينما لم يتم التعرف على أخطاء أخرى إلا مؤخرًا. يأتي البعض أيضًا مع اسمين أو ثلاثة أسماء مرفقة؛ لقد اخترت تلك الأكثر استخداما على نطاق واسع. وسرعان ما اكتشفت أن إنشاء مثل هذه القائمة لن يساعد قراراتي الاستثمارية فحسب، بل سيساعد أيضًا في الأمور التجارية والشخصية. بمجرد الانتهاء من ذلك، ساعدني إنشاء هذه القائمة على الشعور بالهدوء وصفاء الذهن. لقد بدأت في التعرف على أخطائي في وقت سابق، مما مكنني من تصحيح المسار قبل أن يحدث أي ضرر دائم. بالإضافة إلى ذلك، ولأول مرة في حياتي، تمكنت من تحديد متى قد يقع الآخرون أيضًا ضحية لهذه الأخطاء المنهجية. ومن خلال قائمتي، أصبح بإمكاني الآن مقاومة جذبهم ـ وحتى أن تكون لي اليد العليا في تعاملاتي. الآن أصبح لدي فئات، ومصطلحات، وتفسيرات يمكنني من خلالها درء تهديد اللاعقلانية ـ مثل قيام بنجامين فرانكلين بتحليق طائرته

الورقية أثناء العواصف الرعدية؛ لم يصبح الرعد والبرق أقل تكرارًا أو قوة أو ارتفاعًا ـ ومع ذلك أصبحا أقل إثارة للقلق؛ شيء تردد صداه بعمق داخل نفسي عندما واجهت لاعقلانيتي الآن.

وسرعان ما لاحظ الأصدقاء خلاصتي الوافية، وأبدوا اهتمامًا وحثوا على كتابة عمود أسبوعي في صحيفة في ألمانيا وهولندا وسويسرا بالإضافة إلى العديد من العروض التقديمية (معظمها للأطباء والمستثمرين وأعضاء مجلس الإدارة والمديرين التنفيذيين والمسؤولين الحكوميين) حتى صدر هذا الكتاب.

ضع هذه النقاط الثلاث في الاعتبار أثناء استكشافك لهذه الصفحات: أولاً، هذه القائمة غير كاملة ـ قد تكون هناك أخطاء جديدة تم اكتشافها. ثانيًا، تبدو معظم الأخطاء مترابطة ولا ينبغي أن تكون مفاجئة؛ بعد كل شيء، ترتبط جميع مناطق الدماغ عبر الإسقاطات العصبية التي تنتقل في جميع أنحاء أجسادنا.
ثالثًا، تكمن خبرتي في المقام الأول في كوني روائيًا ورجل أعمال وليس عالمًا اجتماعيًا؛ وعلى هذا النحو، لا أملك مختبرًا خاصًا بي لإجراء تجارب الأخطاء المعرفية أو توظيف الباحثين لرصد الأخطاء السلوكية. لذلك، عند كتابة هذا الكتاب، فكرت في نفسي كمترجم يتمثل دوره في تفسير وتجميع ما قرأته وتعلمته حتى يتمكن الآخرون من فهمه بسهولة أكبر. ولهذا فإنني أشعر بامتنان كبير لأولئك الباحثين الذين كشفوا، على مدى عقود، عن أخطاء سلوكية ومعرفية؛ بحثهم هو أن المديونية تؤتي ثمارها مما يجعل هذا الكتاب ممكنًا، ولهذا يستحقون امتناني وأنا أشكرهم بشدة.

هذا الكتاب ليس كتابًا إرشاديًا؛ لن تكون هناك سبع خطوات لحياة خالية من الأخطاء هنا. لقد أصبحت الأخطاء المعرفية متأصلة للغاية بحيث لا يمكننا التخلص منها تمامًا، ولا ينبغي أن يكون هذا هو هدفنا؛ قد تكون بعض الأخطاء المعرفية ضرورية لعيش حياة سعيدة، وبالتالي يجب أن تظل موجودة؛ على الرغم من أن هذا الكتاب قد لا يحمل مفتاح السعادة، إلا أنه على الأقل يعمل بمثابة حماية من التعاسة المفرطة التي يسببها الذات.

وهدفي بسيط: إذا كان بوسعنا أن نتعلم كيف ندرك ونتجنب الأخطاء الفادحة في التفكير في حياتنا الشخصية والمهنية والسياسية، فربما يتزايد الرخاء بشكل كبير. كل ما يتطلبه الأمر هو قدر أقل من اللاعقلانية ـ لا حاجة هنا إلى أي من هذه الماكرة الإضافية أو الأدوات الجديدة.

لماذا من المهم زيارة المقابر؟

يمكن لريك أن يجد نجوم الروك في كل مكان ينظر إليه: شاشات التلفاز، وصفحات المجلات، وبرامج الحفلات الموسيقية، ومواقع المعجبين عبر الإنترنت مليئة بالصور والأغاني الخاصة بهم؛ لا يمكن تجنب وجودهم في المركز التجاري أو صالة الألعاب الرياضية ـ فهناك المئات منهم! يعتقد ريك أنه يجب أن يكون هناك خطأ ما لأن هذه النجوم تظهر بشكل متكرر وموثوق في حياته. استلهم ريك من قصص العديد من أبطال الجيتار ليبدأ فرقته الخاصة ويبدأ في أداء الموسيقى الحية، لكن من المحتمل أنه لن يصبح كبيرًا مثلهم؛ مثل كثيرين من قبله، من المرجح أن ينضم إلى آلاف الموسيقيين الفاشلين الذين يقيمون في مقبرة الموسيقيين الفاشلين التي تضم موسيقيين أكثر بـ 10000 مرة من المسرح، ومع ذلك لا يوجد صحفي يهتم بتغطية الإخفاقات بخلاف النجوم الذين سقطوا ـ مما يجعل هذه المقبرة غير مرئية من الغرباء.

في العمل وفي الحياة اليومية، غالبًا ما يبدو النجاح أكثر وضوحًا من الفشل، مما يجعلنا نبالغ في تقدير احتمالية النجاح. تمامًا مثل ريك، غالبًا ما يقع الغرباء في فخ هذا الوهم ويخطئون في تقدير احتمالية حدوثه. ريك هو مجرد ضحية أخرى لـ "تحيز البقاء".

وراء كل مؤلف ناجح قد يكون هناك 100 كاتب آخر لن تباع كتبهم أبدًا؛ و100 آخرون لم يجدوا ناشرين؛ وما زال هناك 100 كاتب آخر لا تزال مخطوطاتهم غير المكتملة غير مقروءة في الأدراج. خلف كل كتاب من هذه الكتب يوجد 100 شخص يحلمون بنشر كتاب يومًا ما ـ لكنك تسمع فقط عن كتاب ناجحين (كثير منهم ينشرون أعمالهم بأنفسهم)، ويفشلون في تقدير احتمالات نجاحهم المذهلة في النجاح الأدبي. يجب على المصورين ورجال الأعمال والفنانين والرياضيين والمهندسين المعماريين والفائزين بجائزة نوبل ومقدمي البرامج التلفزيونية وملكات الجمال أن يستخرجوا أنفسهم من تحت تحيز البقاء من أجل مكافحة تأثيره. لن يقوم أي شخص آخر بذلك نيابةً عنك! للتغلب على تحيز الناجين بنفسك.

ينشأ تحيز البقاء أيضًا في القرارات المالية: ضع في اعتبارك أن صديقك يفتتح شركة ناشئة. باعتبارك أحد المستثمرين المحتملين، ترى فرصة مذهلة هنا: يمكن أن تصبح جوجل أو أمازون التالية. ومع ذلك، التحقق من الواقع: في معظم الحالات، تفشل هذه المشاريع تمامًا أو تنتهي في غضون أشهر أو سنوات من بدايتها؛ وتشمل النتائج المحتملة الثانية إما الإفلاس أو مجرد البقاء على قيد الحياة ـ وكل من الخيارين متساوي في الاحتمال. النتيجة: من المحتمل أن تفلس أي شركة يتم تأسيسها في غضون ثلاث سنوات؛ ومن بين أولئك الذين بقوا على قيد الحياة لفترة طويلة، فإن معظمهم لا يصل أبدًا إلى أكثر من عشرة موظفين. لذا، ألا ينبغي عليك أبدًا المخاطرة بأموالك التي كسبتها بشق الأنفس في أي مشروع؟ ليس بالضرورة؛ فقط تذكر أن تحيز البقاء يشوه احتمالية النجاح مثل قطع الزجاج.

خذ على سبيل المثال مؤشر داو جونز الصناعي المتوسط: فهو يضم فقط الشركات الناجحة؛ الشركات الفاشلة والصغيرة لا تدخل سوق الأوراق المالية على الرغم من تمثيلها لمعظم المشاريع التجارية. وبالتالي فإن مؤشر الأسهم لا يصور الاقتصاد بدقة، وبالمثل فإن الصحافة لا تنشر تقارير عن جميع الموسيقيين بالتساوي؛ وبالمثل، فإن وفرة الكتب والمدربين الذين يتعاملون مع النجاح يجب أن تجعلك حذرًا لأن هؤلاء الأفراد غير الناجحين لا يكتبون كتبًا أو يلقون محاضرات حول إخفاقاتهم.

يمكن أن يكون تحيز البقاء خطيرًا بشكل خاص عندما يصبح الشخص جزءًا من الفريق الفائز. وحتى عندما ينشأ النجاح عن طريق الصدفة، فإن أوجه التشابه مع الفائزين الآخرين قد تغرينا بتحديد أوجه التشابه هذه باعتبارها

عوامل نجاح رئيسية؛ ومع ذلك فإن زيارة مقابر الأفراد والشركات الفاشلة ستكشف عن العديد من السمات المشابهة بين مستأجريها والتي ساهمت في مقابرك!

إذا قام عدد كاف من العلماء بالتحقيق في ظاهرة ما، فإن بعض الدراسات ستنتج نتائج ذات دلالة إحصائية من خلال الصدفة المحضة ـ على سبيل المثال العلاقة بين استهلاك النبيذ الأحمر وارتفاع متوسط العمر المتوقع. وسرعان ما تكتسب مثل هذه الدراسات "الكاذبة" شعبية واهتمامًا ـ على عكس الدراسات التي تحتوي على نتائج أقل إثارة ولكنها صحيحة والتي تظل مخفية في الصفحات الخلفية للأوساط الأكاديمية.

يشير تحيز البقاء إلى الأشخاص الذين يبالغون في تقدير فرص نجاحهم. إحدى طرق مكافحتها هي زيارة قبور المشاريع والاستثمارات والمهن الواعدة بشكل منتظم؛ على الرغم من أن هذا قد يكون غير مريح في بعض الأحيان، إلا أنه من المفترض أن يساعد في تصفية ذهنك وتوفير بعض الخاتمة التي تشتد الحاجة إليها.
أنظر أيضاً التحيز لخدمة الذات (الفصل 45)؛ حظ المبتدئين (الفصل 49)؛ إهمال المعدل الأساسي (الفصل 28)؛ الحث (الفصل 31)؛ إهمال الاحتمال (الفصل 26)؛ وهم المهارة (الفصل 94) ونية علاج الأخطاء (الفصل 98)).

هل تجعلك جامعة هارفارد أكثر ذكاءً؟

قرر نسيم طالب أن يفعل شيئًا حيال وزنه الزائد العنيد من خلال ممارسة العديد من الأنشطة الرياضية، لكنه سرعان ما أصبح محبطًا منها جميعًا ـ من الركض ولاعبي التنس إلى لاعبي كمال الأجسام وكمال الأجسام. أصبحت السباحة أكثر جاذبية بسبب أجسامهم المبنية بشكل جيد والمبسطة ـ لذلك قام بالتسجيل في حمام السباحة المحلي الخاص به وبدأ التدريب مرتين أسبوعيًا في هذا المسبح.

بعد ذلك بوقت قصير، أدرك وقوعه في الوهم: السباحون المحترفون لا يحققون أجسادًا مثالية من خلال التدريب المتواصل؛ بل إن أجسامهم تحدد ما إذا كانوا سباحين ماهرين أم لا، وليس العكس. كما أن العارضات اللاتي يعلنن عن مستحضرات التجميل يخلقن انطباعًا بأن استخدامها يجعل المرء جميلاً؛ لكن هذا الاعتقاد ينبع من اعتقاد المستهلكين خطأ أن المنتجات تجعل النساء يشبهن عارضات الأزياء؛ بل إن جاذبيتها الطبيعية هي التي تجذب المشترين؛ مثلما يتم اختيار أجسام السباحين المحترفين بسبب ذلك وليس العكس.

عندما نخلط بين عوامل الاختيار والنتائج، نصبح عرضة لما يسميه طالب "وهم جسم السباح". بدونها، ستفشل نصف الحملات الإعلانية دون أن تعمل على الإطلاق ـ ومع ذلك، فإن هذا التحيز يذهب أعمق بكثير من مجرد هوس بتحديد عظام الخد والصدر. تعتبر جامعة هارفارد على نطاق واسع واحدة من الجامعات الرائدة، حيث يدرس هناك العديد من الأشخاص الناجحين. هل هذا يدل على أن جامعة هارفارد مؤسسة تعليمية متميزة؟ لا، ربما جامعة هارفارد تجتذب الطلاب المتفوقين فحسب. لقد عايشت هذه الظاهرة بشكل مباشر في جامعة سانت غالن في سويسرا، وهي واحدة من أفضل عشر كليات إدارة الأعمال في أوروبا؛ ومع ذلك وجدت الدروس (منذ 25 عامًا!) مخيبة للآمال والعديد من الخريجين ناجحون رغم ذلك؛ ربما بسبب المناخ أو طعام الكافتيريا ـ على الرغم من أنه على الأرجح بسبب عمليات الاختيار الصارمة.

تجذب مدارس ماجستير إدارة الأعمال المرشحين بإحصائيات مثيرة للإعجاب حول إمكانات الأرباح المستقبلية. يقع العديد من الطلاب المحتملين في هذا النهج لإثبات أن الرسوم الدراسية تدفع تكاليفها بمرور الوقت، ومع ذلك يقع العديد منهم ضحية له بأنفسهم. أنا لا أقترح أن تتلاعب المدارس بالإحصائيات؛ ومع ذلك فلا ينبغي لنا أن نأخذ تصريحاتهم على محمل الجد لأن الأفراد الذين يسعون للحصول على درجة الماجستير في إدارة الأعمال يختلفون بشكل كبير عن أولئك الذين لا يسعون إليها، مع اختلافات في الدخل تنبع من مصادر عديدة غير درجة الماجستير في إدارة الأعمال في حد ذاتها ـ وهو مثال آخر على "وهم جسد السباح". لذا، إذا كان هناك المزيد من الدراسة على جدول أعمالك، فافعل ذلك لأسباب أخرى غير مجرد كسب المزيد من المال لاحقًا.

عندما أسأل الأشخاص السعداء عن مفتاح رضاهم، كثيراً ما أسمع إجابات مثل "عليك أن تنظر إلى الأشياء على أنها نصف ممتلئ بدلاً من نصف فارغ" ـ مما يشير إلى أنهم لا يدركون أنهم ولدوا سعداء ويرون بدلاً من ذلك الفرص في كل شيء. حولهم. تكشف الدراسات التي أجراها دان جيلبرت في جامعة هارفارد أن البهجة هي إلى حد كبير سمة شخصية؛ إن محاولة Tellegen وLykken شخصية دائمة تظل دون تغيير طوال الحياة. لقد أوضح علماء الاجتماع أن تكون أكثر سعادة هي محاولة عديمة الجدوى مثل محاولة النمو بشكل أطول. وبناءً على ذلك، فإن وهم جسد السباح هو أيضًا وهم ذاتي؛ عندما يكتب المتفائلون كتب المساعدة الذاتية التي تزيد من نشر هذا الوهم. في هذه المرحلة، من المهم أن نتجنب إعطاء الكثير من الاهتمام لنصائح مؤلفي المساعدة الذاتية. ولسوء الحظ، فإن اقتراحاتهم لا تميل إلى مساعدة المليارات من الناس ـ ومع ذلك، بما أن معظم الأشخاص غير السعداء لا ينشرون كتبًا عن إخفاقاتهم، فإن هذا الواقع يظل مخفيًا عن الأنظار.

الخلاصة: من الأفضل توخي الحذر عندما يتم تشجيعك على السعي لتحقيق أشياء معينة ـ سواء كانت عضلات بطن من الفولاذ، أو مظهرًا نقيًا، أو دخلًا أعلى، أو عمرًا طويلًا، أو سعادة ـ لأن هذه قد تؤدي إلى وهم جسم السباح. قبل القيام بقفزة الإيمان والغوص في الأفكار أولاً، انظر إلى المرآة أولاً ـ كن صادقًا مع ما تراه هناك!

انظر أيضًا تأثير الهالة (الفصل 38)؛ تحيز النتيجة (الفصل 20)؛ انحياز الاختيار الذاتي (الفصل 47) والعمى البديل (الفصل 71) لمزيد من الرؤية.

لماذا ترى الأشكال في السحب

الوهم العنقودي
في عام 1957، اشترى مغني الأوبرا السويدي فريدريش يورجنسن مشغل شرائط لتسجيل غنائه. أثناء الاستماع، ظهرت أصوات غريبة وهمسات تبدو خارقة للطبيعة. وبعد سنوات قليلة سجل غناء العصافير. خلال إحدى جلسات التسجيل، يمكن سماع صوت والدته المتوفاة يهمس في الخلفية: "مقلي، مقلي الصغير... هل تسمعني... مامي تنادي". بعد هذا اللقاء، كرّس يورجنسن نفسه للتواصل مع الراحلين من خلال التسجيلات الشريطية.

واجهت ديان دويسر من فلوريدا شيئًا مشابهًا عندما لاحظت، أثناء قضم قطعة من الخبز المحمص وإعادتها إلى طبقها، صورة مريم داخلها. في تلك اللحظة توقفت عن الأكل ووضعت الرسالة الإلهية جانبًا لحفظها (باستثناء قضمة واحدة). في وقت لاحق من شهر تشرين الثاني (نوفمبر) 2004، قامت ديان ببيع هذه الوجبة الخفيفة التي لا تزال محفوظة بشكل جيد إلى حد ما عبر موقع eBay وحصلت على 28000 دولار بالمزاد العلني.

وفي عام 1978، واجهت امرأة في نيو مكسيكو شيئًا مماثلاً؛ كانت البقع السوداء في تورتيلاها تشبه وجه يسوع. التقطت وسائل الإعلام هذه القصة، وجذبت الآلاف إلى نيو مكسيكو لمشاهدة يسوع في شكل بوريتو. قبل ذلك بعامين - 1976 - قامت مركبة فايكنغ الفضائية بتصوير تكوينات صخرية تبدو متشابهة. لقد تصدرت عناوين الأخبار في جميع أنحاء العالم. المعروف باسم "الوجه على المريخ".

هل سبق لك أن رأيت وجوهًا في السحب، أو خطوطًا عريضة لحيوانات في الصخور، أو رسائل مخفية في إشارات منتشرة من قبل؟ من المحتمل. هذا أمر طبيعي تمامًا: يبحث دماغنا عن الأنماط والقواعد، وعندما لا تكون موجودة، فإنه ببساطة يخلقها بنفسه! الإشارات المنتشرة مثل الضوضاء الخلفية على الشريط تجعل من السهل علينا اكتشاف "الرسائل المخفية". بعد خمسة وعشرين عامًا من اكتشاف "الوجه على المريخ"، أعاد برنامج Mars Global Surveyor صورًا واضحة تظهر التكوينات الصخرية مع وجوه بشرية تذوب في مجرد حصاة صخرية.

قد تجعل هذه الأمثلة الغريبة الوهم العنقودي يبدو غير ضار؛ لكنها ليست ضارة على الإطلاق.

ولنتأمل هنا الأسواق المالية، التي تنتج كميات هائلة من المعلومات في كل ثانية. دون علمه، كان صديقي سعيدًا بشرح كيف اكتشف شذوذًا بين جميع البيانات: ضرب النسبة المئوية للتغير في مؤشر داو جونز بنسبة التغير في سعر النفط سيؤدي إلى تحرك سعر الذهب خلال يومين ـ أي إذا كانت أسعار الأسهم وإذا ارتفع النفط أو انخفض في وقت واحد، فسوف يحذو الذهب حذوه ويرتفع في اليوم التالي. نجحت نظريته لعدة أسابيع حتى بدأ في الاستثمار بمبالغ أكبر من أي وقت مضى وخسر في نهاية المطاف كل مدخراته ـ مستشعرًا بوجود نمط مصطنع لا وجود له.

أجرى أستاذ علم النفس توماس جيلوفيتش مقابلات مع مئات الأشخاص للحصول على إجابة حول ما إذا كان هذا التسلسل عشوائيًا أم مخططًا له، حيث رفض معظمهم تفسيرًا تعسفيًا لأنهم يعتقدون أن بعض القوانين تحكم ترتيبه. وفقًا لنموذج فيزياء النرد الذي وضعه جيلوفيتش، من الممكن تمامًا أن تكشف أربع لفات متتالية عن رقم واحد؛ ومع ذلك فإن الكثيرين يجدون صعوبة في قبول حقيقة أن مثل هذه الأحداث تحدث عن طريق الصدفة وحدها.

وهي نوع من الطائرات بدون V1 - خلال الحرب العالمية الثانية، هاجمت القاذفات الألمانية لندن باستخدام صواريخ طيار ذاتية الملاحة ـ كشكل من أشكال الذخيرة. وتضمن كل هجوم تخطيطًا دقيقًا لمواقع التأثير على الخرائط لترويع

سكان لندن؛ اعتقد الكثيرون أنهم حددوا الأنماط وطوروا نظريات بشأن أي أجزاء لندن هي الأكثر أمانًا؛ ومع ذلك، لأن نظام V1 أظهرت التحليلات الإحصائية بعد الحرب أن التوزيع كان عشوائيًا تمامًا بسبب عدم دقة صاروخ الملاحة الخاص به كان غير دقيق للغاية.

الخلاصة: عندما يتعلق الأمر بالتعرف على الأنماط، فإننا نميل إلى المبالغة في رد الفعل. استعد شكوكك؛ إذا كنت تعتقد أنك اكتشفت نمطًا ما، فافترض أولاً أنه من الممكن أن يحدث عن طريق الصدفة وفكر في التحليل الإحصائي قبل التوصل إلى قرار. وبالمثل، إذا كانت الأجزاء المقرمشة من فطيرتك تشبه وجه يسوع بأي شكل من الأشكال، اسأل نفسك لماذا لم يظهر نفسه هنا في تايمز سكوير أو سي إن إن بدلاً من ذلك!
(انظر أيضًا وهم السيطرة (الفصل 17)؛ صدفة (الفصل 24)؛ السببية الكاذبة (الفصل 37).

الرقم هو الحافز

دليل اجتماعي تخيل هذا: أنت في طريقك لحضور حفل موسيقي عندما ترى عند تقاطع طرق مجموعة من الأشخاص ينظرون إلى الأعلى. دون التفكير مرتين، أنت أيضًا تنظر إلى الأعلى ـ حتى دون أن تدرك السبب ـ وتتبع نفس الشيء دون وعي. لماذا؟ الدليل الاجتماعي. أثناء أداء عازف منفرد استثنائي في قاعة الحفلات الموسيقية، يبدأ أحدهم بالتصفيق، مما يدفع الآخرين في الغرفة للمشاركة في التصفيق أيضًا؛ أنت تنضم أيضًا ليس لسبب آخر غير الدليل الاجتماعي. بعد انتهاء الأداء، تتوجه لاستلام شيك المعطف الخاص بك حيث يصطف الأشخاص أمامك وتترك العملات المعدنية على الرغم من أن الخدمة متضمنة في سعر التذكرة ولكن مع ذلك... وبعد ذلك، عند الذهاب لاستلام المعطف لاسترجاعه بنفسك، تلاحظ الأشخاص يغادرون عملات معدنية على اللوحات بدلاً من ذلك على الرغم من إدراجها رسميًا ضمن سعر التذكرة حيث يتم تشجيع البقشيش عمليًا من قبل العديد من رواد الحفلات الآخرين الذين إيتركون البقشيش أيضًا كدليل اجتماعي

يفرض الدليل الاجتماعي أو "غريزة القطيع" أن الأفراد يشعرون بالتحقق من صحتهم عندما تتوافق سلوكياتهم مع سلوكيات الأفراد الآخرين. ببساطة، كلما زاد عدد الأشخاص الذين يدعمون أو يتبنون فكرة أو سلوكًا نرى أنه أكثر صدقًا؛ وبالمثل، عندما يظهر ذلك عدد أكبر من الأفراد أكثر من عدمه. وعلى الرغم من أنه أمر مثير للسخرية بشكل واضح، إلا أن هذا المنطق صحيح.

إن الدليل الاجتماعي هو القوة الدافعة وراء الفقاعات المالية والذعر في سوق الأوراق المالية. ويتجلى ذلك في الموضة، وتقنيات الإدارة، والهوايات، والدين، والأنظمة الغذائية؛ يؤدي في بعض الأحيان إلى عواقب وخيمة مثل قيام الطوائف بالانتحار الجماعي.

أجرى سولومون آش تجربة مثيرة للاهتمام خلال الخمسينيات من القرن الماضي أظهرت كيف يمكن لضغط الأقران أن يغير الواقع. عُرض على الأشخاص خطأ مرسومًا على الورق وثلاثة خطوط متطابقة وقصيرة ومتوسطة وطويلة تتوافق معه على أجزاء مختلفة من أجسادهم ـ تم وضع علامة "1، 2" عليها جميعًا للقصر؛ أطول من الخط الأصلي في الطول ونفس الخط الأصلي على التوالي. يجب عليه أو عليها اختيار أي من الخطوط الثلاثة يتوافق مع الخط الأصلي، وهو أمر غير مفاجئ نظرًا لمدى سهولة المهمة. بمجرد دخول خمسة أشخاص، يقدم جميع الممثلين غير المألوفين له إجابات غير صحيحة من خلال الإجابة بـ "الرقم 1"، على الرغم من أنه من الواضح أنه يجب الإشارة إلى الرقم ثلاثة بدلاً من ذلك. وعندما يعود الأمر إليه مرة أخرى، غالبًا ما يجيب بشكل غير صحيح لمطابقة ما أجاب به الآخرون ـ وفي حوالي ثلث الحالات يقدم إجابات خاطئة أيضًا.

لماذا نتصرف بهذه الطريقة؟ في الماضي، كان يُنظر إلى اتباع الآخرين على أنه أفضل استراتيجية للبقاء على قيد الحياة. تخيل أنك تسافر حول سيرينجيتي مع بعض الصيادين قبل 50 ألف عام عندما تفرقوا فجأة وهربوا دون سابق إنذار؟ كيف سيكون ردك إذن؟ هل كنت ستقف هناك في حيرة من أمرك وتتساءل عما إذا كان ما رأيته هو أسد حقًا أم مجرد شيء ضار يمكن أن يعد وجبات رائعة غنية بالبروتين؟ لا! بدلاً من ذلك، من المحتمل أن تكون قد انطلقت لملاحقة أصدقائك. لاحقًا، عندما أصبحت في مأمن من الهجوم، ربما أخذت وقتًا للتفكير في هوية "أسدك" الحقيقي. أي شخص يتصرف بشكل مختلف عن أقرانه ـ وأنا متأكد من وجودهم ـ من المحتمل أن يتم استبعاده من مجموعتنا الجينية؛ نحن أحفاد الذين قلدوا ما فعله أقرانهم. نحن البشر مرتبطون بهذا النمط من الإثبات الاجتماعي؛ ولذلك نستخدمه حتى عندما لا يكون هناك أي ميزة للبقاء عليه؛ الذي هو اكثر من مرة. ومع ذلك، هناك حالات يمكن أن يكون فيها الدليل الاجتماعي مفيدًا: على سبيل المثال، عند تناول الطعام بالخارج في مدينة أجنبية دون معرفة أي مطاعم جيدة قريبة وأنت جائع ـ قد يكون اختيار مطعم يتردد عليه السكان المحليون أكثر منطقية وتقليد سلوكهم بدلاً من سلوكك.

تستخدم البرامج الكوميدية والحوارية الدليل الاجتماعي من خلال إدخال الضحك المعلب في أماكن استراتيجية لتشجيع المشاهدين على الضحك. ولعل أحد الأمثلة الأكثر إثارة للقلق والملاحظة هو خطاب جوزيف جوبلز أمام جمهور هائل في عام 1943 (شاهده بنفسك على موقع يوتيوب). عندما تفاقمت الحرب بالنسبة لألمانيا، سأل غوبلز الحاضرين: "هل تريدون حربًا شاملة؟" إذا لزم الأمر، هل تؤيد الحرب الراديكالية بدلاً من أي شيء يمكننا حتى أن نتخيله اليوم؟" أثار إمطالبه تصفيقًا مدويًا؛ لو سُئل الحاضرون بشكل فردي، فمن المحتمل أنهم لن يقبلوا هذا الاقتراح المجنون

يستفيد الإعلان إلى أقصى حد من ميلنا إلى الإثبات الاجتماعي؛ يعمل هذا النهج بشكل جيد عندما نواجه حالة من عدم اليقين (مثل الاختيار من بين ماركات السيارات المختلفة ومنتجات التنظيف ومنتجات التجميل دون أي مزايا أو عيوب واضحة) وعندما يظهر الأشخاص الذين يظهرون "مثلنا".

كن متشككًا عندما تدعي إحدى الشركات أن منتجها متفوق لأنه شائع ـ فهذه الحجة غير منطقية إذا كان بيع المزيد من الوحدات لا يشير إلى التفوق! وتذكروا كلمات دبليو. سومرست موم الحكيمة: "حتى لو قال خمسون مليون شخص شيئًا أحمق، فإنه يظل أحمقًا".

أنظر أيضا: التفكير الجماعي (الفصل 25)؛ التسكع الاجتماعي (الفصل 33)؛ التحيز داخل المجموعة وخارج المجموعة (الفصل 79) وتأثير الإجماع الخاطئ (الفصل 77) لمزيد من المرجع.

لماذا يجب عليك أن تنسى الماضي

مغالطة التكلفة الغارقة

وبعد ساعة ونصف من مشاهدة فيلم فظيع، سألت زوجتي بهدوء: هيا، دعنا نعود إلى المنزل. فأجابت: مستحيل؛ لن نتخلص من 30 دولارًا. عند تلك النقطة احتجت قائلة: «هذا ليس سببًا للبقاء ـ إنه مجرد تشوه احترافي يحدث هنا ـ والذي لا ينبغي أن يلعب أي دور في قرارنا بالبقاء أو الرحيل!» وبطبيعة الحال، استسلمت في النهاية وجلست مرة أخرى في مقعدي

وجدت نفسي جالسًا في اجتماع تسويقي في اليوم التالي، حيث كانت هناك حملة إعلانية مستمرة منذ أربعة أشهر ولكنها فشلت في تحقيق هدف واحد قيد المناقشة. وبينما كنت أدعو إلى إلغائه، اعترض مدير الإعلانات لدينا قائلاً: "لكننا استثمرنا بالفعل الكثير من الأموال فيه؛ إن التوقف الآن يعني أن كل أموالنا ذهبت هباءً"ـ ضحية أخرى لمغالطة التكلفة الغارقة.

عانى أحد أصدقائي لسنوات من علاقة صعبة. كانت صديقته تخونه مرارًا وتكرارًا، وتطلب المغفرة تائبة في كل مرة. ومع ذلك، استمر صديقي في استثمار طاقته في علاقتهما الرومانسية لأنه شعر أنه من الخطأ التخلص مما استثماره بالفعل؛ مثال على "مغالطة التكلفة الغارقة".

تعتبر مغالطة التكلفة الغارقة خطيرة بشكل خاص عندما نستثمر قدرًا كبيرًا من الوقت أو المال أو الطاقة أو العاطفة في شيء ما. يمكن أن يصبح استثمارنا أساسًا للاستمرار رغم وجود أسباب واضحة للتوقف؛ كلما زاد الوقت والموارد المستثمرة، زادت تكاليفنا الغارقة؛ ومن هنا حاجتنا إلى الاستمرار حتى لو بدا الأمر مستحيلًا أو ميئوسًا منه. كلما زاد استثمارنا في شيء ما، زادت رغبتنا في الاستمرار؛

كثيرا ما يقع المستثمرون ضحية لمغالطة التكلفة الغارقة. قد تكون قرارات التداول مدفوعة فقط بأسعار الاستحواذ؛ إن استحضار هذه الحجة كمبرر هو ببساطة أمر غير عقلاني؛ ما يهم أكثر من السعر هو الأداء المستقبلي (والبدائل الأخرى المتاحة للاستثمار) لكل سهم أو محفظة استثمارات ـ ومن المفارقات أنه كلما تم فقدان المزيد من الأموال، كلما زاد ميل المستثمرين إلى الالتزام بها. إكلما زاد ميل المستثمرين إلى الالتزام بها الاتساق هو سبب وجودنا. عندما ينفصل شيء ما عن هذا النمط من التفكير والعمل، نجد التناقضات مقيتة ونختار الإلغاء في منتصف الطريق بدلاً من الاعتراف بتغيير أفكارنا في مرحلة ما من عمر المشروع. إن تأخير الإدراك المؤلم من خلال الاستمرار في مشاريع لا معنى لها يحافظ على المظاهر لفترة أطول.

كانت الكونكورد مثالاً مبدعًا للإنفاق الحكومي بالعجز. كانت كل من بريطانيا وفرنسا تعلم جيدًا أن صناعة الطائرات الأسرع من الصوت لن تنجح، ومع ذلك فقد استثمرت مبالغ هائلة لحفظ ماء الوجه. وكان التخلي عنها يعني التنازل عن الهزيمة؛ ومن هنا اسمها "تأثير الكونكورد". فهو يؤدي إلى أخطاء مكلفة وحتى كارثية في الحكم؛ لقد وسع الأمريكيون تورطهم في حرب فيتنام بسبب هذه الظاهرة: فقد اعتقدوا: لقد ضحينا بالكثير؛ الاستسلام الآن سيكون خطأ.

هل تفكر "لقد وصلنا إلى هذا الحد؟" "لقد قرأت الكثير من هذا الكتاب بالفعل..." إذا كانت أي من هذه العبارات تنطبق عليك، فإنها تشير إلى أن مغالطة التكلفة الغارقة تعمل في عقلك.

وبطبيعة الحال، قد يكون للاستثمار في وضع اللمسات الأخيرة على شيء ما مزاياه الخاصة؛ فقط كن حذرًا من القيام بذلك فقط لتبرير الاستثمارات غير القابلة للاسترداد. إن اتخاذ القرار العقلاني يتطلب منك نسيان التكاليف الماضية؛ وفي نهاية المطاف، فإن التكاليف والفوائد المستقبلية فقط هي التي تهم عند اتخاذ خيارات عقلانية.

أنظر أيضا: مغالطة سوف تسوء قبل أن تتحسن (الفصل 12)؛ عدم القدرة على إغلاق الأبواب (الفصل 68)؛ تأثير الوقف (الفصل 23)؛ تبرير الجهد (الفصل 60)؛ النفور من الخسارة (الفصل 32) والتحيز للنتيجة (الفصل 20) باعتبارهما تحيزات معرفية أخرى تؤدي إلى اتخاذ قرارات غير مناسبة.

لا تقبل المشروبات المجانية

تبادل

في الآونة الأخيرة، ربما تكون قد واجهت أتباع طائفة هاري كريشنا وهم يطفوون في أثوابهم ذات اللون الزعفراني المشرق بينما كنت تتسابق عبر المطارات أو محطات القطار في رحلتك للوصول إلى وجهتك. ربما أعطاك أحد الأعضاء زهرة صغيرة وابتسم بحرارة عندما قدمها لك. مثل معظم الناس، من المحتمل أنك أخذت الزهرة فقط لتجنب التصرف بوقاحة. ربما كان الرفض يستلزم تفسيرًا مثل: "خذها؛ خذها؛ خذها!" هذه هي هديتنا لك. عند محاولة التخلص من الزهرة في سلة المهملات القريبة، كانت هناك بالفعل ترتيبات متعددة هناك؛ عند البحث في مكان آخر للتخلص منه، وجدت أن هناك أكوامًا متعددة بالفعل. عندما بدأ ضميرك السيئ يضايقك بقوة أكبر، كان تلميذ آخر لكريشنا يقترب منك ويطلب منك التبرعات؛ في نهاية المطاف، حظرت العديد من المطارات هذه الطائفة بسبب هذا العرض الناجح؛

يستطيع روبرت سيالديني تفسير نجاح هذه الحملات من خلال بحثه في المعاملة بالمثل. لقد وجد أن الناس يجدون صعوبة بالغة في أن يكونوا مدينين لفرد آخر.

وتستخدم العديد من المنظمات غير الحكومية والمنظمات الخيرية استراتيجيات مماثلة: العطاء أولاً، ثم الأخذ. لقد تلقيت مؤخرًا مظروفًا يحتوي على بطاقات بريدية تصور مناظر طبيعية خلابة من إحدى منظمات الحفاظ على البيئة؛ وأكدت لي رسالتهم المصاحبة أنه يجب الاحتفاظ بها كهدايا، بغض النظر عن قراري بالتبرع بالمال. على الرغم من أنني فهمت تكتيكاتهم جيدًا بما فيه الكفاية، فقد تطلب الأمر قدرًا كبيرًا من قوة الإرادة والانضباط من جانبي للتخلص منهم دون الاستفادة منهم!

ولسوء الحظ، فإن هذا النوع من الابتزاز اللطيف ـ الذي يشار إليه أحيانًا بالفساد ـ شائع. قد يقوم مورد البراغي بدعوة العملاء المحتملين للانضمام إليه في لعبة رياضية مثيرة؛ عندما يأتي وقت الطلب بعد شهر، تكون رغبتهم في عدم الديون قوية جدًا لدرجة أن المشتري يوافق ويقدم طلبًا من خلال هذا التعارف الجديد.

المعاملة بالمثل هي مبدأ قديم موجود بين جميع الأنواع ذات الإمدادات الغذائية المتقلبة. تخيل أنك من الصيادين وجامعي الثمار، وفي أحد الأيام، تمكنت من قتل غزال ويجب عليك تقسيمه بين أعضاء مجموعتك؛ إن القيام بذلك يضمن أنك ستستفيد من غنائم الآخرين إذا كانت غنائمك أقل إثارة للإعجاب؛ أنها بمثابة ثلاجات. إن المعاملة بالمثل تشكل استراتيجية لا تقدر بثمن للبقاء وشكلاً من أشكال إدارة المخاطر، وبدونها قد يهلك البشر ـ فضلاً عن العديد من أنواع الحياة الحيوانية ـ قريباً. تكمن المعاملة بالمثل في جوهر التعاون بين الأشخاص الذين لا يرتبطون ببعضهم البعض، وهي جزء لا يتجزأ من النمو الاقتصادي وخلق الثروة ـ وبدونها لن يكون هناك اقتصاد عالمي على الإطلاق! وهذه هي فائدة المعاملة بالمثل.

ومع ذلك، فإن المعاملة بالمثل تجلب معها أيضًا جانبها المظلم: الانتقام. الانتقام يولد الانتقام المضاد حتى تندلع حرب واسعة النطاق. وعظنا يسوع بأننا يجب أن نكسر هذه الحلقة المفرغة بأن ندير الخد الآخر ـ رغم أن هذا قد يكون صعباً لأن المعاملة بالمثل تسحبنا حتى عندما تكون المخاطر أقل بكثير.

منذ سنوات مضت، تمت دعوتنا من قبل زوجين لم نعرفهما إلا بشكل عرضي؛ لقد كانوا لطيفين بما فيه الكفاية ولكنهم بعيدون عن الترفيه. لسوء الحظ، اتضح تمامًا كما تخيلوه: كان حفل العشاء الخاص بهم مملًا للغاية؛ ومع ذلك شعرنا

بأننا مضطرون إلى دعوتهم مرة أخرى بعد عدة أشهر من باب المعاملة بالمثل؛ وبعد أسابيع فقط وصلت دعوة أخرى منهم... كثيرًا ما أتساءل كم عدد حفلات العشاء الأخرى التي استمرت من أجل الحفاظ على المعاملة بالمثل؟

كما هو الحال عند الاقتراب من السوبر ماركت، فإن أفضل نصيحتي هي رفض عرضهم من النبيذ أو الجبن أو الزيتون إلا إذا كنت تريد أن تمتلئ ثلاجتك بأشياء لا تستمتع بها حتى.

انظر أيضًا التأطير (الفصل 42)؛ ميل التحفيز إلى الاستجابة الفائقة (الفصل 18)؛ الإعجاب بالتحيز (الفصل 22) والازدحام التحفيزي (الفصل 56) لمعرفة المزيد.

"احترس من "الحالة الخاصة"

(عندما يكون التأكيد حذار! (الجزء 1).

يتبع جيل نظامًا غذائيًا للتخلص من الجنيهات. كل صباح يقف على الميزان، ويتحقق من التقدم المحرز في خطته المختارة ويحتفل بكل خسارة أو مكسب كدليل على نجاحه أو شطبها على أنها تقلبات عادية. ومع ذلك، لعدة أشهر متتالية، يظل وزنه ثابتًا بينما يعيش جيل في وهم النظام الغذائي يعمل على الرغم من أنه لا يفعل أي شيء في الواقع ـ وهو مثال على التحيز التأكيدي في شكله غير المؤذي.

يقع التحيز التأكيدي في قلب معظم المفاهيم الخاطئة. إنه يشير إلى ميلنا إلى تفسير المعلومات الجديدة بحيث تتلاءم مع النظريات والمعتقدات والقناعات الموجودة ـ مما يؤدي إلى تصفية أي دليل يتعارض مع وجهات النظر الحالية (المعروف باسم الأدلة غير المؤكدة) التي قد تتحدى تلك النظريات (وهو ما كتب عنه ألدوس هكسلي في كتابه الشهير "الحقائق تفعل ذلك"). "لا تتوقف عن الوجود إذا تم تجاهلها") ولكن هذا الاتجاه الخطير لا يزال قائما بين البشر ـ المستثمر الكبير وارن بافيت يقول ذلك على أفضل وجه: "يتفوق البشر في تفسير جميع المعلومات الجديدة بحيث تظل استنتاجاتهم السابقة سليمة".

تأكيد التحيز على قيد الحياة وبصحة جيدة في مجال الأعمال التجارية اليوم. على سبيل المثال، لنتأمل ما يلي: يقرر فريق تنفيذي استراتيجية جديدة، ويحتفل بأي علامة قد تعمل بشكل جيد ـ في حين تظل أي مؤشرات تشير إلى خلاف ذلك غير مرئية أو يتم رفضها بسرعة باعتبارها استثناءات أو حالات خاصة ـ إلى أن تصبح الأدلة غير المؤكدة غير مرئية لهم تماما.

ما الذي تستطيع القيام به؟ كن حذرًا عندما تظهر كلمة "استثناء"؛ غالبًا ما يشير هذا إلى عدم وجود أدلة مؤكدة. خذ إشارة من تشارلز داروين: منذ وقت مبكر من شبابه، شرع بشكل منهجي في مواجهة التحيز التأكيدي من خلال أخذ أي ملاحظات تتعارض مع نظريته على محمل الجد، وتسجيلها فور ظهورها ـ وهو يعلم جيدًا مدى سهولة "نسيان أدمغتنا". "نقض الدليل بعد مرور بعض الوقت ـ يلاحظ كل تناقض بمجرد رؤيته، ويبحث بنشاط عن التناقضات بناءً على تقديره لصحتها ـ وكلما بحث أكثر بحثًا.

تسلط هذه التجربة الضوء على مدى صعوبة التشكيك في نظرياتنا. قدم الأستاذ لطلابه التسلسل الرقمي 2-4-6 تم تحدي الطلاب من قبل أستاذهم لتحديد القاعدة الأساسية المكتوبة على ورقة من خلال تقديم أرقام متسلسلة إما تناسب القاعدة أو لا تتناسب معها، مع إجابات مثل "يتناسب مع القاعدة" أو "لا يناسب القاعدة" منه . بينما كان بإمكان الطلاب تخمين العديد من الأرقام عشوائيًا من 8 إلى 14 على سبيل المثال (اقترح معظمهم الرقم 8 وحصلوا على الرد: "يتوافق مع القاعدة". وللتأكد من ذلك، جربوا الأرقام 10 و12 و14 وكان الأستاذ يخبرهم في كل مرة أن هذه الأرقام تناسب القاعدة). وخلص كثيرون إلى أن: "القاعدة هي إضافة اثنين إلى كل رقم". فقط ليختلف البروفيسور معهم بقوله إن هذه ليست القاعدة في الواقع؛

حاول أحد الطلاب الأذكياء اتباع نهج غير تقليدي. لقد اختبر الرقم 2-، فأجاب أستاذه بالقول إنه لا يتوافق مع القاعدة، قبل أن يقترح الرقم سبعة باعتباره أكثر ملاءمة من سابقة 2-. وعندما ثبت عدم جدوى ذلك، أجرى الطالب المزيد من التجارب من خلال محاولة 24-، 9، 43.... وعندما لم يتمكن من العثور على المزيد من الأمثلة المضادة، قال "القاعدة هي: كل رقم متتالي يجب أن يتجاوز سابقه." كشف قلب ورقته عن هذه القاعدة بالضبط!

ما الذي يميز الطالب المجتهد عن أقرانه؟ وبينما سعى معظم الطلاب فقط إلى تأكيد نظرياتهم، فقد بحث بنشاط عن أدلة تدحضها. قد تعتقد: "إنه أمر جيد بالنسبة له ولكنه ليس بالأمر الكبير بالنسبة للآخرين". ومع ذلك، فإن الوقوع فريسة للتحيز التأكيدي لا يشكل جريمة فكرية تافهة ـ كما يتضح في الفصول اللاحقة، فإنه يمكن أن يؤثر على حياتنا اليومية بشكل جذري.

أنظر أيضا: mes disponibilite Bias ؛(الفصل 24)؛ صدفة (الفصل 95)؛ التأثير الإيجابي للميزة (الفصل 11) تأثير فورير (الفصل 64) ووهم الانتباه (الفصل 88).

اقتل أعزائك

تأكيد التحيز الجزء 2

في فصلنا السابق، استكشفنا إحدى المغالطات الأساسية ـ التحيز التأكيدي. يجب على البشر تكوين معتقدات حول الحياة والاقتصاد والاستثمارات والمهن وغير ذلك الكثير ـ بدءًا من نظرتنا للعالم إلى السياسة إلى الاقتصاد إلى الفن ـ والتي يجب بعد ذلك دعمها بالأدلة التي تدعم هذه الافتراضات. سواء عاش المرء حياته وهو يعتقد أن الناس جيدون أو سيئون بطبيعتهم، فسوف يجد أدلة تدعم كلا الرأيين. يقوم المحسنون وكارهو البشر على حد سواء بتصفية الأدلة غير المؤكدة في حين يفضلون أولئك الذين يدعمون رؤيتهم للعالم من خلال إعطاء الأولوية لأولئك الذين يعززون وجهات نظرهم مع فاعلي الخير أو الطغاة الذين يروجون لهم.

ويعمل المنجمون والاقتصاديون باستراتيجيات مماثلة: حيث يجعلون التنبؤات غامضة للغاية بحيث يمكن لأي حدث أن يؤكدها: "في الأسابيع المقبلة ستشعر بالحزن"، أو "سيزداد الضغط على الدولار على المدى المتوسط" كلاهما غامضان بما يكفي لتحمل لأي حدث. من هذه التوقعات؛ تدابير الاستهلاك مقابل أسعار العقارات السكنية في الذهب والين والبيزو والقمح في مانهاتن مانهاتن أسعار الهوت دوج في مانهاتن

إن الدين والمعتقدات الفلسفية بمثابة أرض خصبة لازدهار التحيز التأكيدي. هنا في إسفنجتها الناعمة تزدهر برية وحرة ـ على سبيل المثال، يجد العباد دائمًا على وجود الله على الرغم من أنه نادرًا ما يظهر نفسه علنًا ـ باستثناء الأميين الذين يعيشون في القرى الجبلية النائية؛ لا يظهر نفسه أبدًا لجماهير كبيرة مثل فرانكفورت أو نيويورك. يتم رفض الحجج المضادة لوجوده تمامًا من قبل المؤمنين، مما يوضح مدى قوة هذه القوة حقًا.

قد يكون صحفيو الأعمال عرضة بشكل خاص للتحيز التأكيدي. عند إنشاء النظريات، كثيرًا ما يتوصل صحفيو الأعمال إلى تفسيرات سهلة مع القليل من "الأدلة" التي تدعمها، ثم يتابعون سريعًا في كتابة قصتهم ـ على سبيل المثال هذا Google يدعم الصحفيون عادةً ما بمجرد تدوين هذه الفكرة، ناجحة جدًا لأن ثقافتها تشجع الإبداع. المثال: شركة الادعاء بأمثلة لشركات أخرى مزدهرة تعمل على تنمية الإبداع بينما نادرًا ما تبحث عن أدلة غير مؤكدة مثل الشركات المتعثرة مع التركيز على الإبداع أو الشركات المزدهرة التي تفتقر إلى أي إبداع على الإطلاق ـ كلتا المجموعتين ستحققان نجاحًا كبيرًا قصص!
يميل الصحفيون إلى التغاضي عن العديد من أفراد العشيرة؛ أي محاولة من جانبهم لتسليط الضوء على واحد فقط يمكن أن تعرقل حبكة مقالتهم بأكملها.

تعد كتب المساعدة الذاتية وتحقيق الثراء السريع مثالاً آخر على رواية القصص من جانب واحد. يجمع مؤلفوهم الأذكياء الأدلة التي تدعم حتى النظريات التي تبدو سخيفة، مثل "التأمل هو مفتاح السعادة". أي قارئ يبحث عن أدلة غير مؤكدة لن يجد مثل هذا الدليل هنا: لا توجد أمثلة لأشخاص يعيشون حياة كاملة دون التأمل أو أولئك الذين لا يزالون يشعرون بالحزن على الرغم من ممارسته.

توفر مواقع الإنترنت أرضًا خصبة بشكل خاص للتحيز التأكيدي. عند تصفح المواقع الإخبارية والمدونات للبقاء على اطلاع، غالبًا ما ينتهي بنا الأمر إلى اختيار الصفحات التي تعزز قيمنا الحالية ـ سواء كانت ليبرالية، أو محافظة، أو في مكان ما بينهما. بالإضافة إلى ذلك، تقوم العديد من مواقع الويب الآن بتخصيص المحتوى خصيصًا ليناسب الاهتمامات الفردية أو تاريخ التصفح، مما يجعل الآراء الجديدة أو المختلفة غير مرحب بها تمامًا ويقودنا إلى مسارات تؤكد من جديد القناعات الحالية من خلال إحاطة أنفسنا بمجتمعات متشابهة في التفكير تعزز تلك القناعات نفسها ـ مما

يزيد من تعزيز التحيزات التأكيدية. وتعزيز قناعاتنا، مزيد من تعزيزها، مزيد من تعزيزها، ومزيد من تعزيز القناعات مما يعزز التحيز التأكيدي.

كان لدى آرثر كويلر ـ كوتش شعار دائم: "اقتل أعزائك". هذه النصيحة للكتاب الذين يكافحون من أجل قطع الجمل العزيزة ولكن الزائدة عن الحاجة كان لها صدى واسع النطاق خارج نقاد الأدب والمتسللين. نصيحته يتردد صداها معنا جميعا الذين يعانون من التحيز التأكيدي. ولمكافحتها، حاول تدوين جميع معتقداتك ـ نظرتك للعالم، أو استثماراتك، أو زواجك، أو الرعاية الصحية، أو النظام الغذائي، أو الاستراتيجيات المهنية ـ وابدأ في البحث عن أدلة غير مؤكدة ضد كل منها. إن قطع المعتقدات التي تبدو وكأنها أصدقاء قدامى هو عمل صعب ولكنه ضروري للغاية

انظر أيضًا: وهم الاستبطان (الفصل ٦٧)؛ تأثير البروز (الفصل 83)؛ التنافر المعرفي (الفصل 50)؛ تأثير فورير (الفصل 64) و الوهم الإخباري (الفصل 99) لمزيد من التفاصيل.

خذ ملاحظة بكلمات السلطات

تحيز السلطة

في تكوين 1، يخبرنا الله عما يحدث إذا عصينا أحد شخصيات سلطته: الطرد من الجنة. ولكن من المؤسف أن الشخصيات الأقل إلهية (النقاد السياسيون، والعلماء، والأطباء، والمديرون التنفيذيون، وخبراء الاقتصاد، ورؤساء الحكومات، والمعلقون الرياضيون، وخبراء سوق الأوراق المالية) تود أن نصدق هذا أيضاً.

أجرى عالم النفس ستانلي ميلجرام تجربة أوضحت بوضوح تحيز السلطة. تم توجيه رعاياه إلى إدارة صدمات كهربائية متزايدة لفرد يجلس خلف لوح زجاجي. بدءًا من 15 فولتًا، صدرت تعليمات لهم بالزيادة تدريجيًا إلى 30 فولتًا، ثم 45 فولتًا ثم أخيرًا الجرعة القصوى البالغة 450 فولتًا ـ على الرغم من عدم تدفق تيار كهربائي فعليًا ـ استخدم ميلجرام ممثلًا كضحية له؛ ولسوء الحظ فإن القائمين على إدارة الصدمات لم يكونوا على علم بذلك. وكانت النتائج صادمة: فبينما كان الشخص الموجود في الغرفة الأخرى ينتحب من الألم وكان الشخص الذي يقوم بالصدمة يريد التوقف، كان أستاذهم يشجعهم على الاستمرار لأن "هذه التجربة تعتمد عليها". معظم حالات الصعق الكهربائي المستمرة؛ ذهب أكثر من نصفهم إلى الجهد الكامل بسبب الطاعة المطلقة.

على مدار العقد الماضي، أصبحت شركات الطيران أيضًا على دراية بالمخاطر المرتبطة بالتحيز للسلطة. في الأيام السابقة، كان القباطنة هم المسيطرون؛ لا يمكن أبدًا تحدي أوامرهم وأي مساعد طيار يشتبه في وجود خطأ ربما لم يجرؤ أبدًا على التحدث عنه علنًا.
منذ اكتشاف هذا السلوك، قامت كل شركات الطيران تقريبًا بتطبيق إدارة موارد الطاقم (CRM.) يقوم برنامج بتدريب الطيارين وأطقمهم على مناقشة أي حجوزات بشكل مفتوح وسريع؛ وبعبارة أخرى: إلغاء برمجة تحيز السلطة. لقد ساهمت إدارة علاقات العملاء (CRM) في سلامة الطيران في العقود الأخيرة بشكل أكبر من التقدم التقني.

العديد من الشركات تفتقر إلى البصيرة. الشركات التي يديرها مديرون تنفيذيون مهيمنون معرضة للخطر بشكل خاص، حيث قد يحتفظ الموظفون بآرائهم الأقل إيجابية لأنفسهم ـ وهو ما قد يلحق الضرر بالشركة ككل.

تسعى السلطات إلى الاعتراف بها وتجد دائمًا طرقًا جديدة لتعزيز وضعها. غالبًا ما يرتدي الأطباء والباحثون معاطف بيضاء. يرتدي مديرو البنك البدلات وربطات العنق. مديرو البنوك لا يرتدون ربطات العنق بينما يستخدم الملوك الذين يرتدون التاج شارات الرتبة من الجيش؛ غالبًا ما يرتدي أعضاء الجيش شارات الرتبة أيضًا! اليوم يتم استخدام المزيد من الرموز والدعائم كعلامات للخبرة مثل ظهور البرامج الحوارية أو أغلفة المجلات أو جولات الكتب أو إدخالات ويكيبيديا. مع تطور السلطة إلى حد كبير مثلما تتطور الموضة ويلاحظ المجتمع وفقًا لذلك.

الخلاصة: قبل اتخاذ أي قرار كبير، فكر دائمًا جيدًا في السلطات التي قد تمارس تأثيرًا مؤثرًا على عملية التفكير الخاصة بك وابذل قصارى جهدك لتحدي من هم في السلطة إذا لزم الأمر.

انظر أيضًا: ميل الثرثار (الفصل 57)؛ معرفة السائق (الفصل 16)؛ الوهم التنبؤي (الفصل 40) ؛ وهم المهارة (الفصل 94)

<h1 style="text-align:center">تأثير التباين</h1>

يروي روبرت سيالديني في كتابه "التأثير" قصة شقيقين يدعى سيد وهاري كانا يديران متجرًا لبيع الملابس خلال أمريكا في الثلاثينيات. كان سيد مسؤولاً عن المبيعات بينما كان هاري يرأس خدمات الخياطة. كان سيد يعاني من صعوبة في السمع كلما كان العملاء الذين يقفون أمام مرآته سعداء للغاية ببدلاتهم، مما دفعه إلى سؤال هاري: "هاري، كم ثمن هذه البدلة؟" بعد ذلك، سينظر هاري من على طاولة التقطيع الخاصة به ويستجيب بسرعة بالصراخ قائلاً إن تكلفة هذه البدلة القطنية الجميلة تبلغ 42 دولارًا. سيتصرف سيد مرتبكًا ويتظاهر بأنه لم يفهم. كان هاري يصيح: «اثنان وأربعون دولارًا!» ثم استدار سيد وأبلغه: "يقول 22 دولارًا". بحلول هذا الوقت، كان عميله قد وضع المال بسرعة على الطاولة قبل أن يغادر سريعًا ببدلته قبل أن يدرك سيد المسكين خطأه.

هل تعرف هذه التجربة من أيام الدراسة؟ : املأ دلوين ـ أحدهما بماء فاتر والآخر بماء مثلج ـ ثم اغمر يدك اليمنى في كل منهما لمدة دقيقة واحدة. قم بتبديل اليدين مرة أخرى، ووضعهما مرة أخرى في الماء الفاتر في نفس الوقت ـ ماذا لاحظت؟ اليد اليمنى تجدها ساخنة بينما اليد اليسرى تجدها باردة على ما يرام!

توضح هذه القصص تأثير التباين: عندما نقدم شيئًا قبيحًا، أو رخيصًا، أو صغيرًا، فإننا نميل إلى الحكم عليه على أنه أجمل أو باهظ الثمن؛ وعلى العكس من ذلك نجد صعوبة في الحكم المطلق.

تأثير التباين هو وهم منتشر: عند شراء مقاعد جلدية لسيارتك الجديدة، مقارنة بسعرها البالغ 60 ألف دولار، فإن مبلغ 3000 دولار يبدو غير مهم مقارنة بتكلفتها الإجمالية. تستفيد جميع الصناعات التي تقدم خيارات الترقية من هذا التصور المضلل لجذب المستهلكين وبيع الترقيات.

ومن الممكن أن يلعب تأثير التباين أيضًا دورًا حيويًا في أماكن أخرى: تظهر التجارب أن الناس سوف يمشون لمدة عشر دقائق إضافية إذا كان ذلك سيوفر 10 دولارات في شراء الطعام، لكنهم لن يفكروا أبدًا في المشي مرة أخرى لتوفير 10 دولارات لشراء بدلة باهظة الثمن؛ حركة غير عقلانية لأن 10 دقائق تساوي 10 دولارات بغض النظر. لذلك، يجب دائمًا القيام بالرجوع إلى الوراء أو عدم القيام بذلك على الإطلاق.

وبدون تأثير التباين، ستتوقف شركات الخصم عن الوجود تمامًا. يوجد موقف لا يمكن الدفاع عنه عندما تنخفض أسعار المنتجات من 100 دولار إلى 70 دولارًا في لحظة؛ لا ينبغي أن يلعب السعر المبدئي أي دور هنا. أخبرني أحد المستثمرين ذات مرة أن السهم ذو قيمة كبيرة لأنه انخفض بنسبة 50 في المائة عن سعر الذروة؛ وكان رد فعلي مماثلاً بهز رأسي: إن أسعار الأسهم لا تسجل أبدًا نقاطاً منخفضة أو مرتفعة ـ فكل ما يهم هو ما إذا كانت الأسعار ستتحرك صعوداً أو هبوطاً من الآن فصاعداً.

إذا واجهنا تناقضات، فإن أدمغتنا تستجيب إلى حد كبير مثل الطيور لطلقة نارية: فنحن نرفرف ونتحرك بسرعة. ومع ذلك، لسوء الحظ، فإننا نميل إلى عدم التعرف على التغييرات التدريجية عند حدوثها: يمكن للمخادع أن يجعل ساعتك تختفي دون أن تدرك ذلك لأنه عند الضغط على جزء واحد من جسمك عن طريق الضغط على جزء آخر، فإنك لا تلاحظ عندما تلمسه بشكل خفيف على معصمك يزيل ساعة رولكس الخاصة بك منها؛ وبالمثل، فإننا نفشل في ملاحظة كيف تختفي أموالنا من خلال التضخم الذي يسلب قيمتها ببطء، بينما يتم فرضها كضرائب (وهو ما هو عليه بالفعل في جوهره) سيكون رد فعلنا أقوى بكثير ضد هذه الضرائب (والتي في الواقع تصل إلى حدها الأساسي).

التباين قوة خطيرة: المرأة الجميلة تتزوج من رجل عادي؛ ولكن نظرًا لأن والديها كانا أفرادًا سيئي السمعة، فقد بدا لها شخصية غير عادية.

فكرة أخيرة: مع كل الإعلانات التي تعرض عارضات الأزياء، أصبحنا الآن ننظر إلى الأشخاص الجميلين باعتبارهم مرغوبين إلى حد ما فقط. عند البحث عن الحب، لا تخرج أبدًا مع صديقاتك من عارضات الأزياء، حيث سينظر الناس إليك أقل جاذبية مما أنت عليه بالفعل إذا ذهبت بمفردك أو أحضرت صديقين قبيحين بدلاً من ذلك.

أنظر أيضا:تحيز التوفر (الفصل 11)؛ تأثير الوقف (الفصل 23)؛ تأثير الهالة (الفصل 38)؛ تحيز المقارنة الاجتماعية (الفصل 72)؛ الانحدار إلى المتوسط (الفصل 19)؛ خطأ الندرة (الفصل 27)؛ التأطير (الفصل 42)

انحياز الجذب

قول شيء مثل، "التدخين ليس ضارًا إذا تمكن جدي من البقاء على قيد الحياة عن طريق تدخين ثلاث علب يوميًا ويعيش لأكثر من 100 عام" أو: "مانهاتن آمنة حقًا؛ صديقي يعيش في القرية دون أن يقفل بابه". حتى أثناء الإجازة ـ لم يتم اقتحام شقته أبدًا!" يمكن استخدامها لمحاولة إثبات نقطة ما، لكنها في الواقع لا تثبت شيئًا على الإطلاق؛ ومن خلال القيام بذلك، فإننا نستسلم لتحيز التوفر.

أو أكثر معها كحرف ثالث،؟ الإجابة: أكثر من ضعف K ، هل هناك المزيد من الكلمات الإنجليزية التي تبدأ بحرف في المركز الثالث مقارنة بالكلمات التي تبدأ به؛ على الرغم من أن K عدد الكلمات الإنجليزية التي تظهر حرف الكثيرين يعتقدون أن الأخير أكثر عددًا. يعتقد الناس خطأ خلاف ذلك لأنهم أكثر عرضة لتذكر الكلمات التي تبدأ بسرعة أكبر؛ لذلك فهي أسهل لذاكرتنا K بحرف.

ينص تحيز الإتاحة على أن: عقولنا تميل إلى تكوين صورة للواقع بناءً على الأمثلة التي نجدها بسهولة في ذاكرتنا، على الرغم من أن هذه الأحداث لا تحدث في الواقع بشكل متكرر لأنه يمكن تخيلها بسهولة.

نظرًا لتحيز التوفر، غالبًا ما نسير في حياتنا مع وضع خريطة مخاطر غير دقيقة في الاعتبار. وبسبب هذا التحيز، فإننا نميل إلى المبالغة في تقدير مخاطر حوادث الطائرات أو حوادث السيارات أو القتل بينما نقلل من تقدير المخاطر الناجمة عن أسباب أقل إثارة مثل مرض السكري أو سرطان المعدة. إن الهجمات بالقنابل أقل تواتراً مما نعتقد، في حين أن معدلات الاكتئاب يمكن أن تكون أعلى بكثير ـ وهذا التحيز يقودنا إلى إعطاء أهمية كبيرة للنتائج المذهلة بينما نخفض من شأن النتائج الهادئة أو غير المرئية بسهولة أكبر مما ينبغي؛ أدمغتنا تفضل النتائج المبهرجة بسهولة أكبر من النتائج الدنيوية ـ وهذا يقودنا إلى التفكير بطرق درامية بدلاً من الطرق الكمية!

يستسلم الأطباء في كثير من الأحيان لتحيز التوفر: فهم يستخدمون علاجاتهم المعتادة في جميع الحالات المحتملة، على الرغم من أنه قد توجد علاجات أكثر ملاءمة ولكنها تظل مخفية في بنوك ذاكرتهم. غالبًا ما يقع المستشارون أيضًا فريسة لهذه الظاهرة ـ فبدلاً من استبعاد حالة غير مألوفة تمامًا بالقول: "أنا حقًا لا أعرف"، فإنهم يبذلون قصارى جهدهم لعدم التصرف بناءً على الحدس بل اتخاذ الإجراءات بدلاً من ذلك.
بدلاً من معرفة ما يجب عليهم إخبارك به بالضبط، غالبًا ما يلجأ الأشخاص إلى أحد أساليبهم المجربة والمختبرة، بغض النظر عما إذا كانت مثالية أم لا.

التكرار يمكن أن يترك بصمة طويلة الأمد في أذهاننا؛ شيء يتكرر كثيرًا يصبح جزءًا من الوعي الجماعي، حتى لو كان محتواه زائفًا؛ فقط اسأل القادة النازيين كم مرة رددوا "المسألة اليهودية"، قبل أن يبدأ الناس في الاعتقاد بأنها أو طاقة الحياة أو الكارما UFO قضية مهمة! كل ما يتطلبه الأمر للبدء في تصديق هذه المفاهيم هو قول الكلمات إمرات كافية قبل أن يلاحظها الناس ويصدقونها

لقد أصبح تحيز التوفر سمة راسخة في مجالس إدارة الشركات في جميع أنحاء العالم. ويميل أعضاء مجلس الإدارة إلى تركيز مناقشاتهم على ما قدمته الإدارة ـ عادة أرقام ربع سنوية ـ بدلا من معالجة المسائل الأكثر أهمية، مثل تحركات المنافسة، أو قضايا تحفيز الموظفين أو التغييرات في سلوك العملاء التي قد تؤثر عليهم بشكل مباشر. لا يميلون إلى مناقشة أشياء خارج جدول الأعمال. يميل الناس إلى تفضيل المعلومات التي يسهل الوصول إليها ـ سواء كانت بيانات اقتصادية أو وصفات ـ عند اتخاذ القرارات؛ إن اتخاذ خياراتهم على هذا الأساس بدلاً من البيانات الأكثر صلة بالموضوع والتي يصعب الوصول إليها يمكن أن يكون كارثياً على قراراتهم. مثال: لقد عرفنا منذ 10 سنوات أن ما يسمى بصيغة بلاك سكولز لتسعير المنتجات المالية المشتقة لا تعمل، ولكن بسبب الافتقار إلى حلول قابلة للتطبيق،

نواصل استخدام أداة غير مناسبة. قد يكون الأمر أشبه بالتواجد في مدينة غير مألوفة بدون خريطة ثم العثور على خريطة للمنزل من مكان ما واستخدامها بدلاً من ذلك ـ تفضيل المعلومات غير الصحيحة على عدم وجود معلومات على الإطلاق ـ وبالتالي دفع البنوك إلى تكبد خسائر بالمليارات بسبب تحيز التوافر.

غنى فرانك سيناترا عبارته الشهيرة: "إن قلبي ينبض بشدة / كل ذلك بسببك / عندما لا أكون بالقرب من الشخص الذي أحبه / ما زلت أحبها". وهذا مثال على تحيز الإتاحة ـ ولمكافحته بشكل فعال، نحتاج إلى مدخلات من الآخرين بتجارب وخبرات مختلفة عنا للتغلب على آثارها.

انظر أيضًا نفور الغموض (الفصل 80)؛ وهم الانتباه (الفصل 88)؛ تحيز الجمعية (الفصل 48)؛ الميزة ذات التأثير الإيجابي (الفصل 95)؛ تأكيد الانحياز (الفصل 7-8)؛ تأثير التباين (الفصل 10)؛ إهمال الاحتمال (الفصل 26) للمزيد حول هذا الموضوع.

لماذا يجب أن تدق عبارة "لا ألم ولا ربح" أجراس الإنذار؟

"مغالطة "الأمر سوف يصبح أسوأ قبل أن يصبح أفضل

ذات مرة، أثناء إجازتي في كورسيكا، مرضت. وكانت الأعراض غير مألوفة وكان الألم يزداد يوما بعد يوم. لذلك طلبت المساعدة الطبية في عيادة قريبة. بدأ طبيب شاب بفحصي بعناية، حيث حثني على معدتي، وقبض على كتفي وركبتي بقوة، وقام بوخز كل فقرة بحثًا عن علامات المشاكل. بدا فحصه غريباً بالنسبة لي، لكني ثابرت حتى خرج دفتره الذي يحتوي على مضاد حيوي مكتوب عليه: تناول قرصاً واحداً ثلاث مرات يومياً حتى تهدأ الأعراض. تناول المضادات الحيوية حتى تتحسن الأعراض قبل اعتبار الدواء علاجًا! عندما انتهيت عدت إلى غرفتي في الفندق ومعي وصفة طبية.

وتفاقم الألم خلال الأيام الثلاثة التالية، تمامًا كما توقع طبيبي. على الرغم من أنه كان يعرف ما هو الخطأ معي، عندما لم يهدأ الألم بعد ثلاثة أيام اتصلت به مرة أخرى لأسأله عما يجب فعله حيال ذلك ونصحه بزيادة الجرعة إلى خمس مرات يوميًا لأنه "قد يؤلمني". بعض الوقت أكثر". وبعد مرور يومين آخرين مؤلمين، قررت استدعاء سيارة إسعاف جوية دولية حيث قام الطبيب السويسري بتشخيص التهاب الزائدة الدودية مباشرة قبل أن يجري لي عملية جراحية مباشرة، وسألني بعد ذلك: "لماذا انتظرت كل هذا الوقت؟".

"كل شيء سار تمامًا وفقًا لما توقعه الطبيب، لذلك وثقت بنصيحته".

أوه لا! لقد وقعت في فخ المغالطة التي تقول إن الأمور ستزداد سوءًا قبل أن تتحسن." من المحتمل أن طبيبك" الكورسيكي لم يكن على علم بهذا؛ من المحتمل أن يكون مجرد فخ سياحي آخر خلال موسم الذروة.

لنأخذ مثالاً آخر: يجد الرئيس التنفيذي نفسه محبطًا، بسبب المبيعات في المرحاض، وعدم تحفيز مندوبي المبيعات، وفشل الحملات التسويقية تمامًا. في حالة من اليأس، قام بتعيين مستشار بمبلغ 5000 دولار في اليوم والذي يتضمن تقييمه النتائج التي تشمل افتقار قسم المبيعات لديك إلى الرؤية وعدم وضع علامتك التجارية بشكل واضح ـ يمكنني إصلاح الأمرين لك ولكن قد يستغرق الأمر وقتًا أطول قبل حدوث التحسينات ـ على الأرجح ستنخفض المبيعات أبعد من ذلك قبل أن تتحسن الأمور. يقوم الرئيس التنفيذي بتعيين هذا المستشار؛ وبعد عام واحد، تنخفض المبيعات مرة أخرى قبل حدوث التقدم، كما أكد هذا المستشار؛ لقد أكدوا مرارًا وتكرارًا خلال هذه المشاورات على مدى ارتباط التقدم الوثيق بتقدم الشركة مقارنةً بالنتائج التي توصل إليها بشأن التحليلات التي أتاحتها النتائج التي توصل إليها في هذا اليوم من قبل هذا الرجل الذي قام بتحليله. ومع استمرار انخفاض المبيعات في العام الثالث، قرر الرئيس التنفيذي إقالة المستشار.

إن مغالطة "سوف تسوء قبل أن تتحسن" هي مجرد عذر، ومثال على التحيز التأكيدي. إذا استمرت المشكلة في التفاقم كما هو متوقع، فإن الانحياز التأكيدي يؤكد نفسه بينما إذا حدث تحسن غير متوقع بشكل غير متوقع، فإن العميل سيكون سعيدًا ويمكن للخبير أن يحصل على الفضل في مجموعة مهاراته؛ في كلتا الحالتين يفوز.

تخيل نفسك رئيسًا لبلد ما، دون أن يكون لديك المعرفة اللازمة لإدارته بفعالية. ماذا ستكون خطوتك الأولى؟ وربما التنبؤ بـ«سنوات صعبة» ومطالبة المواطنين بشد الأحزمة والوعد بالتحسن بعد هذه المرحلة الدقيقة من «التطهير» و«التطهير» و«إعادة الهيكلة»، مع ترك الباب مفتوحاً إلى أي مدى يمكن أن تستمر هذه الفترة وخطورتها؟

تقف المسيحية كشهادة نهائية على فعالية هذه الإستراتيجية: يعتقد المؤمنون بها أنه قبل تجربة الجنة على الأرض، يجب أولاً تدمير العالم من خلال كوارث مثل الفيضانات والحرائق والوفيات ـ وكلها تشكل جزءًا من خطة الله الأكبر ـ. وأي تدهور في الظروف نتيجة لذلك. إشارة إلى تحقق نبوتهم؛ أي تحسينات تعتبر نعمة من الله.

الخلاصة: عندما يقول أحدهم: "الأمر سوف يسوء قبل أن يتحسن"، فإن هذا ينبغي أن يدق أجراس الإنذار. ومع ذلك، احذر: هناك مواقف تتدهور فيها الأمور أولاً قبل أن تتحسن بمرور الوقت؛ على سبيل المثال، غالبًا ما يتضمن التغيير الوظيفي فقدان الأجر، بينما قد تستغرق إعادة هيكلة الشركة بعض الوقت أيضًا. ولكن في كل هذه الحالات يمكننا أن نرى بسرعة نسبية ما إذا كانت التدابير المتخذة ناجحة؛ توفر المعالم مؤشرات واضحة. ركز بدلاً من ذلك على هذه الأمور بدلاً من البحث عن الراحة من خلال الحلول السحرية.

انظر أيضًا الانحياز للعمل (الفصل 43)؛ مغالطة التكلفة الغارقة (الفصل 5)؛ الانحدار إلى الوسط (الفصل 19) لمزيد من التوضيح.

حتى القصص الحقيقية يمكن أن تكون خرافات

الحياة يمكن أن تكون مربكة. تخيل أن أحد سكان المريخ غير المرئي يتبعك مع دفتر ملاحظات غير مرئي أيضًا لتوثيق كل ما تفعله وتفكر فيه وتحلم به. ستكون حياتك هكذا: "اشرب القهوة مع سكرين"؛ "لقد داس على دبوس طباعة الورق وشتم مثل البحار"، أو "حلمت أنني قبلت جارتي"، أو "حجزت إجازة في جزر المالديف ولكن المال قد نفدت الآن تقريبًا"، أو "وجدت شعرًا يخرج من تحت أذني ـ فنزعته على الفور". ستكون هذه جميعها عبارة عن إدخالات في يومياتك تؤرخ لما يحدث كل يوم ـ وستستمر الإدخالات في الظهور، ويستمتع الناس بنسج أجزاء من حياتهم في قصة متماسكة، وتشكيل القصص من التفاصيل المتناثرة التي نسميها المعنى والهوية على التوالي. قال فريش، وهو روائي سويسري مرموق، ذات مرة: ‹‹إننا نجرب القصص مثل الملابس›.

كبشر، نستخدم السرد لفهم التاريخ العالمي، وتكثيف الأحداث المتباينة في قصة متماسكة. ومن خلال هذه العدسة نتوصل إلى فهم بعض القضايا؛ مثل لماذا ساهمت معاهدة فرساي في الحرب العالمية الثانية أو لماذا تسببت السياسة النقدية المتساهلة التي انتهجها آلان جرينسبان في انهيار بنك ليمان براذرز. يمكن أن تختلف التفاهمات. هنا، نشير إلى الفهم على أنه فهم، لكن هذه الأشياء لا يمكن فهمها في حالتها الأصلية ـ فنحن نخلق المعنى منها لاحقًا. القصص هي كيانات ذاتية للغاية. غالبًا ما يشوهون الواقع ويستبعدون أي شيء لا يناسبنا، ومع ذلك فإننا لا حول لنا ولا قوة بدونهم. لماذا لا يزال هذا غير واضح. ما نعرفه على وجه اليقين هو أن البشر استخدموا القصص لأول مرة كوسيلة لشرح العالم قبل أن يصبحوا قصصًا علمية؛ مما يجعل الأساطير أقدم من الفلسفة ويؤدي إلى تحيز القصة.

ينتشر تحيز القصة في التقارير الإعلامية. على سبيل المثال: عندما تسير سيارة فوق جسر وتنهار فجأة، ماذا نقرأ في اليوم التالي؟ حكاية عن سائقها المؤسف؛ من أين أتوا وإلى أين توجهوا؛ نقرأ سيرته الذاتية (ولد في مكان ما، نشأ في مكان آخر، يكسب عيشه في مكان آخر)؛ إذا نجا وتمكن من إجراء مقابلات، فسنحصل على تفاصيل حول ما شعر به بالضبط عندما انهار الجسر ـ ولكن لم تشرح أي من هذه الحكايات سببه ـ فقط تخطيها جميعًا وينبغي أيضًا النظر في الجسر نفسه: أين كانت نقطة ضعفه، وما إذا كان الإرهاق قد سببه، وما إذا كان قد حدث ضرر؛ كان التصميم المناسب المستخدم وهل هناك جسور مماثلة لهذا الجسر. في حين أن كل هذه الأسئلة صحيحة، إلا أن إجاباتها لا تشكل قصصًا جذابة؛ نحن نحب القصص على التفاصيل المجردة. ولذلك، يتم إعطاء الأولوية للقصص الجانبية المسلية على الحقائق ذات الصلة (وهو ما يعني، على الجانب الإيجابي، أننا لن نقرأ سوى الكتب غير الخيالية!)

إليك حكايتان للروائي الإنجليزي إي إم فورستر لتفكر فيهما؛ الذي سوف تتذكر أفضل؟ أ) "مات الملك وماتت الملكة من الحزن." ب) "مات الملك وماتت الملكة من الحزن". من المرجح أن يتذكر معظمهم القصة "ب" بسهولة أكبر لأن الوفاة فيها لا تحدثان على التوالي فحسب، بل مرتبطتان عاطفيًا؛ "أ" أكثر واقعية بينما "ب" له أهمية أعمق ـ حالتي تشير نظرية المعلومات إلى أننا يجب أن نتذكر "أ" بسهولة أكبر نظرًا لكونه أقصر ولكن أدمغتنا لا تعمل بهذه الطريقة!

لقد تعلم المعلنون استغلال هذه الحقيقة أيضًا، من خلال إنشاء روايات مقنعة حول المنتجات بدلاً من فوائدها فقط. لقد أوضحت Google في إعلانها التجاري والذي يحمل اسم Super Bowl لعام 2010 هذه التقنية بشكل مثالي في "Google Parisian Love" على YouTube - ألقِ نظرة بنفسك هنا.

إن اختزال الواقع في قصص ذات معنى يشوه الواقع ويؤثر على قراراتنا؛ لتصحيح هذا التشويه هناك علاج واحد. فصل هذه الروايات. اسأل نفسك: ما الذي يحاولون إخفاءه؟ قم بزيارة المكتبة وقضاء نصف يوم في قراءة الصحف

القديمة؛ سترى أن الأحداث التي تبدو الآن متصلة لم تكن موجودة في ذلك الوقت؛ بالإضافة إلى ذلك، حاول عرض قصة حياتك خارج السياق: ابحث في اليوميات والملاحظات القديمة لتكتشف أن الحياة لم تتبع طريقًا مستقيمًا يؤدي مباشرة إلى اليوم؛ وبدلاً من ذلك، كانت سلسلة من التجارب والأحداث غير مخطط لها وغير متوقعة ـ وهو أمر سنستكشفه بمزيد من التفصيل في الفصل الخامس.

بمجرد أن تسمع حكاية، فكر في مصدرها ونواياها؛ ما لم يُقال؛ ما هي التفاصيل التي ربما تم إغفالها والتي قد تكون أكثر أهمية مما تم تقديمه، على سبيل المثال عند مناقشة الأزمات المالية أو الحرب. إحدى مشكلات القصص: أنها تعطينا إحساسًا زائفًا بالأمان.
إن الفهم يدفعنا حتماً إلى خوض مخاطر أكبر والسير بحذر عبر المياه المجهولة.

انظر السببية الكاذبة (الفصل 37)؛ "لأن" التبرير (الفصل 52)؛ التجسيد (الفصل 87)؛ التحيز بعد فوات الأوان (الفصل 14)؛ خطأ الإسناد الأساسي (الفصل 36)؛ مغالطة الإقتران (الفصل 41)؛ تزوير التاريخ (الفصل 78)؛ قطف الكرز (الفصل 96) ووهم الأخبار (الفصل 99) كقضايا إضافية يجب وضعها في الاعتبار.

لماذا يجب عليك الاحتفاظ بمذكرات

التحيز بعد فوات الأوان، عثرت مؤخرًا على مذكرات عمي الأكبر. في عام 1932، انتقل من قرية سويسرية إلى باريس بحثًا عن فرص صناعة الأفلام، وقام بهذا الدخول بعد شهرين فقط من غزو فرنسا: «يعتقد الجميع أن القوات الألمانية ستغادر بحلول ديسمبر، مع سقوط إنجلترا بسرعة بعد ذلك؛ ثم يمكن لحياتنا في باريس أن تستأنف أخيرًا في ظل ألمانيا. لسوء الحظ استمر هذا الاحتلال أربع سنوات.

تقدم كتب التاريخ اليوم الاحتلال الألماني لفرنسا كجزء من استراتيجية عسكرية منظمة. لذلك يبدو من المرجح في وقت لاحق. ولكن من المؤسف أننا وقعنا فريسة للتحيز بعد فوات الأوان.

والآن لنتأمل هذا المثال من عام 2007: توقع الخبراء الاقتصاديون آفاقاً مشرقة للسنوات التالية، ولكن في غضون عام واحد انهارت الأسواق المالية. وعندما طلب المراسلون من الخبراء تفسير هذه الأزمة، ذكروا أسبابها: التوسع النقدي الذي قام به جرينسبان؛ معايير التحقق من صحة الرهن العقاري المتساهلة ؛ وكالات التصنيف الفاسدة؛ انخفاض متطلبات رأس المال وما إلى ذلك ـ بعد فوات الأوان تبدو هذه التفسيرات واضحة على نحو متزايد.

يعد التحيز بعد فوات الأوان أحد أكثر المغالطات انتشارًا. يمكننا أن نشير إليها بظاهرة "لقد أخبرتك بذلك": عندما ننظر إلى الوراء، يصبح كل شيء واضحًا ويمكن التنبؤ به. إذا نجح الرئيس التنفيذي في تحقيق النجاح من خلال العمل الجاد والحظ المطلق، فإن تصوره لاحتمالية نجاحه غالبًا ما يكون أعلى بكثير مما كان عليه بالفعل. بعد فوز رونالد ريغان في الانتخابات على جيمي كارتر عام 1980، توقع المعلقون تعيينه على الرغم من قرب موعده حتى أيام قبل يوم التصويت النهائي. ويبدو أن صحفيي الأعمال اليوم مقتنعون بهيمنة جوجل في نهاية المطاف، على الرغم من أن مثل هذه التنبؤات كانت ستثير الضحك لو أنها حدثت في عام 1998. والحقيقة المذهلة: اليوم يبدو من المعقول بشكل مؤلم أن يتم إطلاق رصاصة واحدة في سراييفو في عام 1914 من شأنها أن تؤدي إلى 30 عامًا من الحرب. صراع وأودى بحياة 50 مليون شخص ـ وهو أمر يتعلمه كل طفل في المدرسة ـ ولكن في ذلك الوقت لم يكن أحد يحلم به
وكان التصعيد يبدو سخيفاً للغاية.

ما الذي يجعل التحيز بعد فوات الأوان خطيرًا جدًا؟ ببساطة، إنه يقودنا إلى الاعتقاد بأننا أفضل في التنبؤ مما نحن عليه في الواقع، ويسبب ثقة مفرطة متعجرفة في معرفتنا، ويقودنا إلى المخاطرة أكثر من اللازم فيما يتعلق بالقضايا العالمية وكذلك القضايا المحلية: "هل سمعت؟ لقد انفصلت سيلفيا وكريس. لقد كان الأمر دائمًا يسير على نحو خاطئ لأنهما شخصيات مختلفة ـ أو متشابهتان جدًا ـ أو ربما أمضيا الكثير من الوقت معًا أو بالكاد رأوا بعضهم البعض."

قد يكون التغلب على تحيز الإدراك المتأخر أمرًا صعبًا. لقد أثبتت الدراسات أنه حتى الأشخاص الذين يدركون ذلك غالبًا ما يقعون في فخه، لذلك أشعر بأسف شديد لإضاعة وقتك في قراءة هذا الفصل.

إذا كنت قد وصلت إلى هذا الحد، فأنا أقدم لك نصيحة أخيرة بناءً على الخبرة الشخصية وليس المهنية: احتفظ بمذكرة يومية. سجل أي تنبؤات تتعلق بالتغيرات السياسية أو تطورك المهني أو مشكلات الوزن أو أسواق الأسهم. وبعد مرور بعض الوقت، قم بمراجعة هذه التوقعات مع التطورات الفعلية من أجل تقييم أي تناقضات. تفاجأ بمدى سوء مهاراتك في التنبؤ! لا تقرأ كتب التاريخ المدرسية فقط ـ ولا تعتمد فقط على النظريات الاسترجاعية من الماضي! تقدم اليوميات والتاريخ الشفهي والوثائق التاريخية من تلك الفترة معلومات لا تقدر بثمن لا تقدر بثمن حتى على الخبراء! يجب على أولئك الذين لا يستطيعون الاستغناء عن الأخبار أن يقرأوا الصحف التي يرجع تاريخها إلى خمسة أو

عشرة أو عشرين عامًا مضت ـ وهذا سيوفر إحساسًا أعمق بمدى عدم القدرة على التنبؤ بعالمنا. النظر إلى الوراء قد يوفر راحة مؤقتة؛ ولكن من أجل الكشف بشكل أعمق عن كيفية عمل كل شيء، سنستفيد أكثر من خلال التطلع إلى الأمام.

أنظر أيضا: مغالطة السبب الواحد (الفصل 97)؛ تزوير التاريخ (الفصل 78)؛ تحيز القصة (الفصل 13)؛ الوهم التنبؤي (الفصل 40) ؛ تحيز النتيجة (الفصل 20) والتحيز لخدمة الذات (الفصل 45) كوجهات نظر إضافية يجب مراعاتها عند المبالغة في تقدير المعرفة والقدرة.

لماذا نبالغ باستمرار في تقدير معارفنا وقدراتنا؟

لم يكن يوهان سيباستيان باخ مجرد معجزة ناجحة؛ وأعماله عديدة وستتم مناقشتها بمزيد من التفصيل في نهاية هذا الفصل. في الوقت الحالي، إليك مهمة بسيطة لك لمحاولة تقدير عدد الكونشيرتوات التي قام بتأليفها؛ اختر نطاقًا من 100 إلى 500 بشكل مثالي مع تقديرات دقيقة بنسبة 98% وفروقات تتراوح بين 2-2% فقط بين التقديرات.

إلى أي مدى يجب أن نكون واثقين من معرفتنا؟ طرح عالما النفس هوارد رايفا ومارك ألبرت هذا السؤال نفسه على مئات الأفراد الذين أجروا مقابلات معهم من خلال المقابلات ومجموعات التركيز. لقد طلبوا من المشاركين تقدير إجمالي إنتاج البيض في الولايات المتحدة أو تقدير عدد الأطباء والجراحين المدرجين في دليل الصفحات الصفراء في بوسطن أو تقدير واردات السيارات الأجنبية إلى الولايات المتحدة أو حتى تقدير تحصيل رسوم قناة بنما بملايين الدولارات. طُلب من المشاركين اختيار أي نطاق يرغبون فيه بهدف عدم الخطأ في أكثر من 2% من الوقت، ولكن في الواقع كانوا مخطئين بنسبة 40%! وقد وصف الباحثون هذه الظاهرة المدهشة بالثقة المفرطة.

تنطبق الثقة المفرطة على التنبؤ من حيث أداء سوق الأوراق المالية على مدى عام أو الأرباح على مدى ثلاث سنوات، فضلا عن توقعات معرفتنا وقدرتنا على التنبؤ. غالبًا ما يقلل الناس من شأن معرفتنا وقدرتنا على التنبؤ، وكذلك ثقتنا في صحة التقديرات الفردية أو عدم صحتها؛ بل إنه يقيس ما يعرفه الناس مقابل مدى شعورهم بالثقة في القيام بالتنبؤات. قد يتفاجأ البعض أن الخبراء يعانون أكثر من الأشخاص العاديين من الثقة المفرطة؛ وعندما يُطلب من أستاذ الاقتصاد أن يتنبأ بأسعار النفط بعد خمس سنوات من الآن، فقد يعطي توقعه بقدر أكبر من القناعة مما قد يفعله إنظيره؛ ومع ذلك، عندما طُلب منهم التنبؤ بأسعار النفط بعد خمس سنوات، كانوا بثقة أكبر من توقعات نظرائهم

وتمتد الثقة المفرطة إلى ما هو أبعد من الاقتصاد: فقد كشفت استطلاعات الرأي أن 84% من الفرنسيين يقدرون أنفسهم بأنهم عاشقون فوق المتوسط؛ وبدون تأثيرات الثقة المفرطة، كان من المفترض أن يصل هذا الرقم إلى 50% بالضبط؛ المتوسط الإحصائي يعني أن 50% يجب أن يحصلوا على مرتبة أعلى و50% أقل على التوالي. أظهر استطلاع آخر أن 93% يعتقدون أنهم عشاق فوق المتوسط على الرغم من تأثير الثقة المفرطة. قدر الطلاب الأمريكيون الذين شملهم الاستطلاع أنفسهم بأنهم سائقون "أعلى من المتوسط"، وصنف 68% من أعضاء هيئة التدريس بجامعة نبراسكا أنفسهم ضمن أفضل 25% من حيث القدرة على التدريس. كما كان رجال الأعمال والراغبون في الزواج ينظرون إلى أنفسهم على أنهم متفوقون: فقد اعتقدوا أن بإمكانهم التغلب على الصعاب. وبدون وجود ثقة مفرطة، فمن المرجح أن ينخفض نشاط ريادة الأعمال بشكل كبير؛ على سبيل المثال، يأمل كل صاحب مطعم أن يصبح مطعمه هو المؤسسة التالية الحاصلة على نجمة ميشلان، لكن العديد منهم يفشلون في غضون ثلاث سنوات بسبب ضعف عوائد الاستثمارات التي تظل باستمرار أقل من الصفر.

نادرًا ما يتم إكمال أي مشاريع كبرى في الوقت المحدد وبتكلفة أقل من المتوقع. تشمل الأمثلة البارزة طائرة إيرباص A400M في بوسطن. ولفهم السبب، هناك قوتان تلعبان دوراً في وقت واحد: الثقة Big Dig ودار أوبرا سيدني و المفرطة هي أحد العوامل؛ ثانيًا، غالبًا ما يكون لدى المهتمين بالمشروع حوافز مباشر لتقليل التكاليف: حيث يسعى الاستشاريون والمقاولون والموردون جميعًا إلى المزيد من الأعمال. يشعر البناؤون بالتشجيع من الشخصيات المتفائلة بينما يكتسب السياسيون المزيد من الدعم من خلال هذه الأنشطة ـ سنناقش التحريف الاستراتيجي (الفصل 89).

إن ما يجعل الثقة المفرطة منتشرة إلى هذا الحد وتأثيرها مثيراً للقلق هو عدم قابليتها للتغيير: فهي لا تستجيب للحوافز، كونها سمة غريزية وليست مدفوعة بالحوافز؛ ولا يوجد نظيره "نقص الثقة". ليس من المستغرب بالنسبة لبعض

القراء: الثقة المفرطة لدى الذكور تميل إلى أن تكون أكثر بروزًا بينما لا تميل النساء إلى المبالغة في معارفهن وقدراتهن بالقدر نفسه تقريبًا؛ علاوة على ذلك، فإن المتفائلين ليسوا وحدهم عندما يتعلق الأمر بالمبالغة في تقدير أنفسهم ـ فحتى المتشائمون الذين أعلنوا أنفسهم ما زالوا يبالغون في تقدير أنفسهم وإن كان ذلك بشكل أقل تطرفًا.

الخلاصة: تذكر أن تظل مدركًا أنه من السهل علينا المبالغة في تقدير معرفتنا. كن حذرًا من توقعات الخبراء؛ في جميع الخطط، فضل السيناريو المتشائم لأن هذا يمنحك فرصة للحكم الدقيق على المواقف بشكل أكثر واقعية.

وبالعودة إلى سؤالنا المطروح: ترك يوهان سيباستيان باخ وراءه 1127 عملاً لا تزال باقية حتى يومنا هذا، على الرغم من أن الكثير منها ربما فُقد مع مرور الوقت. لمزيد من القراءة انظر: وهم المهارة (الفصل 94)؛ وهم التنبؤ والتضليل الاستراتيجي (الفصل 40). (الفصل 89)؛ ميل التحفيز إلى الاستجابة الفائقة (الفصل 18)؛ التحيز لخدمة الذات (الفصل 45).

لا تأخذ مذيعي الأخبار على محمل الجد

بعد حصوله على جائزة نوبل للفيزياء عام 1918، ذهب ماكس بلانك في جولة محاضرة وطنية عبر ألمانيا لتقديم نظريات جديدة في ميكانيكا الكم. أينما ذهب كان يلقي نفس المحاضرة. وبمرور الوقت، أصبح سائقه على دراية بكلامه: «لابد أن البروفيسور بلانك يجد تكرار كلامه أمرًا رتيبًا؛ دعني أفعل ذلك لك في ميونيخ! اجلس في الصف الأمامي مرتديًا قبعة السائق الخاصة بي وارتدي قبعة السائق الخاصة بي لأن ذلك سيمنحنا بعض التنوع!» كان بلانك مسرورًا بهذه الفكرة، لذلك ألقى السائق محاضرة مسائية حول ميكانيكا الكم أمام نخبة من الحضور. وعندما وقف أحد أساتذة الفيزياء في ميونيخ وطرح عليه سؤالاً، تفاجأ سائقه قائلاً: "لم أكن أتوقع أبداً أن يطرح شخص من مدينة متقدمة مثل ميونيخ مثل هذا السؤال البسيط!" وسيسعد سائقي أن يقدم إجابة.

حدد تشارلي مونجر، أحد كبار المستثمرين في العالم (الذي أخذت منه هذه القصة)، نوعين من المعرفة. يمكن رؤية المعرفة الحقيقية بين أولئك الذين أمضوا وقتًا وجهدًا كبيرًا في فهم موضوع ما؛ تشير معرفة السائق إلى المعرفة التي يحصل عليها الأشخاص الذين يعرفون كيفية تقديم عرض بأصوات مبهرة أو قصات شعر مذهلة؛ ومع ذلك، فإن كلماتهم تأتي وكأنهم يقرؤون من النص.

لسوء الحظ، أصبح التمييز بين المعرفة الحقيقية ومعرفة السائق أكثر صعوبة من أي وقت مضى. يقدم مذيعو الأخبار مثالاً جيدًا على هذا الانقسام؛ يعلم الجميع أن هؤلاء الممثلين يقومون بأدوار ببساطة ـ ومع ذلك ما زلت مندهشًا من الاحترام الذي يحظى به قراء النصوص المصقولون بالإضافة إلى الإشراف على اللوحات حول مواضيع بالكاد يفهمونها بأنفسهم.

ويطرح الصحفيون المزيد من التحديات. يمتلك بعض الصحفيين خبرة حقيقية؛ عادةً ما يتخصص هؤلاء المراسلون المخضرمون في مجال واحد لسنوات. يبذل هؤلاء المراسلون جهدًا لفهم تعقيدات الموضوع، ثم يشرحونه بشكل فعال من خلال مقالات طويلة تشرح بالتفصيل الحالات والاستثناءات. ومع ذلك، فإن أغلب الصحفيين يشبهون السائقين: فهم يكتبون نصوصا أحادية الجانب بسرعة باستخدام عمليات البحث على جوجل دون إجراء الكثير من البحث للحصول على تعويض؛ تميل نصوصهم إلى أن تكون أحادية الجانب وقصيرة وأحادية البعد في المحتوى. يميل هؤلاء الأفراد إلى إظهار القليل من المعرفة، بينما ينضحون بجو من التفوق في اللهجة.

يمكن أن تظهر الأعمال في كثير من الأحيان سطحية. مع ازدياد حجم الشركات، من المتوقع أن يتمتع الرؤساء التنفيذيون "بجودة النجوم". لسوء الحظ، غالبًا ما يتم التقليل من قيمة التفاني والوقار والموثوقية في القمة. في بعض الأحيان، يعتقد المساهمين والصحفيين خطأً أن روح الظهور ستؤدي إلى نتائج أفضل، وهذا بالتأكيد ليس صحيحًا.

لقد توصل وارن بافيت، الشريك التجاري لمونجر، إلى حل ممتاز: "دائرة اختصاصه". ما يقع ضمن هذه الدائرة يمكن فهمه بشكل بديهي في حين أن ما يقع خارجها قد يكون منطقيًا جزئيًا فقط. ينصح مونجر الناس بالبقاء ضمن ما يشير إليه بدائرة اختصاصهم: فهم ما تفهمه وما لا تفهمه. الحجم لا يهم طالما أنهم يعرفون أين تقع محيطاتهم. يؤكد مونجر على هذه النقطة. لتحقيق النجاح في أي مسعى، يجب على المرء أن يفهم قدراته الخاصة. إذا كان اللعب ضد أشخاص يتمتعون بقدرات أكبر منهم سيضرك، وأنت لا تفعل ذلك، فمن المحتمل أن ينتهي الأمر بالخسارة ـ ويمكن ضمان ذلك كثيرًا. ولذلك، فإن العثور على ميزة والبقاء ضمن دائرة اختصاصك هو أمر في غاية الأهمية.

الخلاصة: كن على اطلاع بمعرفة السائق. لا تخطئ في اعتبار المتحدثين باسم الشركة، أو مديري الحلبة، أو مذيعي الأخبار، أو المتكلمين، أو بائعي الكلام خبراء ذوي معرفة حقيقية. مؤشر واحد واضح: الخبراء الحقيقيون يعرفون

متى تنتهي خبرتهم ومتى تبدأ مرة أخرى؛ ويدرك الخبراء الحقيقيون أيضًا عندما يقع شيء ما خارج دائرة خبرتهم، ويلتزمون الصمت أو يتحدثون بحرية للإشارة إلى مثل هذه الفجوات المعرفية؛ نادراً ما يفعل السائقون هذا فيما يتعلق بأنفسهم.

انظر أيضًا تحيز السلطة (الفصل 9)؛ الاعتماد على المجال (الفصل 76)؛ Twaddle Tendency (الفصل 57) لمزيد من الاستكشافات.

كل ليلة حوالي الساعة التاسعة صباحًا، حوالي الساعة التاسعة والنصف تقريبًا، يقف فرد يرتدي قبعة حمراء في أحد المربعات ويبدأ في التلويح بقبعته بشكل عشوائي. بعد خمس دقائق اختفى، وبعد يوم واحد عندما اقترب منه الشرطي، أجاب هذا الشخص بأنه كان يبقي الزرافات بعيدًا ولكن لا يمكن رؤية أي منها هنا، لذا لا بد أنه يقوم بعمل فعال في ذلك!" أجاب الشرطي على ذلك: "حسنًا، لا بد أني بخير إذن إذلك!"

في أحد الأيام، عندما كان صديقي المصاب بكسر في ساقه مقيمًا في المنزل وطلب مني أن أشتري له تذاكر يانصيب، ذهبت إلى المدينة، وفحصت بعض الصناديق، وكتبت اسمه عليها ودفعت. ولكن عندما أعطيته إياها اعترض: لماذا فعلت ذلك؟ أردت أن أملأها بنفسي؛ هذه الأرقام لن تكسبني أي شيء"

هل تعتقد حقًا أن اختيار الأرقام سيكون له أي تأثير على السحب؟" أنا سألت. واجه وجهه نظرتي بشكل فارغ. غالباً ما يرمي لاعبو الكازينو النرد بأقصى قوة ممكنة إذا كانوا بحاجة إلى رقم كبير، وبحذر أكبر عندما يأملون في الحصول على أرقام منخفضة ـ وهي ممارسة سخيفة تشبه إلى حد كبير مشجعي كرة القدم الذين يأملون في التأثير على اللعبة من خلال الإيماءات أمام جهاز تلفزيون. ولسوء الحظ، فإنهم يتشاركون هذا الوهم مع الآخرين الذين يسعون أيضًا إلى التأثير على الشؤون العالمية من خلال إرسال المشاعر الإيجابية أو "الكرمة".

اكتشف جينكينز وورد في عام 1965 وهم السيطرة، وهو الميل إلى الاعتقاد بأننا نستطيع التأثير على شيء ليس لنا أي تأثير عليه، من خلال تجربة باستخدام مفتاحين وضوء. ومن خلال النقر على المفاتيح، تمكنوا من التأثير على متى وما إذا كان الضوء يأتي بشكل عشوائي أم لا؛ لا يزال المشاركون يعتقدون أن بإمكانهم التأثير على سطوعه عن طريق النقر على المفاتيح.

خذ بعين الاعتبار هذا المثال: أجرى باحث أمريكي اختبارات للتحقق من الحساسية الصوتية للألم عن طريق وضع الأشخاص في حجرات الصوت وزيادة مستوى الصوت تدريجيًا حتى أشار له الأشخاص بالتوقف. كانت غرفتاه (A تحتوي على زر ذعر أحمر على جدارها B متطابقتين باستثناء أن الغرفة (B كان المقصود من الزر فقط أن يكون وهمًا بالتحكم؛ ومع ذلك، فإن وجودها أعطى المشاركين إحساسًا بأنهم قادرون على تشكيل وضعهم وبالتالي تمكينهم من تحمل مستويات ضوضاء أكبر بكثير. إذا سبق لك أن قرأت ألكسندر سولجينتسين، أو بريمو ليفي، أو فيكتور فرانكل، فلا ينبغي أن تكون هذه النتيجة مفاجئة؛ تصف كتبهم كيف أن التأثيرات الطفيفة على القدر شجعت نزلاء السجن على عدم فقدان الأمل.

قد يكون عبور الشوارع في لوس أنجلوس أمرًا صعبًا، ولكن بلمسة زر واحدة يمكننا إيقاف حركة المرور ـ أو هل يمكننا فعل ذلك؟ الغرض من الزر هو جعلنا نعتقد أن لدينا بعض السيطرة على إشارات المرور، حتى نتمكن من تحمل الانتظار لفترة أطول دون أن ينفد صبرنا أو نفقد صبرنا عندما ننتظر أن تتغير بصبر أكبر. يتم استخدام حيل مماثلة عندما يتعلق الأمر بأزرار "فتح/إغلاق" المصعد: العديد منها غير متصل حتى بلوحة كهربائية! كما تم تنفيذ تدابير مماثلة في المكاتب ذات المخطط المفتوح: بالنسبة للبعض، قد يكون الجو حارًا جدًا دائمًا، بينما يكون الجو باردًا جدًا بالنسبة للبعض الآخر. يخلق الفنيون الأذكياء وهم التحكم عن طريق تثبيت أقراص وهمية لدرجة الحرارة؛ وهذا يقلل من فواتير الطاقة ـ والشكاوى. أصبحت مثل هذه الاستراتيجيات تُعرف باسم الأزرار الوهمية، ويتم استخدامها في كل مكان بدءًا من المصاعد والمكاتب وحتى المتاجر التي بها عدادات الدفع.

يستخدم محافظو البنوك المركزية والمسؤولون الحكوميون أزرار العلاج الوهمي بخبرة. ومن الأمثلة على ذلك سعر الفائدة على الأموال الفيدرالية ـ وهو سعر فائدة قصير الأجل للغاية لليلة واحدة. على الرغم من أن هذا المعدل لا يؤثر على أسعار الفائدة طويلة الأجل (التي تعتمد على العرض والطلب وبالتالي فهي حاسمة في قرارات الاستثمار)، فإن كل تغيير له يثير ردود فعل قوية في سوق الأسهم. لا أحد يفهم لماذا تخلف أسعار الفائدة لليلة واحدة مثل هذا التأثير على الأسواق، ولكن الجميع يتصورون أن هذا يحدث، وهذا ما يحدث. ومن الممكن أن تخلف تصريحات رئيس بنك الاحتياطي الفيدرالي نفس التأثير: فالأسواق تتحرك على الرغم من أن كلماته لا تقدم سوى القليل من الفوائد الملموسة الفعلية للاقتصاد الحقيقي؛ إنهم يقومون فقط بإنشاء موجات صوتية. ومع ذلك فإننا نسمح لرؤساء الاقتصاد بالاستمرار في اللعب بأقراص وهمية. وسوف تأتي نداء الاستيقاظ الحقيقي إذا أدركت كافة الأطراف المعنية أن الاقتصاد العالمي أصبح في نهاية المطاف خارج أيدينا ولا يمكن إدارته بفعالية.

هل أنت واثق من أن كل شيء تحت السيطرة؟ ربما أقل مما تعتقد انظر أيضًا الصدفة (الفصل 24)؛ إهمال الاحتمال (الفصل 26)؛ الوهم التنبؤي (الفصل 40) ؛ وهم المهارة (الفصل 94)؛ الوهم العنقودي (الفصل 3)؛ وهم الاستبطان (الفصل 67) في هذا الفصل.

لا تدفع أبدًا لمحاميك كل ساعة تحفيزًا

ميل الاستجابة الفائقة

سن الحكام الاستعماريون الفرنسيون في هانوي في القرن التاسع عشر قانونًا للسيطرة على غزو الفئران: مقابل كل ميت يتم إحضاره إلى السلطات، سيحصل صائدوه على مكافأة. تم تدمير العديد من الفئران من خلال هذه المبادرة ولكن تم أيضًا تربية العديد منها خصيصًا لها.

علماء الآثار الذين اكتشفوا مخطوطات البحر الميت في عام 1947 حددوا رسوم المكتشف لكل رق. فبدلاً من اكتشاف العديد من المخطوطات، قام علماء الآثار ببساطة بتمزيق المخطوطات الموجودة لزيادة رسوم المكتشف. وقد تم تقديم حوافز مماثلة في الصين خلال القرن التاسع عشر: حيث عثر المزارعون على العديد من عظام الديناصورات في أراضيهم ثم قاموا بتفكيكها للحصول عليها كمكافآت. تقدم مجالس إدارة الشركات الحديثة مكافآت عند تحقيق الأهداف وينفق المديرون طاقتهم في محاولة خفض الأهداف بدلاً من تنمية أعمالهم.

توضح هذه الأمثلة ملاحظة تشارلي مونجر الشهيرة حول الحوافز التي تسبب ميول الاستجابة الفائقة. يستجيب الناس للحوافز من خلال القيام بما هو في مصلحتهم. لكن الأمر اللافت للنظر هو مدى السرعة والأهمية التي يتغير بها سلوك الناس عندما تدخل حوافز جديدة أو تتغير الحوافز القائمة؛ علاوة على ذلك، يبدو الأمر كما لو أن الناس يستجيبون بشكل مباشر للحوافز بأنفسهم وليس لأي نوايا أعظم وراءهم.

تجمع أنظمة الحوافز الجيدة بين النية والمكافأة؛ على سبيل المثال، تمت دعوة المهندسين في روما القديمة للوقوف تحت بناء الجسر أثناء مراسم الافتتاح. ومن ناحية أخرى، فإن أنظمة الحوافز الضعيفة كثيراً ما تحجب الهدف المقصود أو حتى تحرفه؛ إن فرض الرقابة على الكتاب قد يؤدي فقط إلى جعل محتوياته أكثر شهرة، كما أن مكافأة موظفي البنوك على كل قرض يتم بيعه يمكن أن يؤدي إلى إلحاق المزيد من الضرر بمحافظ الائتمان، كما أن نشر رواتب المديرين التنفيذيين على الملأ لن يؤدي إلا إلى زيادتها؛ لا أحد يريد أن يُنظر إليه على أنه "الرئيس التنفيذي الخاسر".

هل ترغب في تغيير سلوك الأفراد أو المنظمات؟ يمكن أن ينجح الوعظ حول القيم والرؤى أو مناشدة العقل، لكن الحوافز غالبًا ما تكون أفضل ـ فهي لا تحتاج حتى إلى أن تكون مالية! يمكن استخدام كل ما تعلمناه بشكل جيد ـ بدءًا من الدرجات الجيدة وجوائز نوبل وحتى المعاملة الخاصة في الحياة الآخرة.

قبل وقت طويل من فهمي لماذا تخلى النبلاء المتعلمون في العصور الوسطى عن حياتهم الفاخرة للمشاركة في الحروب الصليبية، كنت أكافح من أجل فهم ما يمكن أن يجعل النبلاء المتعلمين جيدًا من هذه الفترة يتركون أنماط حياتهم المريحة وراءهم ويمتطون الخيول، وهم يعرفون جيدًا أن استغرقت الرحلة ستة أشهر على الأقل ومرت مباشرة عبر أراضي العدو ـ ومع ذلك فقد خاطروا. وبعد بعض التفكير والتأمل، أدركت أن أنظمة الحوافز لعبت دورًا أساسيًا. إذا نجوا، فيمكنهم الاحتفاظ بجميع غنائم الحرب الخاصة بهم بينما يصبحون رجالًا أثرياء بينما يصبح أولئك الذين ماتوا تلقائيًا شهداء مع كل الفوائد التي تعود عليهم أو يذهبون مباشرة إلى الجنة كشهداء ـ مما يجعل هذا الحل المربح للجانبين ممكنًا لجميع المشاركين المشاركين ـ مما يجعل هذا المشروع مربح منذ اليوم الأول لكلا الطرفين المعنيين إذا تمكن كلاهما من العودة إلى المنزل حيًا؛ في كلتا الحالتين كان الوضع مربحًا/مربحًا

تخيل للحظة إذا كان المحاربون والجنود يتقاضون رسومًا من الأعداء بالساعة مقابل الخدمات المقدمة ـ فسنشجعهم فعليًا على أخذ أطول وقت ممكن، أليس كذلك؟ فلماذا ندفع أجرًا بالساعة عند توظيف المحامين أو المهندسين المعماريين أو الاستشاريين أو المحاسبين أو مدربي القيادة؟ نصيحتي: بدلاً من ذلك، قم بالتفاوض على اتفاقيات الأسعار الثابتة قبل الاستفادة من خدماتهم.

كن حذرًا من مستشاري الاستثمار الذين يؤيدون منتجات مالية محددة؛ قد لا يكون تركيزهم منصبًا على رفاهيتك المالية، بل على كسب العمولة. غالبًا ما تثبت خطط أعمال رجال الأعمال والمصرفيين الاستثماريين أنها عديمة القيمة لأن البائعين لا يهتمون إلا بمصالحهم الخاصة؛ كما يقول المثل القديم "لا تسأل الحلاق أبدًا إذا كنت بحاجة إلى قصة شعر".

ترقب ميول الاستجابة الفائقة التحفيزية؛ عندما يحيرك سلوك شخص ما أو منظمة ما، اسأل عن الحوافز التي قد تكمن وراء ذلك، ومن المرجح أن تتمكن من شرح 90٪ من الحالات بسهولة؛ وأي 10٪ متبقية يمكن أن تكون عاطفة أو حماقة أو ذهانًا أو حقدًا.

انظر أيضًا حشد الدوافع (الفصل 56)؛ المعاملة بالمثل (الفصل 6)؛ تأثير الثقة المفرطة (الفصل 15) لمواد إضافية حول ازدحام التحفيز.

قد يكون الأطباء والاستشاريون والمعالجون النفسيون مصادر غير موثوقة للإغاثة

الانحدار إلى يعني

وتراوحت آلام ظهره بين الأفضل والأسوأ. كانت بعض الأيام أفضل من غيرها؛ كانت هناك أيام شعر فيها برغبة في تحريك الجبال، وأيام أخرى كان فيها حتى الحد الأدنى من الحركة مستحيلاً. عندما أصبح هذا الأمر مشكلة ـ وهو ما حدث لحسن الحظ نادرًا ـ كانت زوجته تدفعه لرؤية معالج تقويم العظام؛ بمجرد وصوله إلى هناك، سيجده في اليوم التالي أكثر قدرة على الحركة وسيوصي به بشدة لجميع جهات الاتصال الخاصة به.

كان هناك رجل آخر أصغر سنًا يعاني من إعاقة في لعبة الجولف تبلغ 12 عامًا، وقد أبدى إعجابه بحماس بمدربه، الذي كان يحجز معه ساعة كلما تعثرت لعبته وبعد ذلك بوقت قصير تحسن أداؤه بشكل ملحوظ.

ابتكر مستشار استثماري من أحد البنوك الكبرى "رقصة المطر" الغريبة، حيث كان يؤديها في كل مرة كان أداء أسهمه سيئًا في الحمام. على الرغم من أن الأمر بدا سخيفًا في ذلك الوقت، إلا أنه شعر بأنه مضطر للقيام بذلك؛ ودائمًا ما تتحسن الأمور بعد ذلك.

ما يربط الرجال الثلاثة معًا هو خطأ يُعرف باسم وهم الانحدار إلى المتوسط.

لنفترض أن منطقتك شهدت فترة باردة بشكل غير عادي؛ ومن المرجح أن تعود درجات الحرارة تدريجياً نحو معدلها الشهري خلال الأيام القادمة. ومن المرجح أن ينطبق الأمر نفسه على الحرارة الشديدة أو الجفاف أو المطر: يتقلب الطقس حول المتوسط. الطقس هو مجرد مؤشر واحد. وكذلك الأمر بالنسبة للألم المزمن، وإعاقات لعبة الجولف، والأداء في سوق الأوراق المالية، والحظ في الحب، ومستويات السعادة الذاتية، ونتائج الاختبارات ـ كلها تتقلب حول نوع ما من المتوسطات. وبالمثل لتخفيف آلام الظهر المزمنة دون زيارات لتقويم العمود الفقري؛ عودة الإعاقات إلى 12 دون إضافة الدروس؛ يعود أداء مستشار الاستثمار نحو متوسط أداء السوق ـ بغض النظر عن أي رقصات في الحمام!

تتخلل العروض المتطرفة عروض أقل تطرفًا. حتى الأسهم الأكثر نجاحًا منذ ثلاث سنوات من غير المرجح أن تظل كذلك خلال ثلاث سنوات أخرى. يمكنك أن تفهم لماذا يفضل بعض الرياضيين تجنب تصدر عناوين الأخبار غالبًا ما تعلن الصحف عن أفضل النتائج، لكنها تعرف لا شعوريًا أنها قد لا تحقق نتائج مماثلة في المرة القادمة ـ وهو أمر لا علاقة له باهتمام وسائل الإعلام؛ ولكن يرجع إلى التغيرات الطبيعية في الأداء.

أو لنتأمل حالة مدير قسم يسعى إلى رفع معنويات الموظفين عن طريق إرسال 3% من القوى العاملة لديه الأقل تحفيزًا إلى دورة تدريبية، فقط لكي لا تعود مستويات التحفيز كما كانت من قبل (أولئك الذين شاركوا لم يعودوا يشكلون هذه النسبة ـ سيكون هناك من المحتمل أن يكونوا آخرين بدلاً من أنفسهم في الأسفل). هل كانت الدورة تستحق العناء؟ من الصعب القول ذلك لأن مستويات التحفيز من المرجح أن تعود إلى وضعها الطبيعي حتى بدون تدريب؛ على غرار المرضى الذين يدخلون المستشفى بسبب الاكتئاب والذين غالبًا ما يغادرون وهم يشعرون بتحسن إلى حد ما ولكن ربما لم يقدموا أي مساهمة على الإطلاق!

مثال 2: في بوسطن، تم وضع المدارس ذات الأداء المنخفض في برنامج دعم مكثف. وفي غضون عام واحد، تحسن أداء هذه الشركات ـ وهو ما أرجعته السلطات بشكل مباشر إلى هذه الجهود وليس إلى الانحدار الطبيعي نحو الوسط.

يمكن أن يكون للتراجع إلى الوسط عواقب مدمرة، مما يدفع المعلمين (أو المديرين) إلى الاعتقاد بأن الانضباط أفضل من الثناء، على سبيل المثال، من خلال مكافأة أصحاب الأداء العالي ومعاقبة ذوي الإنجازات المنخفضة بعد الاختبارات. ونتيجة لذلك، قد يستنتج المعلمون أن التوبيخ يساعد والثناء يعيق ـ مما يخلق حلقة متكررة حيث العقاب يساعد والمدح يعيق الأداء ـ فيصبح اعتقادهم "اللوم يساعد والثناء يعيق"، مما يؤدي إلى مغالطة أخرى لا يمكن تجنبها.

الخلاصة: عند سماع قصص مثل، "مرضت، زرت طبيبي، وتحسنت تدريجيًا" أو "واجهت شركتنا صعوبات على مدار العام؛ ولذلك قمنا بتعيين استشاري والآن عادت النتائج إلى وضعها الطبيعي"، فقد يكون ذلك مؤشراً على خطأ الانحدار إلى المتوسط.

انظر أيضًا مشكلة المتوسطات (الفصل 55)؛ تأثير التباين (الفصل 10)؛ سوف يصبح الأمر أسوأ قبل أن يصبح أفضل. مغالطة (الفصل 12)؛ صدفة (الفصل 24)؛ مغالطة المقامر (الفصل 29

لا تقم أبدًا بتقييم القرار من خلال نتائجه

تحيز النتيجة

تخيل أن مليون قرد يستثمرون في سوق الأوراق المالية؛ شراء وبيع الأسهم بشكل عشوائي على ما يبدو ـ ماذا يحدث؟ وبعد أسبوع واحد، سيكون ما يقرب من نصفهم قد حققوا أرباحًا بينما تعرض النصف الآخر لخسائر. فقط تلك القرود التي حققت ربحًا يمكنها البقاء؛ يجب إعادة أي شخص تكبد خسائر إلى منزله. بعد أسبوع واحد، سيظل النصف في ارتفاع بينما يعاني النصف الآخر من الخسائر ويجب إرساله بعيدًا؛ تستمر هذه الدورة طوال الوقت. وبعد 10 أسابيع، سيبقى ما يقرب من 1000 قرد ممن استثمروا أموالهم بحكمة باستمرار. وبعد 20 أسبوعًا، سيبقى واحد فقط وهذا القرد ـ الذي سنشير إليه باسم قرد النجاح ـ اختار باستمرار الأسهم التي يمكنه الربح منها وأصبح الآن ملياردِيرًا! دعونا ندعوه.

كيف سيكون رد فعل وسائل الإعلام؟ سوف ينقضون على هذا الحيوان بحثًا عن "مبادئ نجاحه"، ولا شك أنهم سيجدون بعضًا منها: ربما يأكل القرد موزًا أكثر من زملائه من الرئيسيات؛ ربما يجلس في زاوية أخرى من قفصه؛ ربما يتأرجح عبر الفروع بتهور، ويأخذ فترات توقف طويلة ومدروسة عند العناية بنفسه؛ من المؤكد أنه لا بد من وجود عنصر سري يسمح لهذا المؤدي الرائع بالبقاء لمدة عشرين أسبوعًا دون تغيير؛ مستحيل!

توضح قصة القرد التحيز في النتائج: فنحن نميل إلى الحكم على القرارات من خلال نتائجها وليس من خلال العمليات، وهو ما يُعرف غالبًا باسم خطأ المؤرخ. ومن الأمثلة الكلاسيكية على هذه المغالطة الهجوم الذي شنته اليابان على بيرل هاربر؛ هل كان ينبغي إخلاء قاعدتها العسكرية قبل مهاجمتها؟ اليوم: نعم. كانت الأدلة دامغة على وجود هجوم وشيك. ومع ذلك، فقط في وقت لاحق تصبح الإشارات واضحة. في ذلك الوقت، قدم عام 1941 العديد من الإشارات المتناقضة التي تشير إلى الهجوم؛ أشار البعض إلى ذلك والبعض الآخر لم يفعل ذلك. ولتقييم جودة هذا القرار في بدايته (أي قبل حدوثه)، يجب النظر فقط في المعلومات المتوفرة في تلك اللحظة؛ أي شيء نتعلمه بعد الهجوم يجب أن يؤخذ في الاعتبار أيضًا.

تجربة أخرى تتطلب منك تقييم ثلاثة جراحي قلب. ومن أجل القيام بذلك، يُطلب من كل منهم إجراء خمس عمليات صعبة على أنفسهم على التوالي.
وبمرور الوقت، استقر احتمال الوفاة بسبب هذه الإجراءات عند 20%. لا يفقد الجراح "أ" أي شخص أثناء الجراحة بينما يفقد الجراح "ب" مريضًا واحدًا بينما يفقد الجراح "ج" مريضًا واحدًا. كيف ينبغي الحكم على هؤلاء الجراحين كأسوأ، هو C كثاني أفضل، و B كأفضل، و A الثلاثة ضد بعضهم البعض؟ إذا كنت مثل معظم الناس، فإن تصنيف ببساطة الوقوع فريسة لتحيز النتيجة ـ ربما بسبب عدد قليل جدًا من العينات التي يتم فحصها ـ مما يجعل النتائج بلا معنى. يتطلب التقييم الدقيق للجراح أولاً فهم مجال عمله، تليها مراقبة دقيقة أثناء إعداد العمليات وتنفيذها ـ وبعبارة أخرى، تحتاج إلى تقييم كل من العملية والنتيجة عند إجراء مثل هذه التقييمات. وبدلاً من ذلك، إذا كان هناك عدد كافٍ من المرضى الذين يحتاجون إلى هذه الجراحة تحديدًا ـ 100 أو 1000 عملية ـ فيمكنك استخدام حجم عينة أكبر. في الوقت الحاضر، يكفي أن نفهم أنه بالنسبة للجراح العادي، هناك احتمال بنسبة 33% ألا يموت أحد، واحتمال 41% أن يموت شخص واحد، واحتمال 20% أن يموت شخصان؛ وهذا حساب احتمالي مباشر ولا يُظهر أي تباين كبير بين صفر ميت واثنين من القتلى؛ إن الحكم على هؤلاء الجراحين الثلاثة بناءً على هذه النتائج فقط سيكون بمثابة إهمال وغير أخلاقي.

الخلاصة: من الحكمة عدم الحكم على القرارات بناءً على النتيجة فقط، خاصة عندما تلعب العشوائية أو المؤثرات الخارجية دوراً. النتيجة السيئة لا تعني تلقائيًا قرارًا سيئًا، بل بالعكس. لذلك، بدلاً من التأسف على الاختيارات السيئة التي قمت بها أو التصفيق لنفسك على تلك التي أدت إلى النجاح عن طريق الصدفة أو من خلال الصدفة وحدها، تذكر لماذا اخترت ما فعلته؛ هل كانت أسبابك منطقية ومفهومة؟ إذا نجحت هذه الطريقة من قبل ولكنها لم تسفر عن نتائج إهذه المرة ـ فالتزم بها وانظر إلى أين قد تؤدي إلى نتائج أخرى

انظر أيضًا مغالطة التكلفة الغارقة (الفصل 5)؛ وهم جسم السباح (الفصل 2)، والتحيز بعد فوات الأوان (الفصل 14) ووهم المهارة (الفصل 94) كمفاهيم ذات صلة.

لماذا الأقل هو الأكثر؟

منذ أن اشترت أختي وزوجها منزلًا غير مكتمل مؤخرًا، كل ما يمكننا التحدث عنه هو بلاط الحمام: السيراميك والجرانيت والرخام والمعدن والحجر والخشب والزجاج. غالبًا ما تصرخ أختي "هناك الكثير جدًا للاختيار من بينها"، وترفع يديها في حالة من السخط قبل أن تعود إلى الكتالوج باعتباره مصدر المعرفة الذي تلجأ إليه.

يُظهر بحثي أن متجر البقالة المحلي الخاص بي يحتوي على 48 نوعًا من الزبادي، و134 نوعًا من النبيذ الأحمر، و64 نوعًا من منتجات التنظيف بإجمالي 30 ألف منتج؛ تفتخر أمازون حاليًا بمليوني عنوان متاح لبائعي الكتب عبر الإنترنت. يواجه الناس اليوم العديد من الخيارات بدءًا من الاضطرابات العقلية وحتى الوظائف ووجهات العطلات وخيارات نمط الحياة ـ لم يكن هناك الكثير من الخيارات المتاحة لهم من قبل!

في منزل طفولتي في سويسرا، لم يكن هناك سوى ثلاثة أنواع من الزبادي، وثلاث قنوات تلفزيونية، وكنيستين، ونوعين من الجبن (خفيف أو قوي)، وسمك السلمون المرقط باعتباره السمك الوحيد المتاح، وهاتف واحد مقدم من البريد السويسري ـ بقرص واحد. خدمة فقط لإجراء المكالمات ـ مما يجعل الحياة أسهل بالنسبة لنا من واجهات المتاجر اليوم المزدحمة بالعلامات التجارية والنماذج وخيارات العقود!

لكن الاختيار هو مقياس التقدم؛ إنه يميزنا عن الاقتصادات المخططة والعصر الحجري. في حين أن الوفرة يمكن أن تجعلك سعيدًا، إلا أنه عند تجاوزها يمكن أن تدمر نوعية الحياة ـ تُعرف هذه الظاهرة باسم مفارقة الاختيار.

يشرح المعالج النفسي باري شوارتز في كتابه الذي يحمل نفس العنوان سبب صحة ذلك. مجموعة كبيرة يمكن أن تؤدي إلى الشلل الداخلي؛ ولإثبات هذا التأثير، أنشأ أحد المتاجر الكبرى جناحًا حيث يمكن للعملاء تذوق 24 نوعًا من الجيلي، والتي يمكنهم تجربتها قبل الشراء بسعر مخفض. وفي اليوم الثاني من تجربتهم باستخدام ستة نكهات بدلاً من ذلك، ارتفعت المبيعات عشرة أضعاف. لماذا؟ ربما وجود الكثير من التنوع يجعل عملية صنع القرار ساحقة؟ لم يتمكن العملاء من اتخاذ قرارهم، لذلك خرجوا دون شراء أي شيء. تم تكرار هذه التجربة عدة مرات مع منتجات مختلفة؛ ومع ذلك، فقد أسفرت في كل مرة عن نتائج مماثلة.

ثانياً، يمكن أن يؤدي الاختيار الواسع إلى قرارات سيئة. عندما يسأل الشباب عن الصفات التي تجعل شريك الحياة المثالي، يشير الكثيرون إلى الذكاء والأخلاق الحميدة والدفء والقدرة على الاستماع والفكاهة والجاذبية الجسدية كأولويات. ولكن هل تؤخذ هذه المعايير بعين الاعتبار عند اختيار شخص ما؟ في الماضي، كان بإمكان الشباب من القرى ذات الحجم المتوسط أن يختاروا من بين عشرين فتاة في فئتهم العمرية المدرسية التي يمكن أن يفكر في الزواج منها. كان يعرف عائلاتهم، مما دفعه إلى اتخاذ قرار بناءً على عدد من الخصائص المشتركة. الآن في عصر المواعدة عبر الإنترنت، هناك الملايين من الشركاء المحتملين المتاحين لنا جميعًا. أثبتت الدراسات أن أدمغة الذكور تصبح مثقلة بالاختيار الساحق للشركاء المحتملين بحيث تضيق عملية اختيارهم إلى معيار واحد فقط: الجاذبية الجسدية. ربما تكون على دراية جيدة بعملية الاختيار هذه من خلال تجاربك الشخصية أو من خلال التقارير الإعلامية.

الاختيار الكبير يمكن أن يؤدي إلى السخط. كيف يمكنك التأكد من أنك تقوم بالاختيار المناسب عندما تقصفك 200 خيار وتحيرك؟ أنت ببساطة لا تستطيع ذلك. ومع وجود المزيد من الخيارات في متناول يدك، يأتي المزيد من عدم اليقين وعدم الرضا في نهاية المطاف بعد ذلك.

إذن ماذا يجب أن تفعل؟ فكر جيدًا في المعايير التي تريدها قبل البحث عن العروض المتاحة، ثم التزم بها بشدة. ضع في اعتبارك أيضًا أن القرارات المثالية لا يمكن أن توجد نظرًا لاتساع الخيارات المتاحة؛ تهدف إلى الخير بما فيه

الكفاية بدلا من الكمال بدلا من ذلك! بدلًا من ذلك، قدّر الخيارات "الجيدة بما فيه الكفاية" ـ والتي يمكن أن تشمل شركاء الحياة (لكن أنا وأنت فقط يمكننا اختيار من نريدهم بالضبط).

انظر تعب القرار (الفصل ٥٣)؛ العمى البديل (الفصل 71) والتأثير الافتراضي (الفصل 81) لمزيد من القراءة.

انت معجب بي كثيرا؛ ألا ترغب فقط في إخباري بذلك؟؟!

قام كيفن مؤخرًا بشراء صندوقين من نبيذ مارجو الفاخر. على الرغم من أنه لا يشرب نبيذ بوردو عادةً، إلا أنه كان مفتونًا جدًا بمساعد المبيعات الخاص بهم؛ ليس مزيفًا أو انتهازيًا ولكنه ودود حقًا لدرجة أنه قرر شراء حالتين كهدية لشخص مميز.

يعتبر جو جيرارد على نطاق واسع أفضل بائع سيارات في العالم. شعاره للنجاح: "لا يوجد شيء أكثر فعالية في بيع أي شيء من إقناع العملاء بأنهم مهمون وأنك تقدر هم حقًا كأشخاص". بدلاً من مجرد التحدث بالحديث، يستخدم جيرار بطاقات تحتوي على جملة واحدة تُقرأ بصوت عالٍ منها كل شهر لإظهار رغبته. حنان: أنا أحبك"

إن ظاهرة الانحياز المحبب هي ظاهرة سهلة الفهم بشكل مذهل، ولكننا كثيرًا ما نقع فريسة لها. ببساطة، هذا يعني ما يلي: كلما زاد إعجابنا بشخص ما، زادت احتمالية شراء هذا الشخص أو مساعدته. ومع ذلك، قد يتساءل المرء ما الذي يشكل بالضبط كلمة "محبوب". وفقًا للبحث، فإننا نعتبر الأشخاص ممتعين إذا كانوا أ) يمتلكون ميزات جذابة، ب) يمتلكون خلفيات أو اهتمامات مماثلة لنا، و ج) يشاركوننا اهتماماتنا. غالبًا ما يتميز الإعلان بأشخاص جذابين. يُنظر إلى الأشخاص القبيحين على أنهم غير ودودين ولا يقومون حتى بالقطع (انظر أ). يستخدم الإعلان أيضًا "أشخاصًا مثلنا"، أي الأشخاص المتشابهين في المظهر أو اللهجة أو الخلفية ـ كلما زاد التشابه كلما كان ذلك أفضل! النسخ المتطابق هو أسلوب مبيعات فعال يستخدم لتحقيق هذا التأثير بالضبط. هنا، يحاول مندوب المبيعات أن يعكس الإيماءات واللغة وتعبيرات الوجه لعميله المحتمل لتحقيق أقصى قدر من التأثير. إذا تحدث المشتري ببطء وهدوء بينما يحك رأسه في كثير من الأحيان، فمن المنطقي أن يفعل البائع الشيء نفسه، وبالتالي تزيد فرصه في إبرام صفقة تجارية. كثيرًا ما يستخدم المعلنون المجاملات كجزء من عروض مبيعاتهم: كم مرة سمعت إعلانات تقول شيئًا مثل: دورًا هنا ـ يجدنا الناس أكثر جاذبية إذا كانوا يحبوننا؛ المجاملات C "أنت تستحق هذا!"؟ مرة أخرى، يلعب العامل لها مفعول السحر حتى لو كانت كاذبة.

يعتمد التسويق متعدد المستويات (البيع عبر الشبكات الشخصية) فقط على قدرته على جذب الإعجاب. على الرغم من وجود حاويات بلاستيكية متفوقة في السوق، إلا أن التسويق متعدد المستويات لا يزال يعمل من خلال الاستفادة من الإعجاب.
بمبيعات سنوية تبلغ ملياري دولار، وذلك بسبب أسعار التجزئة المعقولة والحفلات الودية التي Tupperware تفتخر يستضيفها الأصدقاء الذين يستوفون معايير الملاءمة بشكل مثالي.

وتستخدم وكالات المعونة تحيز الإعجاب لصالحها. تُظهر الحملات أطفالاً أو نساءً مبتسمين بشكل شبه حصري؛ لن ترى أبدًا مقاتلًا جريحًا ذا وجه حجري يحدق من اللوحات الإعلانية على الرغم من أنه يحتاج أيضًا إلى دعمك. تستخدم منظمات الحفظ تقنيات مماثلة؛ لا تنظر إلى أبعد من أي كتيب خاص بالصندوق العالمي للحياة البرية يعرض العناكب أو الديدان أو الطحالب أو البكتيريا باعتبارها النجوم ـ على الرغم من أن هذه المخلوقات المهددة بالانقراض قد تكون ذات أهمية بالغة للنظام البيئي مثل الباندا أو الغوريلا أو الكوالا أو الفقمات! لكننا لا نشعر بأي شيء تجاه هذه المخلوقات ـ وبدلاً من ذلك نتواصل بشكل أقوى مع المخلوقات التي تتصرف بشكل مماثل وتتصرف بشكل مشابه لنا أكثر من شيء منقرض مثل ذبابة ربان العظام المنقرضة... وهذا أمر سيء للغاية!

السياسيون بارعون في خلق جو من الإعجاب بين جماهيرهم. واستنادًا إلى التحليل الديموغرافي والمصالح، يقومون بتصميم الرسائل وفقًا للمنطقة السكنية أو الخلفية الاجتماعية أو القضايا الاقتصادية ـ ويطروننا: حيث يتم جعل كل

ناخب محتمل يشعر بأنه لا غنى عنه، ويسمع كلمات مثل: "صوتك مهم!" وحتى ذلك الحين فقط بجزء صغير جدًا ـ
وفي بعض الأحيان يكون الحد الفاصل غير ذي صلة!

أخبرني أحد أصدقائي الذي يتعامل في مضخات النفط المتعلقة بخطوط الأنابيب كيف نجح في إتمام صفقة مكونة من
ثمانية أرقام لخط أنابيب في روسيا دون استخدام أي رشوة لإغلاقه. "الرشوة؟" استفسرت، فأجاب صديقي بالنفي: لقد
بدأوا في الدردشة حول الإبحار واكتشفوا فجأة أننا نحب الإبحار بـ 470 زورقًا! ومنذ ذلك الحين، كانت صفقتهم كاملة
مع كون الود أفضل بكثير من الرشوة.

لذلك، إذا كنت مندوب مبيعات، اجعل المشترين يعتقدون أنك معجب بهم عن طريق الإطراء أو أي وسيلة أخرى. على
الجانب الاستهلاكي، احكم دائمًا على المنتجات بشكل موضوعي بغض النظر عمن باعه لها ـ مما يؤدي إلى إبعاد
مندوبي المبيعات من عقلك من خلال التظاهر بعدم إعجابهم!
انظر المعاملة بالمثل (الفصل 6)؛ التجسيد (الفصل 87) لمزيد من القراءة حول هذه المواضيع.

التي تقف فخورة في ساحة انتظار السيارات التابعة لأحد وكلاء BMW تأثير الوقف لقد أذهلتني عندما رأيت سيارة السيارات المستعملة، تتألق وكأنها جديدة مع وجود بضعة أميال فقط على عداد المسافات الخاص بها وتبدو وكأنها جديدة. بالنسبة لي بدا الأمر بقيمة حوالي 40 ألف دولار. ولكن لسوء الحظ، أراد البائع الحصول على 50 ألف دولار ولم يتزحزح عن السعر قيد أنملة. قررت أن أفعل ذلك عندما اتصل بي في الأسبوع التالي وقال إنه سيقبل 40 ألف دولار بدلاً من ذلك، وأخرجها في أول دورة لها في ذلك اليوم وتوقف عند محطة وقود حيث خرج المالك معجبًا بسيارتي ـ فقط من أجله بعد ذلك. عرض علي 53000 دولار نقدًا في ذلك الوقت وهناك! وغني عن القول أنني رفضت بأدب. أثناء عودتي إلى المنزل، أصبح واضحًا لي مدى سخافة قراري: فقد وصلت بحوزتي قطعة بقيمة 40 ألف دولار وأصبحت قيمتها على الفور أكثر من 53 ألف دولار! ومع ذلك، لو كان تفكيري مدفوعًا بالعقلانية الخالصة، لكانت السيارة قد بيعت على الفور ـ ولكن لسوء الحظ بالنسبة لي، بسبب شيء يعرف باسم تأثير الوقف (حيث تصبح الأشياء أكثر قيمة بمجرد امتلاكها)، وبالتالي فإننا نميل إلى فرض رسوم أعلى عند بيع أحد العناصر عما نفعله إذا قمنا بالشراء مباشرة بأنفسنا.

أجرى المعالج النفسي دان أريلي تجربة لاختبار هذه النظرية: في أحد فصوله، أجرى سحبًا على تذاكر مباراة كرة سلة كبرى واستطلع آراء الطلاب لقياس تقييمهم لها؛ ويقدر الطلاب خالي الوفاض بحوالي 170 دولارًا؛ ومع ذلك، فإن الطلاب الفائزين لن يبيعوا تذكرتهم أبدًا بأقل من متوسط سعر البيع البالغ 2400 دولار أمريكي ـ حيث ترتبط الملكية بأسعار بيع أعلى من المتوقع.

لقد أثبتت العقارات منذ فترة طويلة تأثير الوقف. يصبح البائعون مرتبطين عاطفيا بمنازلهم، الأمر الذي غالبا ما يجعلهم يبالغون في تقدير قيمتها ويتوقعون من المشترين أن يدفعوا أكثر مما يسمح به سعر السوق ـ وهو أمر لا يمكن أن يحدث ببساطة لأن هذا الفائض يمثل القيمة العاطفية وحدها.

أجرى ريتشارد ثالر تجربة مدهشة في الفصول الدراسية في جامعة كورنيل لقياس تأثير الوقف. قام بتوزيع أكواب القهوة بشكل عشوائي على نصف طلابه، وأخبرهم أنه يمكنهم إما أخذها أو بيعها بالسعر الذي يريدونه؛ ثم سُئل أولئك الذين ليس لديهم واحد عن المبلغ الذي سيكونون على استعداد لدفعه مقابل واحد؛ باختصار، قام ثالر بقياس ما يعرف بتأثير الوقف.
إنشاء سوق لأكواب القهوة. يمكن للمرء أن يفترض أن ما يقرب من 50٪ من الطلاب سوف يتاجرون، إما البيع أو الشراء. لكن النتيجة كانت أقل بكثير؛ تم بيع مالك واحد فقط من أصل 4 بأقل من 5.25 دولارًا أمريكيًا بينما لا يدفع المشترون عادةً أكثر من 2.25 دولارًا أمريكيًا لكل كوب.

يمكن للمرء أن يقول بأمان إن البشر أفضل في جمع الأشياء من التخلص منها، وهو ما يفسر لماذا نجمع الكثير من الفوضى في منازلنا ولماذا نادرا ما يتخلى جامعو الطوابع والساعات والأعمال الفنية عن ممتلكاتهم القيمة.

ومن المثير للدهشة أن تأثير الوقف لا يمتد إلى الحيازة فحسب، بل يمتد أيضًا إلى شبه الملكية. تزدهر بيوت المزادات مثل كريستيز وسوثبي من هذه الظاهرة: فالأشخاص الذين يقدمون عطاءات حتى اللحظة الأخيرة يشعرون أن الشيء هو ملكهم عمليًا، وهم على استعداد لدفع أكثر بكثير مما هو مخطط له؛ وأي انسحاب من المزايدة يعتبر خسارة رغم كل المنطق. غالبًا ما تعرض المزادات الكبيرة، مثل تلك الخاصة بحقوق التعدين أو ترددات الراديو المحمولة، "لعنة الفائز"، حيث ينتهي الأمر بالفائز الأولي بالخسارة اقتصاديًا عندما يقع في فخ حماسة المزايدة والمزايدات الزائدة. ولمزيد من المعرفة حول هذا الموضوع يرجى الرجوع إلى الفصل 35!

هناك ظاهرة مماثلة في سوق العمل. إذا تقدمت بطلب للحصول على وظيفة ولم تتلق أي تعليقات أو تم رفضك في مرحلة المقابلة، فقد تتفاقم خيبة أملك أكثر من خلال الاستثمار عاطفيًا في ما كان يمكن أن يكون عملية اختيار روتينية. إما أن تحصل على الوظيفة أو لا؛ لا شيء آخر يجب أن يهم.

الخلاصة: لا تتعلق بالأشياء المادية؛ انظر إليها على أنها هدايا مؤقتة من الكون يمكن أن تختفي بسرعة دون سابق إنذار. ضع ذلك في اعتبارك واستمتع بالقليل من الوقت المتبقي.

انظر أيضًا تأثير البيت والمال (الفصل 84)؛ مغالطة التكاليف الغارقة (الفصل 5)؛ لعنة الفائز (الفصل 35)؛ تأثير التباين (الفصل 10)؛ النفور من الخسارة (الفصل 32)؛ التنافر المعرفي (الفصل 50)؛ متلازمة "لم يُخترع هنا" (الفصل 74) والخوف من الندم (الفصل 82).

حتمية الأحداث غير المحتملة

صدفة

في 1 مارس 1950 الساعة 7.15 مساءً. في بياتريس، نبراسكا، كان من المقرر أن يقوم أعضاء جوقة الكنيسة الخمسة عشر بالتدريب. لأسباب مختلفة تأخروا جميعاً عن الموعد المحدد. خاصة وأن عائلة الوزير تأخرت في كي فستان ابنتهم. وفي الساعة 7.25 مساءً، انفجرت الكنيسة، وأرسلت موجات صادمة عبر القرية وحطمت الجدران والأسقف. بأعجوبة لم يُقتل أحد في الانفجار الذي نسبه رئيس الإطفاء إلى تسرب الغاز، حتى لو اعتقد أعضاء الجوقة أنه تدخل إلهي أو مجرد محض صدفة.

ذكّرني شيء الأسبوع الماضي بآندي، وهو صديق المدرسة القديم الذي لم أتحدث معه منذ فترة. لدهشتي ودهشتي، رن هاتفي في ذلك الوقت ولم يكن هناك متصل آخر غير آندي! "يجب أن تكون توارد خواطر!" كان تعجبي من الإثارة عندما التقطته لأجيب عليه... لكن هل كان هذا صدفة أم تخاطر؟

في المحكمة بعد AMD في 5 أكتوبر 1990، ذكرت صحيفة سان فرانسيسكو إكزامينر أن إنتل ستقاضي منافستها في إشارة واضحة إلى شريحة إنتل، AM386 اكتشاف أنها تخطط لإصدار شريحة كمبيوتر مع اختصار يعرف باسم إلا من خلال الصدفة المطلقة: فقد وظفت الشركتان شخصًا يُدعى AMD على علم بنوايا 386 Intel. لم تكن شركة مايك ويب؛ قام كلا الرجلين بتسجيل الخروج من نفس الفندق في نفس اليوم بعد الإقامة معًا؛ تلقى الاستقبال حزمة بدلاً من ذلك، حيث تمت إحالتها على الفور للتحليل Intel مخصصة لمايك ويب ولكنه أرسلها بدلاً من ذلك إلى شركة على الفور من قبل محامي القسم القانوني من الأقسام القانونية في كلا الشركتين AMD القانوني واتخاذ الإجراء ضد.

ما مدى احتمالية وجود حكايات كهذه؟ الطبيب النفسي السويسري سي.جي. رأى يونج فيهم دليلاً على وجود قوة غير مرئية أطلق عليها اسم التزامن؛ كيف ينبغي للمفكرين العقلانيين أن يتعاملوا مع مثل هذه القصص؟ ويفضل أن يكون ذلك بالورقة والقلم الرصاص؛ على سبيل المثال، في حالة انفجار الكنيسة، فكر في رسم أربعة مربعات لتمثيل النتائج المحتملة، الأول هو ما حدث بالفعل: تأخرت الجوقة وانفجرت الكنيسة (في الواقع)؛ يمكن لهذه المربعات الأربعة أن تمثل أربعة أحداث محتملة: (1) تأخر الجوقة قبل وقوع انفجار الكنيسة (2) تأخيرات محتملة للجوقة دون حدوث انفجار (3) أحداث إلغاء الجوقة المحتملة التي تحدث بين تأخيرات الجوقة قبل انفجار الكنيسة (في الواقع كان هذا بالضبط ما حدث المكان) قبل تدميره (تأخير بروفة الكورال، انفجار الكنيسة). هناك أربعة احتمالات محتملة عند التعامل مع مثل هذه الروايات بالورقة والقلم الرصاص: 1) تأخرت بروفة الكورال ثم حدث انفجار الكنيسة (أي قم بتقدير ترددات هذه الأحداث واكتبها في المربعات المقابلة لها، مع إيلاء اهتمام خاص لعدد مرات حدوث "الكورال في الوقت المحدد والكنيسة لم تنفجر"؛ لاحظ عدد المرات التي يجتمع فيها الملايين من الجوقات للتدرب ولا يواجهون ظروفًا مماثلة لما حدث في بياتريس، نبراسكا (والذي يمكن أن يحدث مرة كل قرن أو أكثر بناءً على الاحتمالات الإحصائية)، لذلك لا يمكن أن يكون هناك تدخل إلهي (إلى جانب ذلك، فإنه يبدو من السخافة أن يريد الله تفجير كنيسة)

قم بتطبيق هذا التفكير على المكالمات الهاتفية: فكر في كل الأوقات التي يفكر فيها "آندي" ولكن لا يتصل بك؛ عندما تفكر فيه لكنه لا يتصل؛ أو عندما لا يفكر أي منكما فيهما وما زالا يتصلان؟... يمكن أن يكون هناك عدد من الحالات التي لا يفكر فيها أي منكما على الإطلاق - ومع ذلك يقوم أحدهما بالرد والاتصال في النهاية، خاصة مع وجود 100 صديق للاختيار من بينها!

قد يكون تقدير الاحتمالات أمرًا صعبًا. عندما يقول شخص ما "أبدًا"، عادةً ما أسجل هذا كتقدير أعلى من الصفر حيث لا يمكن أبدًا تعويض "أبدًا" بالاحتمالات السلبية.

لذلك دعونا لا ننجرف في الأمر: فالمصادفات غير المحتملة هي في الواقع أحداث غير محتملة ولكنها أحداث محتملة تمامًا؛ لا ينبغي أن يشكل مظهرهم أي صدمة؛ ما سيكون مفاجئًا إذا لم تتحقق أبدًا.

أنظر أيضا: السببية الكاذبة (الفصل 37)؛ الانحياز التأكيدي (الفصول 7-8)؛ الانحدار إلى المتوسط (الفصل 19)؛ وهم السيطرة (الفصل 17) والأوهام العنقودية (الفصل 3).

قد يكون تقدير الاحتمالات أمرًا صعبًا. عندما يقول شخص ما "أبدًا"، عادةً ما أسجل هذا كتقدير أعلى من الصفر حيث لا يمكن أبدًا تعويض "أبدًا" بالاحتمالات السلبية.

لا يتم فرض المطابقة في كل حالة

هل سبق لك أن واجهت التفكير الجماعي في اجتماع؟ بالتأكيد. إن الجلوس هناك والإيماء برأسك بهدوء، على أمل ألا تكون صوت الخلاف الدائم، أمر صعب عندما يتفق الجميع من حولك، لذلك تقرر عدم التحدث. لسوء الحظ، يلعب التفكير الجماعي دورًا هنا: عندما يتصرف جميع الأعضاء بهذه الطريقة، فإنهم يتخذون قرارات متهورة لأن جميعهم يربطون آراءهم بما يبدو إجماع على الرغم من أن الأعضاء الفرديين يعرفون أفضل؛ وهذا بدوره يؤدي إلى تمرير الاقتراحات التي لم تكن لتمر دون وجود ضغط من الأقران - وهو التأثير الذي ناقشناه باستفاضة في الفصل الرابع.

في مارس 1960، بدأت الخدمة السرية الأمريكية في تجنيد المنفيين المناهضين للشيوعية الذين يعيشون في ميامي من كوبا كأسلحة ضد نظام فيدل كاسترو. بعد أيام قليلة من توليه منصبه، تم إبلاغ الرئيس كينيدي بهذه الخطة السرية لغزو كوبا. وبعد ثلاثة أشهر، وفي اجتماع حاسم حضره كينيدي ومستشاروه، صوت الجميع لصالح الغزو. في 17 أبريل 1961، وصل 1400 كوبي منفي إلى خليج الخنازير على الساحل الجنوبي لكوبا بدعم من القوات البحرية الأمريكية والقوات الجوية وقوات وكالة المخابرات المركزية. في البداية، سار كل شيء كما هو مخطط له في محاولتهم للإطاحة بحكومة كاسترو. لكن في اليوم الأول، لم تصل أي سفن إمداد إلى كوبا؛ أغرقت القوات الجوية الكوبية طائرتين قبل أن يعود طائرتان أخريان إلى ديارهما ـ وقد عادوا جميعًا إلى الوراء أو استداروا أو فروا عائدين نحو أمريكا تمامًا. في اليوم الثاني، حاصر كاسترو كتيبتهم ودمرها بالكامل. وفي اليوم الثالث، تم القبض على جميع الناجين البالغ عددهم 1200 شخص واحتجازهم في السجون العسكرية. يُنظر إلى غزو الرئيس كينيدي لخليج الخنازير على نطاق واسع على أنه أحد أسوأ الأخطاء الفادحة في السياسة الخارجية الأمريكية. ويبدو أن تصوره وتنفيذه يبدو سخيفًا حتى الآن. كل الافتراضات لصالح الغزو كانت خاطئة. على سبيل المثال، قلل كينيدي وفريقه من تقدير القوة الجوية الكوبية بفارق كبير. كجزء من استراتيجية الطوارئ، كان من المفترض أيضًا أنه في حالة تفشي المرض، يمكن للواء الهروب إلى جبال إسكامبراي وشن حرب تحت الأرض ضد كاسترو من هناك. نظرة سريعة على الخريطة توضح أن هذا الملاذ الآمن المحتمل كان على بعد 100 ميل من خليج الخنازير ـ مما يوفر الكثير من الغطاء.

لكن كينيدي ومستشاريه كانوا يمتلكون ذكاءً رائعًا لقيادة الحكومة الأمريكية. إذن ما الخطأ الذي حدث بين يناير وأبريل 1961؟

أجرى أستاذ علم النفس إيرفينغ جانيس دراسات مكثفة حول العديد من الإخفاقات. لقد وجد موضوعًا مشتركًا: تعمل المجموعات المتماسكة على تطوير روح الفريق من خلال خلق الأوهام (عن غير قصد). أحد هذه الأوهام هو الشعور بأننا لا نقهر: إذا كان قائدنا (كينيدي) ومجموعتنا واثقين من نجاح خطتنا، فلابد أن يأتي الحظ في طريقنا. ويساعد الإجماع أيضاً على خلق هذا الوهم: فعندما يتفق الجميع على شيء ما، فإن أي وجهات نظر متباينة لا بد أن تكون باطلة. لا أحد يحب أن يكون الشخص الذي يعطل وحدة الفريق. يقدّر الأفراد عمومًا إدماجهم، لذا فإن التعبير عن الاعتراضات قد يعني الاستبعاد؛ من المحتمل أن يؤدي مثل هذا النفي إلى موت جنسنا البشري، ومن هنا تأتي غريزتنا القوية للبقاء جزءًا من مجموعة.

وهنا، احتشدت مجموعة Swissair. إن التفكير الجماعي في مجال الأعمال ليس بالأمر الجديد، كما يتضح من شركة من المستشارين ذوي الأجور المرتفعة خلف رئيسها التنفيذي السابق وطوروا استراتيجية توسع عالية المخاطر (والتي تضمنت شراء العديد من شركات الطيران الأوروبية). ومع نجاح حماستهم في بناء إجماع ساحق داخل فريقهم، فقد تم قمع حتى التحفظات العقلانية حتى انهيار الفريق في عام 2001.

إذا وجدت نفسك في بيئة يتفق فيها الجميع على كل شيء، فلا ينبغي التسامح مع التحدث فحسب، بل يجب أيضًا الترحيب به؛ إن التشكيك في الافتراضات الضمنية، حتى في ظل خطر الطرد، قد يساعد أيضًا في كسر التفكير الراكد وإقامة حوار هادف. كقائد، فكر في تعيين شخص ما كمدافع عن الشيطان. على الرغم من أنها قد لا تكون العضوة الأكثر شعبية، إلا أنها قد تكون الأكثر فائدة.

أنظر أيضا: الدليل الاجتماعي (الفصل 4)؛ التسكع الاجتماعي (الفصل 33)؛ التحيز داخل المجموعة وخارج المجموعة (الفصل 79) ومغالطة التخطيط (الفصل 91).

لماذا ستلعب قريباً الملايين

إهمال الاحتمال

تخيل لعبتين من ألعاب الحظ حيث توفر لك كل منهما فرصة متساوية للفوز بمبلغ 10 ملايين دولار؛ الذي سوف تختار؟ الفوز بالمركز الأول من شأنه أن يغير حياتك؛ يمكنك ترك وظيفتك، وطرد رئيسك في العمل، والعيش على مكاسبك؛ في المقابل، فإن الفوز بـ 10000 دولار سيمنحك إجازة من العمل أثناء قضاء إجازة لا تُنسى في منطقة البحر الكاريبي دون خوف من أن تعود بطاقتك البريدية بعد ذلك بوقت قصير إلى العمل ـ احتمالات كلاهما واحد في 100 مليون، على التوالي ـ إذن أيهما ستختار؟ الاحتمال لكل منهما هو 1/10000! أي لعبة تختار؟

غالبًا ما تدفعنا العواطف إلى اختيار لعبة واحدة على الأخرى على الرغم من التقييم الموضوعي لاحتمالاتها (احتمالية أو ‹Mega Billions أو ‹Mega Millions، الفوز المتوقعة). وبالتالي، كان الاتجاه نحو الجوائز الأكبر حجمًا مثل Mega Trillions، بغض النظر عن الاحتمالات الصغيرة.

وفي تجربة أجريت عام 1972، تم تقسيم المشاركين إلى مجموعتين؛ تم إخبار الأشخاص المعينين في أحدهما بأنهم قد يتعرضون لصدمة كهربائية بينما تم إخبار الأشخاص الموجودين في الثانية أن هناك خطر بنسبة 50٪ فقط من حدوث ذلك. أخذ الباحثون قياسات القلق الجسدي (معدل ضربات القلب والعصبية والتعرق) قبل وقت قصير من البدء. ما اكتشفوه كان مذهلاً: لم يكن هناك أي فرق على الإطلاق في مستويات التوتر بين أي من المجموعتين ـ كان جميع المشاركين في كلتا المجموعتين غارقين في القلق بشكل متساوٍ. وبعد ذلك، أعلن الباحثون عن سلسلة من الانخفاضات في احتمالية الصدمة للمجموعة الثانية: من 50٪ نزولاً إلى 20٪ ثم 10٪ وأخيراً 5٪. ومع ذلك لا يمكن ملاحظة أي فرق! ومع ذلك، عندما قيل للمجموعتين إنهما سيزيدان قوة التيار المتوقع، ارتفعت مستويات القلق مرة أخرى ـ إلى نفس الدرجة تقريبًا. يوضح هذا كيف نتفاعل مع الأحداث بناءً على الحجم المتوقع وليس على احتمالية وقوعها؛ نحن نفتقر إلى فهم بديهي للاحتمالات.

إهمال الاحتمال يؤدي إلى أخطاء في اتخاذ القرار. نحن نستثمر في الشركات الناشئة لأن أرباحها المحتملة تجذب اهتمامنا، ومع ذلك نهمل (أو نتكاسل أكثر من اللازم) في التحقق مما إذا كانت الشركات الجديدة تحقق بالفعل مثل هذا النمو. أو بعد التغطية الإعلامية المكثفة لحادث تحطم طائرة، نقوم بإلغاء الرحلات الجوية دون النظر بشكل كامل في خياراتنا.

وبما أن الانهيار من غير المرجح أن يحدث (وبالتالي لا يغير عوائدهم)، فإن المستثمرين الهواة غالبا ما يقارنون الاستثمارات على أساس العائد فقط ـ على سبيل المثال، تعتبر أسهم جوجل ذات العائد المتوقع 20٪ مرغوبة مرتين من العقارات ذات العائدات 10٪ في عام 2018. عقولهم. ولكن من المؤسف أن هذا النهج يتجاهل المخاطر، وهو أمر لا ينبئنا حدسنا الطبيعي بأن نأخذه بعين الاعتبار على النحو اللائق.

وبالعودة إلى تجربة الصدمات الكهربائية: في المجموعة (ب)، انخفض احتمال التعرض لصدمة كهربائية تدريجياً من 5٪ إلى 4٪ إلى 3٪ حتى وصل احتمالها إلى الصفر؛ عندها فقط كان رد فعل المجموعة "ب" مختلفًا عن المجموعة "أ". بدا هذا أفضل بكثير من المخاطرة حتى بنسبة 1٪ فقط!

دعونا نضع هذا على المحك من خلال النظر في طريقتين لمعالجة مياه الشرب. لنفترض أن النهر لديه روافد متساوية في الحجم، وكلاهما تمت معالجتهما باستخدام الطريقتين (أ) و (ب) اللتين تقللان مخاطر الموت بسبب التلوث، B بنسبة 5 نقاط مئوية إلى نقطتين مئويتين على التوالي؛ و الذي يقلله من نقطة مئوية واحدة إلى الصفر،

B؛ ويقضي عليه تمامًا، أي القضاء على التهديد تمامًا. قد يبدو من المعقول بالنسبة لمعظم الناس أن يختاروا الخيار ومع ذلك، سيكون هذا أمرًا سخيفًا نظرًا لأنه مع الإجراء "أ" يموت عدد أقل بثلاث مرات من الأشخاص الذين يموتون مع الإجراء "ب". بينما الطريقة (أ) أفضل بثلاث مرات! تُعرف هذه المغالطة بالتحيز الصفري للمخاطر

ومن الأمثلة البارزة على ذلك قانون الغذاء الأمريكي لعام 1958، الذي حظر الأطعمة التي تحتوي على عوامل مسببة للسرطان لتحقيق صفر مخاطر الإصابة بالسرطان. على الرغم من فعاليته في البداية، إلا أن هذا الحظر أدى إلى إدخال إضافات غذائية أكثر خطورة (ولكنها غير مسرطنة). أثبت باراسيلسوس في القرن السادس عشر أن التسمم دائمًا ما يكون مسألة جرعة، مما يجعل أي قانون يحظر التسمم غير فعال بشكل أساسي لأنه لن تكون هناك طريقة لإزالة كل جزيء محظور من المنتجات الغذائية. ستحتاج كل مزرعة إلى العمل كمصنع شرائح كمبيوتر شديد التعقيم، وسوف ترتفع تكلفة الغذاء بشكل كبير؛ ومن الناحية الاقتصادية، نادرا ما يكون انعدام المخاطر منطقيا؛ مع الاستثناءات الفيروسات القاتلة التي تهرب من مختبرات التكنولوجيا الحيوية أو العواصف الشديدة التي تدمر المحاصيل الزراعية.

يفتقر البشر إلى فهم بديهي للمخاطر، وبالتالي لا يميزون بشكل جيد بين التهديدات. نحن ندرك أن زيادة المخاطر أقل طمأنينة عند التعامل مع موضوع عاطفي مثل النشاط الإشعاعي؛ وقد أظهر باحثان من جامعة شيكاغو هذه النتيجة. غالبًا ما يكون الخوف من التلوث بالمواد الكيميائية السامة استجابة غير عقلانية؛ ومع ذلك يظل أمراً مفهوماً.

انظر أيضًا انحياز التوفر (الفصل 11)؛ إهمال المعدل الأساسي (الفصل 28)، مشكلة المتوسطات (الفصل 55)، انحياز البقاء (الفصل 1)، وهم السيطرة (الفصل 17)، النمو الأسي (الفصل 34) ونفور الغموض (الفصل 80).

لماذا يصنع آخر ملف تعريف ارتباط في الجرة ماءً من الفم؟

في إحدى الأمسيات في منزل صديقتي لتناول القهوة، بدأ أطفالها الثلاثة يتصارعون على الأرض وحاولنا قصارى جهدنا لإشراكهم في محادثة بينما كانت أجسادهم تتقاتل على قطعة أخيرة من الرخام من حقيبتي من الكرات الزجاجية ـ تذكرت أنني أحضرت لي البعض ونشرهم على أمل أن يلعبوا معًا بسلام؛ مما لا يصدقني كثيرًا، أن شجارًا حادًا اندلع! ما حدث كان غير متوقع على الإطلاق: من بين الكريات الزرقاء العديدة، لم تكن هناك سوى كرة زرقاء واحدة ركض الأطفال خلفها؛ كانت جميع أنواع الرخام الأخرى متساوية تمامًا في الحجم والسطوع، لكن الرخام الأزرق الوحيد كان يتمتع بميزة كونه فريدًا من نوعه؛ جعلني أضحك بصوت عالٍ كيف يمكن أن يكون الأطفال طفوليين!

بمجرد أن سمعت أن شركة جوجل تعتزم إطلاق خدمة البريد الإلكتروني الخاصة بها في أغسطس/آب 2005، أدركت أنني أريد واحدة (وهو ما فعلته في النهاية). ومع ذلك، في ذلك الوقت، كانت الحسابات الجديدة محدودة للغاية ولم يتم منحها إلا بناءً على دعوة ـ وهذا ما جعل رغبتي أكبر! لا يعني ذلك أنني كنت بحاجة إلى حساب بريد كان متفوقًا على المنافسة؛ فقط أنه لم يكن Gmail إلكتروني آخر (كان لدي أربعة بالفعل في تلك المرحلة)؛ ليس لأن بإمكان الجميع الوصول إليه وجعل رغبتي في الحصول عليه أكبر! بالنظر إلى الوراء، هذا يجعلني أبتسم؛ يمكن للبالغين أن يكونوا طفوليين في بعض الأحيان!

رارا سونت كارا كما قال الرومان. نادر ذو قيمة. في الواقع، لقد عانى البشر لفترة طويلة من هذا الفهم الخاطئ للندرة. صديقي الذي لديه ثلاثة أطفال يعمل بدوام جزئي كوكيل عقارات؛ عندما يكون لديها مشترين محتملين لا يستطيعون الاختيار بين خيارين للعقار، تتصل بهم وتقول إن "طبيبًا من لندن زارها بالأمس". "لقد أحبه كثيرًا. ماذا عنك، هل مازلت مهتمًا؟" من الواضح أن الطبيب القادم من لندن (أحيانًا يمكن أن يكون أيضًا أستاذًا أو مصرفيًا) هو شخصية خيالية؛ ومع ذلك، فإن تأثيره يمكن أن يكون حقيقيًا جدًا: يرى العملاء المحتملون أن الفرصة تختفي أمامهم ويتصرفون بسرعة لإبرام الصفقة، مرة أخرى بسبب النقص المحتمل في العرض؛ ولا يمكن تفسير هذا الوضع بشكل موضوعي، فإما أنهم يريدون الأرض بالسعر المحدد أو لا يريدونها؛ بغض النظر عن أي أطباء وهميين من لندن قد يظهرون.

قسم البروفيسور ستيفن ورشيل المشاركين إلى مجموعتين لاختبار جودة ملفات تعريف الارتباط: تلقت إحداهما صندوقًا كاملاً بينما حصلت الثانية على بعض منه فقط.
تضمنت المجموعة الفرعية ب ملفي تعريف ارتباط فقط؛ وعندما طُلب منهم تقييم جودتهم، تفوق هؤلاء الأشخاص بكثير على نظرائهم في المجموعة الأولى. وتم تكرار التجربة عدة مرات وكانت النتائج مماثلة في كل مرة.

غالبًا ما تروج الإعلانات بعبارة "فقط حتى نفاذ المخزون". كثيرًا ما تحذرنا الملصقات من ضرورة التصرف بسرعة عند ظهور أخطاء الندرة. يستغل أصحاب المعارض هذا الخطأ من خلال وضع نقاط حمراء "مباعة" أسفل معظم اللوحات، مما يجعل القطع القليلة المتبقية والمرغوبة مرغوبة أكثر وبالتالي خلق أخطاء الندرة التي يجب انتزاعها بسرعة قبل أن تصبح عناصر نادرة يجب اقتناصها بسرعة. غالبًا ما يقوم جامعو الطوابع وعشاق العملات المعدنية وعشاق السيارات القديمة على حد سواء بجمع الطوابع والعملات المعدنية والسيارات على الرغم من أنها لم تعد تخدم الاستخدام العملي ـ فالجاذبية تنبع من أخطاء الندرة وليس أي شيء عملي! كل هذا يضيف.

تم توجيه الطلاب إلى ترتيب 10 ملصقات وفقًا لمدى جاذبيتها ـ على أساس أنه يمكنهم بعد ذلك الاحتفاظ بواحدة كمكافأة للمشاركة. وبعد خمس دقائق، تم إبلاغهم بأن واحدًا غير متاح ـ مع عدم توفر ثلاثة منهم بسبب سحبهم من قبل أفراد الأمن. بعد ذلك، طُلب منهم مراجعة جميع الملصقات العشرة من الصفر، حيث أصبح فجأة ملصق واحد لم يعد

موجودًا هو الأجمل. يشير علماء النفس إلى هذه الظاهرة باسم رد الفعل: عندما نواجه اختيارات لا يمكننا الحصول عليها، فإن دماغنا يتفاعل غالبا من خلال تخصيص قدر أكبر من الجاذبية لبدائل لم تعد موجودة ـ وهو عمل من أعمال التحدي ضد فقدان السيطرة على خيار ما. إن تأثير روميو وجولييت معروف جيدًا: فالرومانسية المحرمة بين المراهقين الشكسبيريين تقودهم إلى شوق لا يمكن كبته ولا يعرف حدودًا. ليست بالضرورة رومانسية بطبيعتها ـ في أمريكا تمتلئ الحفلات الطلابية بالطلاب المخمورين اليائسين بسبب حظر قوانين شرب الخمر دون السن القانونية.

الخلاصة: استجابة للندرة، يميل معظم الناس إلى اتخاذ القرارات مع القليل من التفكير الواضح. عند إجراء عمليات الشراء واتخاذ القرارات بناءً على تحليل التكلفة والعائد فقط، فإن أي علامات تشير إلى احتمال اختفاء عنصر ما بسرعة لا ينبغي أن تكون ذات أهمية؛ ولا ينبغي لأطباء لندن أن يهتموا ملاحظات حول تأثير التباين (الفصل 10)؛ الخوف من الندم (الفصل 82) وتأثير البيت والمال (الفصل 84) لمزيد من البصيرة، عند سماع دقات الحوافر، لا تتوقع حمار وحشي!

عندما تسمع نبضات الهوب، لا تتوقع سماعها!

إهمال المعدل الأساسي

تخيل أن مارك رجل نحيف من ألمانيا يرتدي نظارات ويحب الاستماع إلى موسيقى موزارت. هل هو على الأرجح إما: أ) سائق شاحنة في ألمانيا، أو ب) أستاذ الأدب في فرانكفورت؟ سيخمن معظمهم الرقم "ب"، وهو أمر غير صحيح لأن عدد سائقي الشاحنات في ألمانيا يفوق عدد سائقي الشاحنات بـ 10000 مرة عدد أساتذة الأدب ـ مما يعني أنه من المرجح أن يكون سائق شاحنة! لقد انخدعت عقولنا بالوصف التفصيلي الذي أبعدنا عن الواقع الإحصائي؛ يشير العلماء إلى هذا الخطأ في المنطق على أنه إهمال المعدل الأساسي الذي يقودنا بعيدًا عن النظر في مستويات التوزيع الأساسية ـ وهو أحد أكثر أخطاء الاستدلال شيوعًا لدينا! يقع العديد من الصحفيين والاقتصاديين والسياسيين ضحية لها بانتظام مما يؤدي إلى اتخاذ قرارات خاطئة عند وضع افتراضات بشأن النتيجة التي قد تحدث من افتراضاتنا المتعلقة بمستويات التوزيع الأساسية التي يتم تجاهلها عند اتخاذ القرارات التي قد تقودنا إلى هذا الطريق!

إليكم سيناريو آخر يتعرض فيه شاب لطعنة قاتلة: ما هو الخيار الأرجح؟ أ) يمكن أن يكون المهاجم مهاجرًا روسيًا غير شرعي يستورد السكاكين القتالية بشكل غير قانوني، أو ب) المهاجم من الطبقة المتوسطة الأمريكية يستورد هذه السكاكين بشكل غير قانوني - الخيار (ب) هو الأرجح بكثير نظرًا لوجود ملايين من الأمريكيين من الطبقة المتوسطة يفوق عدد السكاكين الروسية المستوردين.

يلعب إهمال المعدل الأساسي دورًا محوريًا في الطب. فالصداع النصفي، على سبيل المثال، يمكن أن يشير إلى أي شيء بدءًا من العدوى الفيروسية أو ورم الدماغ إلى مشاكل القلب. عادةً ما يقوم الأطباء بتقييم الالتهابات الفيروسية أولاً قبل اختبار الأورام لضمان صحة المريض. يقضي المقيمون في كلية الطب وقتًا طويلاً في التخلص من الإهمال الأساسي؛ أحد الشعارات التي كثيرًا ما يرددها أطباء المستقبل في الولايات المتحدة هو "عندما تسمع دقات الحوافر خلفك، فلا تتوقع رؤية حمار وحشي!" مما يعني: التحقق من الأمراض المحتملة أولاً قبل تشخيص الأمراض الغريبة حتى لو كان هذا التخصص يتطلب منك ذلك.

الأطباء هم المهنيون الوحيدون الذين يمكنهم الوصول إلى مثل هذا التدريب المكثف؛ لسوء الحظ، عدد قليل من الناس في مجال الأعمال التجارية يتلقون مثل هذه المقدمة. غالبًا ما أشعر بالإثارة عند قراءة خطط أعمال رواد الأعمال التالية! ومع ذلك، بعد الفحص الدقيق، أدركت أن احتمال بقاء شركتهم على Google المتميزين والتي يمكن أن تصبح قيد الحياة خلال السنوات الخمس الأولى هو 20٪ فقط؛ ومن ثم فإن احتمالية بقائهم على قيد الحياة يجب أن تعكس أيضًا هذا الواقع.

لقد أوضح وارن بافيت ذات مرة سبب عدم استثماره في شركات التكنولوجيا الحيوية: "كم عدد هذه الشركات التي تحقق مبيعات تبلغ مئات الملايين من الدولارات؟ إنه ببساطة لا يحدث؟...؟" ومن المرجح أن يظل السيناريو الأكثر ترجيحاً بالنسبة لهذه الشركات في مكان ما في الوسط.' هذا تفكير واضح بالمعدل الأساسي. يمكن أن يُعزى إهمال المعدل الأساسي لدى معظم الأشخاص إلى تحيز البقاء (الفصل 1): فهم يميلون إلى رؤية الأفراد والشركات الناجحة فقط نظرًا لأن الحالات غير الناجحة تميل إلى عدم الإبلاغ عنها (أو عدم الإبلاغ عنها)، مما يؤدي بهم إلى التغاضي عن تلك الحالات "غير المرئية" التي موجودة داخل.

تخيل هذا: عند تذوق النبيذ في أحد المطاعم، تمت إزالة الملصق الموجود على كل زجاجة، ولم يتبق سوى مؤشر يشير إلى مصدره: تقدم فرنسا عادةً ثلاثة أرباع النبيذ المعروض، لذلك، دون معرفة ما هو أفضل، على الأرجح ستختار فرنسا بدلاً من ذلك. خيارات تشيلية أو كاليفورنيا.

أحيانًا يكون من دواعي سروري المؤسف أن أتحدث أمام طلاب من كليات إدارة الأعمال المرموقة. عندما يُسألون عن أهدافهم المهنية، يجيب العديد منهم بأنهم يرون أنفسهم على المدى المتوسط في مجالس إدارة الشركات العالمية ـ وقد قدم زملائي الطلاب إجابات مماثلة عندما حضرنا. عند حصولهم على هذه المعلومات، يجيب الطلاب عادةً أنه مع أقل Fortune 500 الحصول على شهادة من هذه المدرسة، فإن فرص الحصول على مكان في مجلس إدارة شركة من 0.1% ـ وعلى الأرجح سينتهي بهم الأمر في مكان ما داخل الإدارة الوسطى بدلاً من ذلك ـ وهو ما يثير دائمًا إنظرات الصدمة لكنني أعتقد أنني قدمت بعض المساهمة الصغيرة نحو التخفيف من أزمات منتصف العمر المستقبلية مغالطة المقامر (الفصل 29)؛ مغالطة الإقتران (الفصل 41)؛ مشكلة المتوسطات (الفصل hesitez 1 26:أنظر أيضا (55). تحيز المعلومات (الفصل 59)؛ نفور الغموض (الفصل 8)؛ نظرية الهراء 29 ـ حقيقة مثبتة.

قوة التوازن

مغالطة المقامر حدث شيء رائع في مونت كارلو خلال عام 1913: تجمعت حشود كبيرة حول طاولة الروليت واندهشت لرؤية كرتها تهبط على اللون الأسود عشرين مرة متتالية! استفاد اللاعبون استفادة كاملة من هذه الظاهرة، وسرعان ما وضعوا أموالهم على اللون الأحمر، ولكن مرة أخرى استقرت الكرة على اللون الأسود على الرغم من أن عدد الأشخاص الذين يراهنون على اللون الأحمر أكبر من ذي قبل ـ حتى الجولة السابعة والعشرين أخيرًا، عندما استقرت الكرة أخيرًا على اللون الأحمر ـ ترك الملايين متورطين وإفلاس اللاعبين في غضون دقائق.

تخيل هذا: متوسط معدل ذكاء التلاميذ في مدينة كبيرة هو 100. لمزيد من التحقيق في هذا الأمر، يمكنك أخذ عينة عشوائية من 50 طالبًا مع طفل واحد تم اختباره بمعدل ذكاء 150 وملاحظة تقدمهم على مدار عدة أشهر. معظم الناس يخمنون 100؛ ربما التفكير في أن الطالب فائق الذكاء سيقابله إما متوسط معدل ذكائه 50 أو طالبان أقل من المتوسط لديهما 75 معدل ذكاء على التوالي ـ ولكن هذا السيناريو غير مرجح إلى حد كبير؛ بل يجب أن نتوقع أن كل واحد من الطلاب الـ 49 المتبقين سيمثل سكانه من خلال حصول كل منهم على متوسط معدل ذكاء يبلغ 100، مما يمنحنا متوسط درجة 101 لطلابك الخمسين.

تُظهر تجارب مونت كارلو ومعامل الذكاء كيف يميل الناس إلى الاعتقاد بوجود "قوة موازنة للكون" غير مرئية؛ يُعرف هذا بمغالطة المقامر. ومع ذلك، في الأحداث المستقلة، لا توجد مثل هذه القوة: لا تستطيع الكرات أن تتذكر عدد المرات التي سقطت فيها على اللون الأسود. ومع ذلك، يقوم أحد أصدقائي بإدخال أرقام Mega Millions الأسبوعية قبل تشغيل تلك الأرقام التي تظهر بشكل أقل ـ كل هذا يعمل بدون مقابل ـ ويقع أيضًا ضحية Excel في جدول بيانات مغالطة المقامر!

نكتة توضح هذه الظاهرة: عالم رياضيات يخشى الطيران بسبب خطر التعرض لهجوم إرهابي، يركب كل رحلة بقنبلة في حقيبة يده في حالة حدوث شيء ما على متن الطائرة؛ ومع تطبيق هذا الإجراء، تزداد احتمالية وجود واحد على متنه بشكل كبير.
"إن فرص وجود قنبلتين على متن طائرة واحدة بعيدة للغاية!" ويذكر كذلك.

تخيل أنك مجبر على إنفاق آلاف الدولارات من أموالك الخاصة في المراهنة على نتيجة رمية العملة التالية، وفي كل مرة تهبط مع صورة في كل مرة. في ضوء هذا السيناريو، من المحتمل أن يختار العديد من الأشخاص الذيل على الرغم من أن احتمالية ظهور الرأس متساوية. مغالطة المقامر تجعلنا نعتقد أن شيئًا ما يجب أن يتغير!

مرة أخرى، يجبرك شخص ما على وضع رهان. هل تختار الرؤوس أم الذيول هذه المرة؟ الآن بعد أن رأيت بعض الأمثلة، أصبحت على دراية باللعبة؛ مع العلم أنه يمكن أن يذهب في أي من الاتجاهين. لسوء الحظ، لقد واجهنا للتو مأزقًا آخر يتمثل في التشوه المهني لدى علماء الرياضيات (الرقابة المهنية)؛ يخبرك المنطق أن الصورة هي على الأرجح الخيار الأكثر حكمة حيث تبدو العملة مزورة مقابل الكتابة.

بحثت المقالات الأخيرة الانحدار إلى يعني. على سبيل المثال، ضع في اعتبارك هذا السيناريو: إذا كانت منطقتك تعاني من برودة قياسية، فمن المحتمل أن تعود درجة الحرارة إلى قيمها الطبيعية خلال الأيام القادمة ـ تمامًا كما هو الحال في الكازينو! تضمن آليات ردود الفعل المعقدة في الغلاف الجوي أن تتوازن الحالات المتطرفة مع مرور الوقت بينما تشتد حدة الحالات المتطرفة في بعض الأحيان ـ على سبيل المثال عندما يصبح الأغنياء أكثر ثراء، وتؤدي الأسهم التي تنفجر إلى خلق طلب إضافي بسبب التميز ـ مما يخلق شيئًا من تأثير التعويض العكسي.

ضع في اعتبارك الأحداث المستقلة والمترابطة في بيئتك. الأحداث المستقلة البحتة موجودة فقط في الكازينوهات واليانصيب والإعدادات النظرية ـ وقد تكون موجودة في الكازينوهات أو اليانصيب أو المستويات النظرية؛ غالبًا ما تقدم لنا الحياة الواقعية أحداثًا مترابطة تؤثر على بعضها البعض ـ فكر في الأسواق المالية أو الصحة. الأحداث الماضية لها تأثير على الأحداث المستقبلية. رغم أن الفكرة قد تبدو مريحة، إلا أنه ببساطة لا توجد قوة موازنة لحماية الأحداث المستقلة من التأثيرات السلبية؛ لا يوجد أيضًا مفهوم "ما يدور، يأتي"!

أنظر أيضا: المتوسطات (الفصل 55)؛ إهمال المعدل الأساسي (الفصل 28)؛ التشوه المهني (الفصل 92)؛ الانحدار إلى الوسط (الفصل 19)؛ المنطق البسيط (الفصل 63) لمزيد من المناقشة حول هذه المواضيع. 29

لماذا عجلة الحظ تجعلنا نتحرك في دوامة؟

أين ولد أبراهام لنكولن؟ بدون إمكانية الوصول الفوري إلى إجابة ومع نفاد بطارية هاتفك الذكي، كيف يمكنك الإجابة على مثل هذا السؤال؟ ربما يكفيك معرفة أنه شغل منصب الرئيس خلال الحرب الأهلية الأمريكية في ستينيات القرن التاسع عشر وأنه أصبح أول رئيس أمريكي يتم اغتياله على الإطلاق؟ إن مشاهدة نصب لنكولن التذكاري في واشنطن لا يستحضر في ذهنك صور شاب مفعم بالحيوية، بل يشبه إلى حد كبير صورة جندي مخضرم يبلغ من العمر 60 عامًا. وبما أنه اغتيل في وقت ما بين عامي 1860 و1864 (توفي عام 1809)، فإن عام 1805 هو عام ميلادنا المقدر (يجب أن يكون في الواقع 1809). كيف اكتشفنا هذا؟ باستخدام نقطة ربط مثل عام 1865 كنقطة بداية لدينا والعمل للخلف من هناك لإجراء تقدير مدروس.

عندما نحتاج إلى تخمين شيء ما ـ على سبيل المثال طول نهر المسيسيبي، أو الكثافة السكانية في روسيا، أو أرقام محطات الطاقة النووية في فرنسا ـ فإننا نستخدم المراسي. بدءًا من شيء مألوف، نستكشف مناطق غير مألوفة من هناك. ما هي الطريقة الأخرى التي يمكن أن تكون هناك للقيام بذلك إذا لم نلتقط أرقامًا عشوائية من رؤوسنا؟ سيكون ذلك غير عقلاني تمامًا!

ولسوء الحظ، يمكن أيضًا إساءة استخدام المراسي. على سبيل المثال، في إحدى المحاضرات، طلب أحد الأساتذة من طلابه كتابة آخر رقمين من أرقام الضمان الاجتماعي الخاصة بهم قبل اتخاذ قرارات بشأن ما إذا كانوا سيقدمون عرضًا على زجاجة نبيذ في مزاد بناءً على تلك الأرقام ـ مما دفعهم إلى تقديم عطاءات أكثر مرتين تقريبًا إذا وكان عددهم أعلى مقارنة مع أقل! وبالتالي توضيح كيف تعمل أرقام الضمان الاجتماعي كمرساة؛ حتى ولو بطريقة غير مباشرة أو خادعة.

أجرى عالم النفس عاموس تفرسكي تجربة باستخدام عجلة الحظ. كان المشاركون يدورون حول الأمر، وبعد ذلك يُسألون عن عدد الدول الأعضاء في الأمم المتحدة؛ وقد أكدت تخميناتهم تأثير المرساة: فالأفراد الذين سجلوا أرقامًا كبيرة على العجلة أعطوا تقديرات أعلى من الأشخاص الذين لم يسجلوا أرقامًا كبيرة عليها.

أجرى روسو وشوميكر بحثًا يهدف إلى الكشف عن تاريخ هزيمة أتيلا الهوني في أوروبا ـ على غرار سؤال الطلاب في أي عام بدأ تطبيق الضمان الاجتماعي.
تم بعد ذلك منح المشاركين نقاط ربط بناءً على الأرقام القليلة الأخيرة من أرقام هواتفهم، مع اختيار أولئك الذين لديهم أرقام أعلى السنوات اللاحقة والعكس صحيح (قُتل أتيلا عام 453).

المراسي كثيرة، وكلنا نتشبث بها. على سبيل المثال، تحتوي العديد من المنتجات على "سعر التجزئة الموصى به" المُعلن عنه، والذي يعمل كنقطة ربط. يعرف محترفو المبيعات أنه يجب عليهم تحديد الأسعار مبكرًا ـ قبل وقت طويل من تقديم العرض ـ لضمان نجاح المبيعات. علاوة على ذلك، أثبتت الأبحاث أن معرفة الدرجات السابقة للطلاب تؤثر على كيفية تقييم المعلمين للعمل الجديد ـ حيث تعمل أحدث الدرجات كنقطة بداية.

قضيت سنواتي الأولى في شركة استشارية. كان مديري ماهرًا في استخدام المراسي. في محادثته الأولية مع أي عميل، كان يحدد سعر الافتتاح الذي، بموجب القانون، يفوق تكاليفنا الداخلية بكثير: "فقط حتى لا تتفاجأ عندما تتلقى عرض الأسعار الخاص بك، السيد فلان: أكملت مؤخرًا صفقة مشروع مماثل لأحد منافسيك كان في حدود خمسة ملايين دولار". ثم تم إسقاط هذا المرساة ـ وبدأت مفاوضات السعر عند هذا المبلغ بالضبط.

(انظر أيضًا التأطير (الفصل 42).

كيف يمكننا تحرير الملايين من مشاكلهم؟

في البداية يبدو الحيوان الخجول متشككًا؛ لكن في النهاية تنحسر مقاومتها ويبدأون في تناول الطعام بانتظام من بعضهم البعض. ومع ذلك، في نهاية المطاف، تتلاشى شكوكهم، وفي النهاية تصبح ثقتهم أقوى من ذي قبل. بعد عدة أشهر، تتوصل الإوزة إلى الاعتقاد بأن مزارعها يضع مصالحها الفضلى في قلبه، حيث أن كل يوم إضافي من التغذية يؤكد هذا الافتراض. لقد شعرت بالذهول عندما أخرجها من حظيرتها في يوم عيد الميلاد ـ فقط ليذبحها بدلاً من ذلك! استخدم ديفيد هيوم قصة رمزية تتضمن إوز عيد الميلاد كتحذير ضد التفكير الاستقرائي ـ الميل إلى استنتاج الحقائق العالمية من الملاحظات الفردية. على الرغم من أن قصته قد تبدو ذات صلة فقط خلال فترة عيد الميلاد، إلا أن دروسها تمتد إلى ما هو أبعد من طائر العطلة الرمزي هذا. لكن المنطق الاستقرائي لا يؤثر فقط على الإوز.

ويصبح في البداية متشككًا مع ارتفاع سعر سهمه بشكل كبير، ويشتبه في احتمال وجود X يشتري المستثمر السهم فقاعة. ولكن مع مرور الوقت واستمرار السهم في مساره التصاعدي، تفسح شكوكه المجال للإثارة: قد لا ينخفض هذا السهم أبدًا! وفي غضون نصف عام فقط، يستثمر كل مدخراته فيه دون أي اعتبار يذكر للمخاطر المرتبطة باستثمار مدخرات حياته فيه ـ وفي وقت لاحق فقط يدفع ثمناً باهظاً لمثل هذه القرارات الحمقاء التي اتخذت بدافع الجشع والجهل.

ليس من الضروري أن يقودك التفكير الاستقرائي إلى طريق نحو الكارثة؛ في الواقع، يمكنك تحويل التفكير الاستقرائي إلى مصدر للربح من خلال إرسال رسائل البريد الإلكتروني مع توقعات لارتفاع الأسعار في الشهر المقبل وانخفاض الأسعار ـ توقع انخفاضها. أرسل أول بريد إلكتروني إلى 50000 شخص ثم إلى مجموعة منفصلة مكونة من 50000 شخص بعد شهر واحد، عندما انخفضت المؤشرات بشكل ملحوظ. أرسل الآن بريدًا إلكترونيًا آخر ولكن هذه المرة فقط إلى هؤلاء الأشخاص البالغ عددهم 50000 الذين تلقوا توقعات دقيقة في بريدهم الإلكتروني الأول. وبعد 10 أشهر، سيبقى حوالي 100 من عملائك. ومن وجهة نظرهم، لقد أثبتت قدراتك النبوية. سوف يأتمنك البعض على أموالهم ـ خذها وابدأ في عيش الحياة مرة أخرى في البرازيل.
ومع ذلك، نحن لا ننخدع فقط بالغرباء السذج؛ وحتى أنفسنا يمكن أن ننخدع؛ أولئك الذين نادراً ما يصابون بالمرض يعتقدون أنهم خالدون. يميل الرؤساء التنفيذيون الذين يسجلون أرباحًا متزايدة على مدار أرباع متتالية إلى الاعتقاد بأنهم لا يهزمون ـ كما يفعل موظفوهم ومساهموهم. كان لديّ ذات مرة صديق يستمتع بالقفز من القاعدة. كان يطلق نفسه من المنحدرات والهوائيات والمباني وما إلى ذلك، ولا يسحب حبله إلا في اللحظة الأخيرة قبل أن يهبط بسلام على الأرض. في أحد الأيام، استفسرت عن مستوى المخاطرة التي تشكلها رياضته المختارة وكان رده عاديًا تمامًا: "لدي أكثر من 1000 قفزة تحت حزامي ولم يحدث لي أي شيء على الإطلاق". وبعد شهرين توفي عندما قفز من منحدر شديد الخطورة في جنوب أفريقيا ـ وقد دحض هذا الحدث المأساوي كل النظريات التي تم إثباتها مرارًا وتكرارًا.

يمكن أن يكون للتفكير الاستقرائي تداعيات كارثية، ومع ذلك فإننا نعتمد عليه كل يوم من أجل البقاء. عندما نصعد على متن طائرة، تظل قوانين الديناميكا الهوائية سارية؛ ونحن على ثقة بأن الهجمات العشوائية لن تحدث في الشارع؛ يجب أن تظل قلوبنا تنبض غدًا ـ فهذه ضمانات أساسية لا يمكن للحياة أن تستمر بدونها ـ ولكن يجب أن نتذكر دائمًا أن اليقينيات مثل الموت والضرائب هي الوحيدة الدائمة؛ وأفضل ما قاله بنجامين فرانكلين هو: "لا شيء مؤكد سوى الموت والضرائب".

يمكن أن يدفعنا الاستقراء إلى الاعتقاد بأشياء مثل: "لقد ظل الجنس البشري دائمًا على قيد الحياة، لذلك سنكون قادرين على مواجهة أي تحديات مستقبلية أيضًا". في حين أن هذا يبدو منطقيًا من الناحية النظرية، إلا أن ما يفشل الكثيرون

في الاعتراف به هو أن مثل هذه التصريحات لا يمكن أن تأتي إلا من الأنواع التي نجت حتى هذه اللحظة؛ إن افتراض أن بقاءنا اليوم يشير إلى بقائنا في المستقبل سيكون خطأً فادحًا وربما أخطر خطأ منطقي على الإطلاق.

السببية الكاذبة (الفصل 37)؛ تم تناول تحيز البقاء (الفصل 1) هنا أيضًا.

لماذا يكون الشر أقوى من الخير؟

النفور من الخسارة، كيف تشعر حاليًا على مقياس من 1 إلى 10؟ الآن تخيل ما الذي قد يصل بك إلى 10، مثل تلك الرحلة إلى منطقة البحر الكاريبي التي طالما اشتقت إليها أو زيادة في التقدم الوظيفي؟ استمر في هذا التمرين: ما الذي قد يؤدي إلى خفض درجاتك بنفس الرقم؟ الشلل، ومرض الزهايمر، والسرطان، والاكتئاب، والجوع، والحرب، والتعذيب، والخراب المالي، والضرر، وفقدان السمعة، وفقدان الصديق، والاختطاف، والعمى، والموت، هي مجرد عدد قليل من الخيارات المتاحة التي من شأنها أن تسبب استياءً كبيرًا؛ إن مجرد التفكير في كل هذه الاحتمالات يجعلنا ندرك عدد العقبات الموجودة فيما يتعلق بالحفاظ على طيف السعادة مقارنة بكل تلك التأثيرات الإيجابية؛ كل هذه القوائم تسلط الضوء على عدد العقبات الموجودة وآثارها الأكثر خطورة بكثير من الفوائد؛ فلا عجب أننا لا نسعى إلى السعادة أكثر مما كنا نعتقد من قبل.

وفي مرحلة ما من ماضينا التطوري، كان هذا أكثر صحة، فخطأ صغير واحد يمكن أن يؤدي إلى الموت على الفور. أي عدد من الأشياء يمكن أن يتسبب في رحيلك السريع عن الحياة: ممارسات الصيد الإهمال، أو التهاب الأوتار، أو الاستبعاد من المجموعة. غالبًا ما يموت الأشخاص الذين كانوا مهملين أو متهورين قبل نقل جيناتهم إلى الأجيال القادمة؛ ولم ينج إلا الحذرون وهم أحفادنا اليوم.

لذا فمن المفهوم لماذا نخشى الخسارة أكثر من المكاسب؛ إن خسارة 100 دولار تكلفنا سعادة أكبر بكثير من أي متعة قد تجلبها لنا إذا أعطيتها لنا بدلاً من ذلك. في الواقع، أثبتت الدراسات أن الاستجابة العاطفية تزن ضعف أي مكسب مماثل - ويشير علماء الاجتماع إلى هذه الظاهرة باسم النفور من الخسارة.

ولهذا السبب، عندما تحاول إقناع شخص ما بشيء ما، لا تركز على فوائده؛ وبدلاً من ذلك أكد على كيف يساعدهم ذلك على تجنب العيوب. استخدمت حملة تروج للفحص الذاتي للثدي منشورين مختلفين تم توزيعهما على (BSE) النساء لنشر المعلومات حول مرض جنون البقر. وجاء في الكتيب أ أن "الأبحاث تشير إلى أن النساء المشاركات في مرض جنون البقر لديهن فرصة متزايدة لاكتشاف الأورام في مرحلة مبكرة وأكثر قابلية للعلاج". ذكر الكتيب ب أن "الأبحاث كشفت أن النساء اللاتي يمتنعن عن أداء مرض جنون البقر لديهن فرصة متزايدة للعثور على أورام سرطانية في مراحل مبكرة وأكثر قابلية للعلاج"، وأشارت الدراسة إلى أن سرد الكتيب ب (المكتوب من "إطار الخسارة") خلق وعيًا أكبر بكثير وتغيير السلوك عن الكتيب أ (المكتوب في "إطار الكسب".

يحفز الخوف من الخسارة الأشخاص أكثر من احتمال الحصول على شيء ذي قيمة متساوية، لذلك إذا كان عملك يقدم منتجات عزل منزلية، فإن الطريقة الفعالة لتشجيع العملاء على الشراء هي أن توضح لهم مقدار الأموال التي يمكن أن يخسروها بدون العزل بدلاً من مقدار المال الذي سيخسرونه. قد يوفر بها - على الرغم من أن كلا المبلغين سيظلان كما هو.

في سوق الأوراق المالية، غالبًا ما يتجاهل المستثمرون الخسائر الورقية لأن الخسارة غير المحققة أقل إيلامًا من الخسارة الفعلية؛ لذلك يظلون مستثمرين على الرغم من أن فرص التعافي أو المزيد من الانخفاض قد تكون ضئيلة. التقيت ذات مرة بمليونير كان منز عجًا للغاية لأنه خسر 100 دولار في لحظة! ومع ذلك فإن محفظته تتقلب بهذا المبلغ على الأقل في كل ثانية! حاولت أن أشرح له أن هذه المشاعر غير مبررة لأن محفظته تتقلب في كل ثانية بهذا المقدار على الأقل!

عادة ما يدفع المديرون في الشركات الكبيرة الموظفين ليكونوا أكثر جرأة وأكثر ريادة في الأعمال، ولكن في الواقع يميل العديد من الموظفين إلى تجنب المخاطرة. من وجهة نظرهم، هذا منطقي: لماذا المخاطرة بشيء يمكن أن يؤدي

إلى زيادة المكافأة أو ما هو أسوأ ـ زلة وردية؟ في معظم الحالات والمواقف، تتفوق الحماية المهنية على أي مكافأة محتملة ـ لذلك إذا كنت في حيرة من أمرك بشأن سبب الافتقار إلى المخاطرة بين موظفيك، فأنت الآن تعرف السبب (على الرغم من أنه عندما يتحمل الموظفون مخاطر كبيرة، فإن هذا غالبًا ما يأتي تحت ستار القرارات الجماعية ـ تعرف على المزيد في الفصل 33 عن التسكع الاجتماعي).

الشر أقوى وانتشر من الخير؛ نحن نميل إلى التصرف بقوة أكبر عندما تأتي الأشياء السلبية في طريقنا مقارنة بالأشياء الإيجابية؛ تميل الوجوه المخيفة إلى الظهور في الشارع أكثر من الوجوه المبتسمة؛ نتذكر السلوك السيئ لفترة أطول ـ إلا عندما يتعلق الأمر بأنفسنا!

انظر أيضًا تأثير البيت والمال (الفصل 84)؛ تأثير الوقف (الفصل 23)، التسكع الاجتماعي، (الفصل 33) التأثير الافتراضي، مغالطة التكلفة الغارقة والتأطير بالإضافة إلى التأثير الإرشادي في الفصل 42 لمزيد من الرؤية. (الفصل 66).

لماذا أعضاء الفريق كسالى

التسكع الاجتماعي

في عام 1913، أجرى المهندس الفرنسي ماكسيميليان رينجلمان بحثًا حول أداء الحصان. ولدهشته، فإن حصانين يجران عربة لا يساوي ضعف قوة حصان واحد وحده. في حيرة من أمره إزاء هذه النتيجة، حوّل رينجلمان أبحاثه إلى البشر؛ بعد أن قام عدة أفراد بسحب الحبال معًا في وقت واحد أثناء قياس القوة التي يطبقها كل فرد على حدة، وجد أنه عندما يقوم شخصان بالسحب معًا فإنهما يستثمران ما متوسطه 93% من قوتهما الفردية في السحب معًا؛ مع إتجميع الثلاثة معًا انخفض الاستثمار إلى 86٪. عندما اجتمع الثلاثة معًا بنسبة 49٪ فقط

يشير العلم إلى هذه الظاهرة باسم تأثير التسكع الاجتماعي. ويحدث هذا عندما لا يكون الأداء الفردي ملحوظًا بسهولة ـ عندما تصبح المساهمات الفردية ممزوجة بالجهد الجماعي بدلاً من أن تكون مرئية للمراقبين مباشرة. غالبًا ما يحدث التسكع الاجتماعي في سباقات المجدفين ولكن ليس في سباقات التتابع حيث تصبح المساهمات الفردية واضحة. يمكن أن يكون التسكع الاجتماعي سلوكًا عقلانيًا: لماذا تستثمر كل طاقتك بينما النصف الآخر سيفعل ذلك؟ يعد اتباع الاختصارات دون أن يدرك أحد ممارسة شائعة أيضًا ـ مثل خيول رينجلمان! بشكل عام، يمكن النظر إلى التسكع الاجتماعي على أنه شكل من أشكال الغش الذي ندين جميعًا بالانخراط فيه دون وعي، تمامًا كما فعل رينجلمان عندما إعمل ضدهم ضد المعارضين!

عندما يعمل الأشخاص معًا، يميل الأداء الفردي إلى الانخفاض ـ وهو أمر لا ينبغي أن يكون مفاجئًا ـ ولكن ما يجب أن يبرز هو استمرارنا في المساهمة على الرغم من انخفاض الأداء الفردي. ما الذي يمنعنا من الاستسلام تمامًا وترك كل العمل الشاق للآخرين ليقوموا به؟ العواقب ـ لن يتم ملاحظة أي أداء وقد يؤدي إلى عواقب وخيمة مثل الاستبعاد من المجموعة أو التشهير؛ لقد أعطانا التطور حواسًا مضبوطة بدقة تسمح لنا بتمييز مقدار الكسل الذي يمكن أن يمر دون اكتشافه من أنفسنا أو اكتشافه لدى الآخرين.

يمتد التسكع الاجتماعي إلى ما هو أبعد من الأداء البدني؛ نحن أيضًا نتكاسل عقليًا. على سبيل المثال، تميل الاجتماعات التي يحضرها عدد كبير جدًا من المشاركين إلى رؤية مشاركة فردية أضعف مقارنة بحضور 20 أو 100 شخص فقط؛ وبمجرد تجاوز هذه العتبة، تصل مستويات الأداء إلى مستوى الهضبة. لا يهم ما إذا كانت المجموعة تتكون من 20 أو 100 عضو لأننا وصلنا إلى أقصى قدر من الجمود ونصل إلى أقصى إمكانات الأداء.

ويبقى سؤال واحد مزعج: من الذي ابتكر فكرة أن الفرق تتفوق على الأفراد؟ ربما اليابانية. منذ ثلاثين عاما قام اقتصاديو الأعمال بدراسة المعجزة الصناعية التي حققتها اليابان ولاحظوا تنظيم مصانعها في فرق. ثم حاول خبراء الاقتصاد في مجال الأعمال تقليد هذا النموذج بنجاح متباين ـ فقد كان أداء بعض الفرق جيدًا إلى حد استثنائي، ولكن ليس أداء فرق أخرى (ربما لأن التسكع الاجتماعي نادراً ما يحدث هناك)، في حين كان أداء الفرق التي تتألف من أشخاص متنوعين ولكن متخصصين في أوروبا هو الأفضل في الإجمال؛ ضمن هذه المجموعات، يمكن بسهولة تحديد الأداء الفردي وتتبعه.

التسكع الاجتماعي يمكن أن يكون له تداعيات عميقة. يميل أعضاء المجموعة إلى الحد من المشاركة والمساءلة عن أخطاء المجموعة أو القرارات السيئة. ولا أحد يريد أن يتحمل اللوم وحده. ومن الأمثلة الصارخة على ذلك محاكمة النازيين في محاكمات نورمبرغ؛ وبشكل أقل إثارة للجدل، فكر في أي مجلس إدارة أو فريق إداري. كثيرًا ما نختبئ خلف قرارات الفريق لتجنب تحمل المسؤولية؛ تُعرف هذه الممارسة باسم توزيع المسؤولية. كما أن ديناميكيات الفريق تجعلهم يتحملون مخاطر أكبر مما قد يتحملونه بشكل فردي؛ يميل الأعضاء إلى الاعتقاد بأنهم لن يتحملوا المسؤولية

الشخصية إذا حدث خطأ ما، مما يؤدي إلى تحول محفوف بالمخاطر. وتشكل هذه الظاهرة محفوفة بالمخاطر بشكل خاص بين الاستراتيجيين في الشركات وصناديق التقاعد التي تتعرض للخطر المليارات، ووزارات الدفاع حيث تقرر المجموعات متى يجب نشر الأسلحة النووية.

الخلاصة: يتصرف الناس بشكل مختلف عندما يكونون في مجموعات عن سلوكهم بمفردهم (وإلا فلن تكون هناك مجموعات). يمكن تعويض الجوانب السلبية للمجموعات من خلال جعل العروض الفردية مرئية قدر الإمكان ـ تحيا الجدارة! يحيا مجتمع الأداء!

حشد الدوافع (الفصل 56)؛ الدليل الاجتماعي (الفصل 4)؛ التفكير الجماعي (الفصل 25)؛ النفور من الخسارة (الفصل 32)

محاط بالورق؟

النمو الأسي

تخيل أنك تقوم بطي ورقة بشكل متكرر إلى قسمين، ولكن هذه المرة فقط تطويها مرة أخرى على نفسها - إجمالي 50 مرة؟ كم تتوقع أن يكون سُمكها بعد طيها 50 مرة؟ قم بتدوين تخمينك قبل مواصلة القراءة.

المهمة الثانية. اختر أحد الخيارين من الأسفل. أ) خلال الثلاثين يومًا القادمة، سأعطيك 1000 دولار يوميًا. ب) سأمنح سنتًا يوميًا بدءًا من اليوم الأول، يليه سنتان في اليوم الثاني ثم أربعة سنتات وهكذا حتى وصول اليوم 31 ويصل إجمالي مكافأتك إلى ثمانية سنتات كل يوم بعد ذلك. لكن قرر بسرعة بين أ أو ب؟

هل أنت جاهز؟ بافتراض أن سمك ورقة النسخ يبلغ حوالي 0.004 بوصة، فإن سمكها بعد 50 طية يصبح أكثر من 60 مليون ميل؛ والتي تساوي المسافة بين الأرض والشمس مقاسة بالآلة الحاسبة. عند الإجابة على السؤال 2، قد يبدو اختيار الخيار (ب) أقل جاذبية ولكنه سيحقق المزيد من المكافآت في 30 يومًا فقط مقارنة بالخيار (أ)؛ إن اتخاذ الخيار (أ) سيمنحك 30 ألف دولار ولكن الخيار (ب) سيمنحك أكثر من 5 ملايين دولار!

يتم فهم النمو الخطي بشكل حدسي. لكن ليس لدينا أي إحساس بالنمو الأسي (أو النسبة المئوية) - على الأرجح لأن أسلافنا لم يكونوا بحاجة إليه من قبل! كانت تجاربهم تميل إلى أن تكون خطية. فقد أدى قضاء وقت مضاعف في جمع التوت إلى مضاعفة الأرباح وقتل اثنين من الماموث بدلاً من واحد مما أدى إلى إطالة مدة الصيد بمقدار النصف. لكن النمو الأسي لم يعد نادرًا اليوم! نادرًا ما واجه الناس في العصر الحجري نمواً هائلاً. الآن الأمور مختلفة.

يحذر أحد السياسيين: "كل عام، تزداد حوادث المرور بنسبة 7%". لفهم ما يعنيه هذا بديهيًا، دعونا نستخدم صيغة سهلة: 70 مقسومًا على 7 = 10 سنوات - مما يشير إلى أن حوادث المرور تتضاعف كل عقد (قسم الملاحظات لمزيد من التوضيح حول سبب هذا الرقم 70؟). وهذا من شأنه أن يشير إلى سيناريو مثير للقلق! إذا كان هذا الرقم يبدو غير مألوف بالنسبة لك، فلاحظ اللوغاريتم؛ يمكن العثور على تعريفه هناك.

مثال آخر: يبلغ معدل التضخم 5%، مما يدفع الكثير من الناس إلى الاعتقاد بأنه لا يشكل تهديدًا كبيرًا - إلى أن يحسب المرء الوقت المضاعف: 70 مقسومًا على 5 = 14 عامًا، مما يعني أنه خلال 14 عامًا لن ينفق سوى دولار واحد فقط. تساوي نصف هذا المبلغ - إنها كارثة مطلقة لأي شخص لديه حسابات توفير!

تخيل أنك صحفي تفيد بأن تسجيلات الكلاب المسجلة في مدينتك ترتفع بنسبة 10% سنويًا؛ كيف ستخبر القراء بهذا الخبر؟ لا أحد يهتم، لذا أعلن بدلاً من ذلك: "طوفان الكلاب: تضاعف عدد الكلاب في 7 سنوات!" لن يهتم أحد بنفس القدر - ولن يهتم الناس بزيادة التسجيلات بنسبة 10% أيضًا.

لا شيء ينمو بشكل كبير سيستمر إلى الأبد؛ كثير من السياسيين والاقتصاديين والصحفيين ينسون هذه الحقيقة. ويصل هذا النمو في نهاية المطاف إلى الحد الأقصى؛ على سبيل المثال، تنقسم الإشريكية القولونية كل عشرين دقيقة ويمكن أن تغطي الكوكب خلال أيام ولكنها بسبب استهلاكها للأكسجين والسكر أكثر مما هو متاح. ولذلك فإن نموه يصل في النهاية إلى طريق مسدود وينقطع.

لقد فهم الفرس القدماء الصعوبة المرتبطة بنسبة النمو. إليكم حكاية محلية مثيرة للاهتمام: قدم أحد رجال البلاط الحكيم للملك رقعة شطرنج كهدية وسألهم كيف يمكنهم شكره؛ رده؟ نغطيها بالأرز بحيث تغطي حبة واحدة في كل مربع ثم نزيدها بحبتين إضافيتين مرتين في كل مربع بعد ذلك! عندما تفاجأ الملك داريوس، أجاب أنه كان شرفًا لهم حقًا أن تأتي مثل هذه الطلبات المتواضعة من هؤلاء الحاشية الجديرين

لكن ما هي كمية الأرز التي يحتاجها؟ في البداية قدر بحوالي كيس واحد. عندما بدأ خدمه المهمة ـ وضع حبة واحدة على كل مربع على التوالي حتى يصبح هناك أربع حبات في كل مربع وهكذا ـ هل أدرك أنه يحتاج إلى حبوب أكثر مما هو متاح على الأرض.

عندما يتعلق الأمر بمعدلات النمو، لا تعتمد على الحدس ـ فليس لديك أي حدس. قبول ذلك بدلا من ذلك. ما يساعد حقًا هو استخدام الآلة الحاسبة ـ أو في الحالات ذات معدلات النمو المنخفضة، استخدم 70 كرقم سحري.

(أنظر أيضاً، المنطق البسيط (الفصل 63)؛ إهمال الاحتمال (الفصل 26)؛ قانون الأعداد الصغيرة (الفصل 61

السيطرة على الحماس الخاص بك

لعنة الفائز

تكساس في الخمسينيات. وتتنافس عشر شركات نفط على قطعة أرض للبيع في مزاد تتراوح قيمتها بين 10 ملايين و100 مليون دولار؛ عندما تتصاعد الأسعار أثناء تقديم العطاءات، تخرج المزيد من الشركات من العطاءات حتى إتقدم شركة واحدة أخيرًا أعلى عرض وتفوز بالمزاد مع ظهور سدادات الشمبانيا

تشير "لعنة الفائز" إلى أن الفائزين بالمزادات غالبًا ما ينتهي بهم الأمر إلى الخاسرين، كما يتضح من محللي الصناعة الذين لاحظوا أن الشركات التي كانت دائمًا ما تفوز بعروض من مزادات حقول النفط تدفع مبالغ زائدة ثم أفلست لاحقًا ـ وهو أمر لا ينبغي أن يكون مفاجئًا عندما تتباين التقديرات بين 10 مليون دولار و100 مليون دولار؛ غالبًا ما تكمن التقديرات في مكان ما بينهما؛ في كثير من الأحيان، تتجاوز العطاءات المرتفعة في المزاد قيمتها الحقيقية؛ لكن في تكساس، احتفل مديرو النفط بما أصبح نصراً مكلفاً على أية حال.

يتم تحديد الأسعار عن ،Google AdWords إلى Groupon إلى eBay واليوم، تؤثر هذه الظاهرة علينا جميعا. من ؛ وحروب العطاءات على ترددات الهواتف Google AdWords إلى Groupon إلى eBay طريق المزادات ـ من المحمولة تدفع شركات الاتصالات إلى الاقتراب من الإفلاس؛ تقوم المطارات بتأجير مساحاتها التجارية لمن يدفع لطرح المنظفات التي تطلب العطاءات من خمسة موردين (في الواقع مزاد به Walmart أعلى سعر؛ أو عندما تخطط تقدم المنتجات من خلال المزادات ـ حيث إن Walmart مخاطر مرتبطة بالفوز والتعرض للعنة الفائز!). حتى أن إطلب العطاءات من الموردين من خمسة موردين هو مجرد مزاد آخر ـ ولكن هذه المرة المخاطرة باللعنة

انتشر المزاد عبر الإنترنت للحياة اليومية إلى التجار أيضًا. عندما كنت بحاجة إلى طلاء جدراني، بدلاً من البحث عن أي رسام قريب، قمت بنشر إعلاني عبر الإنترنت بدلاً من ذلك ـ تنافس عليه 30 رسامًا من 300 ميل، وقدموا عروض أسعار منخفضة لدرجة أنه أصبح من المستحيل بالنسبة لي قبولها ـ من باب اللطف كل منهم! أفضل عرض إجاء من شخص فقير جدًا لدرجة أنني رفضته بدافع التعاطف لتجنب لعنة الفائز

وعمليات الدمج والاستحواذ، والتي يشار إليها بشكل أكثر شيوعًا (IPOs) يمكن أيضًا اعتبار العروض العامة الأولية باسم عمليات الدمج والاستحواذ، على أنها مزادات. ولسوء الحظ، فإن أكثر من نصف عمليات الاستحواذ دمرت إقيمتها وفقًا لدراسة أجرتها شركة ماكينزي

لماذا نستسلم للعنة الفائز؟ هناك عدة عوامل في العمل. أولاً، تظل القيم الحقيقية للعديد من الأشياء غير مؤكدة. بالإضافة إلى ذلك، فإن المزيد من الأطراف المهتمة يزيد من احتمالات تقديم عرض متحمس للغاية. الثاني هو على Apple المنافسة بين البائعين. روى أحد الأصدقاء الذي يمتلك مصنعًا للهوائيات الصغيرة كيف حرضت شركة الجميع يريد عقدًا رسميًا على الرغم من أن هذا قد يعني خسائر iPhone ـ حرب مزايدة مكثفة للموردين عند تطوير مالية على الطريق للموردين الفائزين.

كم ستقدم مقابل 100 دولار؟ افترض أنك وأحد المنافسين مدعوون إلى مزاد حيث يفوز من يقدم أعلى عرض ويجب على كلا المزايدين تقديم عروضهم النهائية في تلك المرحلة ـ إلى أي مدى سيصل عرضك؟ من وجهة نظرك، من المنطقي تقديم 20 دولارًا أو 30 دولارًا أو 40 دولارًا؛ يفعل خصمك الشيء نفسه، وحتى الـ 99 دولارًا تبدو معقولة عند مناقشة الأوراق النقدية من فئة 100 دولار ـ ومع ذلك يقترحون الآن تقديم 100 دولار بدلاً من ذلك! إذا ظل هذا هو أعلى عرض سعر، فسوف يصل إلى نقطة التعادل (يدفع 100 دولار مقابل 100 دولار)، بينما تحتاج فقط إلى دفع 99 دولارًا. وطالما ظل هذا هو أعلى عرض، فسوف يبتعد كلا اللاعبين. وهكذا تستمر في تقديم العطاءات. عند 110

دولارات، يكون لديك خسارة مضمونة قدرها 10 دولارات؛ سيحتاج خصمك إلى تقديم 109 دولارات (عرضه الأخير)، مما يعني أن كلاهما سيستمر في اللعب حتى يتخلى أحدهما أو كليهما عن اللعب تمامًا ـ متى ستتوقف عن المزايدة ومتى سيتوقف منافسك عن المزايدة؟ اختبرها مع الأصدقاء!

قدم وارن بافيت بعض النصائح السليمة فيما يتعلق بالمزادات: "لا تذهب". إذا كانت المزادات ضرورية في مجال عملك، فحدد الحد الأقصى للسعر واخصم منه 20% كتعويض ضد لعنة الفائز؛ اكتب هذا الرقم ولا تتجاوزه بأي شكل من الأشكال.

انظر تأثير الوقف (الفصل 23) لمزيد من المعلومات.

لا ينبغي للكتاب أن يسألوا كاتبهم أبدًا عما إذا كانت روايته سيرة ذاتية

خطأ الإسناد الأساسي

عند فتح جريدتك، تعرف أن مديرًا تنفيذيًا آخر أُجبر على الاستقالة بسبب النتائج السيئة. وفي الوقت نفسه، في قسم ساهم بشكل كبير في موسم انتصارات فريقك، بينما تخبرك كتب التاريخ Y أو المدرب X الرياضة، قرأت أن اللاعب أن نابليون كان مسؤولاً عن قيادة جيشه وقيادته بنجاح كبير في أوائل القرن التاسع عشر في فرنسا. تبدو مقولة "الكل قصة وجه" قاعدة ثابتة في كل غرفة أخبار؛ يأخذ الصحفيون (وقرّاؤهم) هذا المبدأ إلى أبعد من ذلك من خلال البحث عن أي "زاوية أشخاص" محتملة. ونتيجة لهذه "زاوية الأشخاص"، يقع العديد من الصحفيين (والقراء على حد سواء) فريسة لخطأ الإسناد الأساسي: خطأ ناجم عن المبالغة في تقدير تأثير الأفراد مع التقليل من العوامل الخارجية والظرفية.

أجرى باحثون من جامعة ديوك تجربة في عام 1967: قرأ المشاركون حججًا تمدح أو تشوه سمعة فيدل كاسترو من مؤلف معين بغض النظر عن آرائه الفعلية؛ ومع ذلك فإن معظم الحضور صدقوا أن ما قاله يمثل آرائه الحقيقية وتجاهلوا العوامل الخارجية ـ أي الأساتذة الذين صاغوه.

يُعد خطأ الإسناد الأساسي فعالاً بشكل خاص في تبسيط الأحداث السلبية إلى وحدات يمكن التحكم فيها. غالبًا ما نعزو اللوم في الحروب إلى أفراد ـ مثل القاتل اليوغوسلافي في سراييفو الذي يحمل الحرب العالمية الأولى على أكتافه أو بدأ هتلر الحرب العالمية الثانية بنفسه ـ على الرغم من أن الحروب أحداث لا يمكن التنبؤ بها مع ديناميكيات معقدة من المحتمل ألا نفهمها تمامًا ـ كما هو الحال في الأسواق المالية. وقضايا المناخ!

عندما تعلن الشركات عن نتائج جيدة أو سيئة، تميل كل الأنظار إلى التركيز على مديرها التنفيذي على الرغم من معرفة الحقيقة. يعتمد النجاح الاقتصادي بشكل أكبر على عوامل خارجة عن سيطرتها، مثل جاذبية الصناعة. ومن اللافت للنظر عدد المرات التي تستبدل فيها الشركات في الصناعات المتعثرة مديرها التنفيذي مقارنة بمدى ندرة حدوث ذلك في الشركات الأكثر ازدهارًا.
هل الصناعات التي تواجه صعوبات أقل حذرا في ممارسات التوظيف؟ ولا تبدو مثل هذه القرارات أقل عقلانية مما يحدث بين مدربي كرة القدم وأنديتهم.

توفر لي مدينتي، لوسيرن في سويسرا، الكثير من الحفلات الكلاسيكية الرائعة التي لا تتوقف عن إثارة الإعجاب. ومع ذلك، تميل المحادثات أثناء الاستراحة إلى التركيز فقط تقريبًا على قادة الفرق الموسيقية والعازفين المنفردين، بينما نادرًا ما يتصدر التأليف عناوين الأخبار؛ إلا خلال العروض العالمية الأولى حيث يمكن للملحنين مناقشتها بشكل علني. لماذا هذا؟ معجزة الموسيقى الحقيقية تكمن في التأليف: خلق الأصوات، والحالات المزاجية، والإيقاعات من لا شيء على ما يبدو؛ ومع ذلك، غالبًا ما يتم التقليل من تقديره بسبب عدم قدرتنا على اعتبار أن النتائج ليس لها وجوه للمقارنة مع قادة الفرق الموسيقية والعازفين المنفردين بينما يشكل هذان العنصران في الواقع أداء تلك النتيجة (على عكس قادة الفرق الموسيقية أو العازفين المنفردين أو قادة الفرق الموسيقية/العازفين المنفردين).

باعتباري كاتبًا روائيًا، أواجه هذا الخطأ الأساسي في الإسناد في كل مرة بعد قراءاتي (وهو ما قد يكون في حد ذاته مثيرًا للجدل)، عندما يسأل الناس: "أي جزء من روايتك يعتبر سيرة ذاتية؟" في مثل هذه الأوقات، أتمنى أن أتمكن من

الرد: "الأمر لا يتعلق بي، بل يتعلق بهذا الكتاب والنص واللغة والقصة!" لكن تربيتي لا تسمح بمثل هذه الانفجارات في كثير من الأحيان.

لا ينبغي الحكم على أخطاء الإسناد بقسوة. إن انشغالنا بالآخرين ينبع من ماضينا التطوري: كانت عضوية المجموعة ضرورية للبقاء على قيد الحياة ـ كان التكاثر والدفاع وصيد الحيوانات الكبيرة مستحيلاً دون مساعدة من القبيلة ـ وكان النفي يعني الموت المحقق؛ غالبًا ما يواجه أولئك الذين يختارون الحياة الفردية هلاكًا معينًا أيضًا.

ولكن حتى أولئك الذين بقوا على قيد الحياة تركوا مجموعة الجينات في نهاية المطاف، مما يجعل الحياة أكثر صعوبة على الأجيال اللاحقة. حياتنا تعتمد وتدور حول الآخرين؛ وهذا ما يفسر سبب انشغالنا الشديد بهم اليوم ـ إلى درجة قضاء حوالي 90٪ من وقتنا في التفكير في أشخاص آخرين بينما نخصص 10٪ فقط للنظر في عوامل وسياقات أخرى.

الخلاصة: على الرغم من أننا نجد مشهد الحياة مثيرًا للاهتمام، إلا أن سكانها بعيدون عن أن يكونوا شخصيات مثالية يتخذون القرارات دون الحاجة إلى مساعدة خارجية. إنهم ينتقلون من موقف إلى آخر بدلاً من التصرف بمحض إرادتهم. لكي تفهم حقًا أي مسرحية أو مسرحية موسيقية حالية، انظر إلى ما هو أبعد من فنانيها وانتبه جيدًا لكيفية تأثير التأثيرات على شخصيات الممثلين.

انظر أيضًا انحياز القصة (الفصل ١٣)؛ وهم جسم السباح (الفصل 2)، تأثير البروز (الفصل 83)، الوهم الإخباري (الفصل 99)، تأثير الهالة (الفصل 38) ومغالطة الأسباب المفردة (الفصل 97).

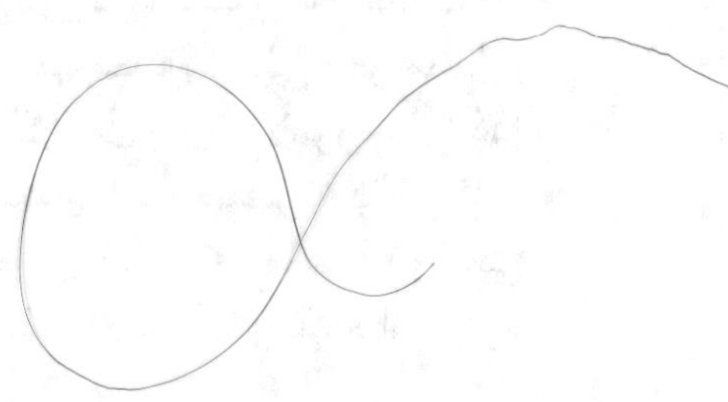

لماذا لا يجب أن تصدق ما يقوله الراوي؟

السببية الكاذبة

كان قمل الرأس جزءًا لا يتجزأ من الحياة في جزر هيبريدس شمال اسكتلندا، وغيابه سيؤدي إلى إصابة مضيفيه بالمرض والحمى. من أجل مكافحة مرضهم والحمى، يقوم المرضى عمدًا بإضافة القمل مرة أخرى إلى شعرهم للتخلص من الحمى. وبمجرد أن يتجذر هذا القمل الجديد ويستقر في مكانه مرة أخرى، بدأ المرضى يظهرون تحسنًا.

أشارت الدراسات التي أجريت في إحدى المدن إلى أنه كلما زاد عدد رجال الإطفاء الذين يتم استدعاؤهم لمكافحة الحرائق، زادت أضرارها. بعد هذه النتائج، قرر رئيس البلدية على الفور تجميد التوظيف وخفض ميزانية مكافحة الحرائق وفقًا لذلك.

كلتا القصتين مأخوذتان من كتاب أستاذي الفيزياء الألمانيين هانز بيتر بيك بورنهولت وهانز هيرمان دوبن (للأسف لا توجد نسخة باللغة الإنجليزية). توضح كلتا القصتين كيف يمكن الخلط بين السببية؛ عندما يغادر القمل رأس مريض بسبب الحمى، يصبح وجوده مؤقتًا مع ظهور سخونة القدمين؛ بمجرد كسر الحمى يعودون! والحرائق الأكبر تتطلب المزيد من رجال الإطفاء ـ وليس العكس!

غالبًا ما تضللنا السببية الكاذبة، وغالبًا ما يستخدم مؤلفو كتب الأعمال والمستشارون هذا التفكير المضلل ليبيعوا لنا روايات كاذبة عن السببية. خذ على سبيل المثال العنوان الرئيسي، "تحفيز الموظفين يؤدي إلى زيادة أرباح الشركة". فهل هذا منطقي حقًا، أم أن الناس ببساطة يصبحون أكثر تحفيزًا عندما يكون أداء شركتهم جيدًا؟ وعلى نحو مماثل، يشير ادعاء آخر إلى أن مشاركة النساء في مجالس الإدارة يرتبط بزيادة الربحية ـ ولكن هل تسير الأمور على هذا النحو حقاً أم أن هذه الشركات ببساطة أكثر احتمالاً لتوظيف عدد أكبر من النساء في مجالس الإدارة مقارنة بالشركات الأقل ربحية؟ يعمل مؤلفو كتب الأعمال والمستشارون في كثير من الأحيان باستخدام سببيات زائفة مماثلة (أو على الأقل غامضة) عند الكتابة أو الاستشارة بشأن كتب الأعمال أو تقديم المشورة.

كان آلان جرينسبان يحظى بالتبجيل باعتباره رئيسًا للاحتياطي الفيدرالي خلال التسعينيات. أعطت تصريحاته الغامضة السياسة النقدية مظهرًا كعلم دقيق أبقى أمريكا على طريق تصاعدي نحو الرخاء، مما أثار الثناء من السياسيين والصحفيين وقادة الأعمال على حد سواء. ولكن من سوء حظ هؤلاء المعلقين أن علاقات أميركا الوثيقة مع الصين (المنتج منخفض التكلفة الذي اشترى ديون الولايات المتحدة بسهولة) لعبت دوراً أكبر بكثير مما كان مفترضاً في البداية؛ لقد كان جرينسبان محظوظاً ببساطة لأن سياساته نجحت إلى حد كبير. لقد قضى فترة ولايته بشكل جيد.

أجرى العلماء مؤخرًا دراسات أشارت إلى أن الإقامة الطويلة في المستشفى تضر بصحة المرضى. هذه المعلومات أسعدت شركات التأمين الصحي. من يريد أن يكون مختصرا. لكن الإقامة الطويلة لا تبدو ضارة على الإطلاق لأن المرضى الذين يمكنهم المغادرة على الفور يتمتعون بصحة أفضل من أولئك الذين يحتاجون إلى مزيد من العلاج ـ وبالتالي فإن الإقامة الطويلة قد تكون لها في الواقع نتائج إيجابية!

بشكل منتظم لديهن شعر أقوى." على الرغم من أن XYZ أو خذ هذا العنوان: "الحقيقة: النساء اللاتي يستخدمن شامبو الأدلة العلمية يمكن أن تدعم مثل هذه الادعاءات، إلا أن هذا البيان لا يخبرنا كثيرًا ـ على الأقل أن الشامبو يجعل

خصلات شعرك أقوى! ربما تميل النساء ذوات الخصل القوية إلى استخدام هذه العلامة التجارية بالذات ـ ربما لأن الزجاجة الخاصة بها مكتوب عليها "مصممة خصيصًا للشعر الكثيف".

قرأت مؤخرًا أن الطلاب الذين لديهم منازل تحتوي على العديد من الكتب يميلون إلى تحقيق درجات أعلى في المدرسة. في حين أن هذه الدراسة ربما تكون قد قدمت دفعة لبائعي الكتب، فقد أثبت هذا البحث وجود علاقة سببية كاذبة ـ يميل الآباء الأكثر تعليماً إلى إعطاء قيمة أكبر لتعليم أطفالهم، كما يفعل الأفراد المتعلمون عمومًا الذين لديهم المزيد من الكتب في المنزل؛ ومع ذلك، فإن نسخة واحدة مغطاة بالغبار من "الحرب والسلام" لن تغير درجات أي شخص؛ ما يهم هو المستويات التعليمية للوالدين وكذلك الجينات!

كانت العلاقة السببية الكاذبة في أفضل حالاتها في ألمانيا بين معدل المواليد وعدد أزواج اللقلق في الانخفاض من عام 1965 إلى عام 1987. يبدو أن كلا الاتجاهين مترابطان تقريبًا. هل يمكن أن يعني هذا أن اللقلق يجلب الأطفال حقًّا؟ لا شك لا؛ بل يمكن أن يكون هذا الارتباط عرضيًا ببساطة.

الاستنتاج: الارتباط لا يعني السببية. ألق نظرة فاحصة على الأحداث المرتبطة بالارتباط: في بعض الأحيان، ما يبدو أنه سبب، يتبين أنه نتيجة له، والعكس صحيح؛ وفي أحيان أخرى، قد لا تكون هناك علاقة سببية واضحة، مثلما حدث مع طيور اللقلق والأطفال.

انظر أيضًا الصدفة (الفصل 24)؛ تحيز الجمعية (الفصل 48)؛ الأوهام العنقودية (الفصل 3)؛ تحيزات القصة (الفصل 13) * الاستقراء (الفصل 31) وحظ المبتدئين (الفصل 49)

في جوهرهم، الجميع جميلون

في وادي السيليكون باعتبارها رمزًا للاقتصاد الجديد، حيث تلقت تقييمات Cisco احتفى صحفيو الأعمال بشركة رائعة لخدمة العملاء الرائعة، والاستراتيجية الممتازة، وعمليات الاستحواذ في الوقت المناسب، وثقافة الشركة النابضة بالحياة والرئيس التنفيذي ذو الشخصية الجذابة. وبحلول مارس 2000، أصبحت الشركة الأكثر قيمة في العالم.

بنسبة 80% في العام التالي، غير الصحفيون أسلوبهم. والآن أصبح ينظر إلى Cisco ومع انخفاض أسهم شركة مزاياها التنافسية باعتبارها أوجه قصور ضارة: حيث تم إلقاء اللوم على سوء خدمة العملاء، والاستراتيجية غير الواضحة، وعمليات الاستحواذ غير الحكيمة، وثقافة الشركات الضعيفة، والرئيس التنفيذي غير الملهم ـ ومع ذلك لم تتغير استراتيجيتها أو رئيسها التنفيذي؛ لقد انخفض الطلب ببساطة بفضل انهيار الدوت كوم ولم يكن لهذا التغيير أي علاقة به.

حالة Cisco يحدث "تأثير الهالة" عندما يبهرنا جانب واحد من الكل ويغير كيفية إدراكنا له برمته. كانت شركة استثنائية حيث تجلت هذه الظاهرة: فقد أصيب الصحفيون بالصدمة بسبب أسعار أسهمها وافترضوا أن أعمالها بأكملها رائعة بنفس القدر دون إجراء تحقيقات شاملة فيها.

يعمل تأثير الهالة عادة بهذه الطريقة: نحن نأخذ تفاصيل سهلة الفهم أو مذهلة حول الشركة، مثل وضعها المالي، ونستنبط استنتاجات من هناك حول الجوانب الأكثر صعوبة في التقييم مثل الجدارة الإدارية أو جدوى الاستراتيجية. ومن هنا نستخلص استنتاجات قد تكون أو لا تكون دقيقة، مثل ما إذا كانت تستحق الإدارة أو جدوى الاستراتيجية. في بعض الأحيان يتم تحقيق النجاح والتفوق عندما لا يكون ذلك مستحقًا، كما هو الحال عندما نشتري منتجات من الشركات المصنعة لمجرد سمعتها الجيدة ـ ومثال آخر هو الاعتقاد بأن الرؤساء التنفيذيين من إحدى الصناعات سوف إيزدهرون في قطاعات أخرى بينما يكونون أبطالًا في حياتهم الشخصية أيضًا

اكتشف إدوارد لي ثورندايك "تأثير الهالة" منذ ما يقرب من 100 عام. وكانت ملاحظته أن الجودة الفردية (الجمال أو الوضع الاجتماعي أو العمر) يمكن أن تخلق تصورات إيجابية أو سلبية تطغى على كل شيء آخر ـ مثل المظهر. وقد أكدت الأبحاث هذه النتيجة من خلال العديد من الدراسات التي تؤكد تحيزنا تجاه الأشخاص ذوي المظهر الجميل باعتبارهم أكثر متعة وصدقًا وذكاءً؛ غالبًا ما يتمتع الأشخاص الجذابون أيضًا بنجاح أكبر في الحياة بشكل عام. هذه النتائج لا ترتبط بأي أسطورة حول نوم النساء في طريقهن إلى النجاح. في الواقع، يمنح المعلمون عن غير قصد الطلاب الجذابين درجات أعلى من الطلاب الأقل جاذبية.

لقد وجدت الإعلانات حليفًا لها في شكل تأثير الهالة. فكر فقط في جميع المشاهير الذين نراهم يبتسمون من الإعلانات التلفزيونية واللوحات الإعلانية والمجلات. ما الذي يجعل لاعبي التنس المحترفين مثل روجر فيدرر خبيرًا في آلات القهوة لا يزال غير مؤكد؛ ومع ذلك فإن ذلك لم ينتقص من نجاح حملاتهم. نظرًا لأننا اعتدنا على رؤية المشاهير يدعمون المنتجات العشوائية دون التساؤل عن سبب أهمية دعمهم لهذه الدرجة؛ هذه هي بالضبط الطريقة التي يعمل بها تأثير الهالة: لا شعوريًا. كل ما نحتاج إلى تسجيله في أذهاننا هو الوجوه الجذابة ذات أنماط الحياة الحلمية المرتبطة بهذا المنتج ـ ثم الازدهار ـ الازدهار ـ النجاح

على الجانب السلبي، يمكن أن يؤدي تأثير الهالة إلى ظلم كبير وقوالب نمطية عندما تصبح الجنسية أو الجنس أو العرق هي النقطة المحورية. لا داعي لأن تكون عنصريًا أو متحيزًا جنسيًا: فقط دع تأثير الهالة يحجب رؤيتنا؛ فالصحفيون والمعلمون والمستهلكون يقعون فريسة بسهولة.

هل سبق لك تجربة الوقوع في الحب؟ إذا كان الأمر كذلك، فأنت تفهم متعة العثور على ذلك "الشخص المثالي". يبدون جذابين، أذكياء، محبوبين ودافئين ـ بينما قد يشير البعض الآخر إلى عيوب واضحة؛ كل ما تراه هو المراوغات المحببة!

لتقليل تأثير الهالة والحصول على الوضوح في الخصائص الحقيقية، انظر إلى ما هو أبعد من القيمة الاسمية للتخلص من معظم الميزات اللافتة للنظر التي تجذب انتباهك. غالبًا ما تقوم فرق الأوركسترا بذلك عن طريق فحص المرشحين أمام الشاشة حتى لا يؤثر الجنس أو العرق أو العمر أو المظهر في قراراتهم؛ ويتعين على صحافيي الأعمال أن يحذوا حذوها وأن يفكروا في النظر إلى ما هو أبعد من الأرقام الفصلية (وسوق الأوراق المالية توفر ذلك بالفعل). تعمق أكثر ـ غالبًا ما يؤدي استثمار الوقت والطاقة في الأبحاث إلى نتائج غير متوقعة ولكنها تعليمية في كثير من الأحيان.

أنظر أيضا: خطأ الإسناد الأساسي (الفصل 36)؛ تأثير البروز (الفصل 83)؛ وهم جسم السباح (الفصل 2) تأثير التباين (الفصل 10) ؛ التوقعات (الفصل 62)

تهانينا! لقد فزت بالروليت الروسية

مسارات بديلة

تخيل أنك ترتب للقاء أحد رجال الأعمال الروس خارج مدينتك في الغابة القريبة. وصل بعد ذلك بوقت قصير حاملاً حقيبة سفر ومسدسًا؛ وضع حقيبته على غطاء سيارته حتى تتمكن من رؤية محتوياتها: إجمالي 10 ملايين دولار في شكل أكوام من النقود! عندما سأله عما إذا كنت ترغب في لعب الروليت الروسية، يقترح هذه الإستراتيجية من خلال دعوتك إلى سحب زناد واحد للفوز بكل شيء ـ رصاصة واحدة بها خمس حجرات فارغة حاليًا ستجعل كل هذا ملكك بسحبة واحدة فقط من سحب الزناد! عليك أن تفكر في كل النتائج المحتملة: 10 ملايين دولار من شأنها أن تغير كل شيء؛ لن تضطر أبدًا إلى العمل مرة أخرى أو الانتقال من جمع الطوابع، جمع الطوابع، جمع الطوابع، جمع الطوابع، جمع الطوابع، جمع الطوابع، جمع الطوابع، إلى جمع جمع السيارات الرياضية!

بقبول التحدي، وضعت المسدس على صدغك وضغطت على الزناد، وسمعت نقرة مسموعة قبل أن تشعر باندفاع الأدرينالين في جسدك ـ ولكن لم يحدث شيء؛ كانت الغرفة فارغة! الآن ومع وجود المال، تنتقل إلى واحدة من أكثر المدن الخلابة التي تعرفها حيث من المحتمل أن يقوموا ببناء فيلات فاخرة تسبب الانزعاج بين السكان المحليين.

أحد جيرانك الذي يقع منزله الآن في مكان قريب هو محامٍ بارع، يعمل اثنتي عشرة ساعة يوميًا على مدى 300 أسبوع سنويًا بأسعار ليست مثيرة للإعجاب بشكل غير عادي بالنسبة للمحامين: 500 دولار في الساعة. ويبلغ صافي مدخراته السنوية، بعد الضرائب ونفقات المعيشة، نصف مليون بعد أخذ جميع النفقات في الاعتبار. تتسم في داخلك عندما يمر في طريقك: سوف يستغرق الأمر عشرين عامًا فقط حتى يتمكن من اللحاق بك!

تخيل هذا: بعد 20 عامًا، تمكن جارك المجتهد من جمع 10 ملايين دولار. يأتي أحد الصحفيين يومًا ما ويكتب مقالًا عن السكان الأكثر ثراءً في منطقتك ـ يعرض صورًا للمباني الرائعة والزوجات الثانية التي اكتسبتها أنت وجارك، وميزات التصميم الداخلي وتفاصيل المناظر الطبيعية الرائعة؛ ولكن هناك اختلاف رئيسي واحد يظل مخفيًا عن الأنظار: المخاطر التي تكمن وراء كل حساب من حساباتهم البالغة 10 ملايين دولار؛ لكي يكون لهذه القطعة معنى، سيحتاجون إلى التعرف على المسارات البديلة المتاحة لكل منهم.

لكن ليس الصحفيون وحدهم من يعجزون عن تحقيق هذه المهارة، بل نحن جميعاً كذلك.
تشير المسارات البديلة إلى جميع النتائج التي كان من الممكن أن تحدث ولكنها لم تحدث. عند لعب الروليت الروسية، هناك أربعة مسارات محتملة تؤدي إلى ربح 10 ملايين دولار بينما قد تؤدي خمسة مسارات أخرى إلى وفاتك ـ مما يحدث فرقًا صارخًا. على النقيض من ذلك، بالنسبة للمحامين الذين يمارسون مهنة المحاماة، تميل مساراتهم المحتملة إلى التقارب معًا؛ وكسب 200 دولار في الساعة في المناطق الريفية؛ ولكن في المناطق الحضرية في نيويورك، فإن العمل لدى أحد البنوك الاستثمارية الكبرى يمكن أن يدر عليهم 600 دولار في الساعة دون المخاطرة بمسار بديل قد يكلفهم ثروتهم أو حياتهم.

قد لا تكون المسارات البديلة مرئية دائمًا، ونادرًا ما نفكر فيها. ومع ذلك، فإن أولئك الذين يضاربون في السندات غير المرغوب فيها، والخيارات، ومقايضات العجز الائتماني لكسب الملايين، يجب أن يضعوا في اعتبارهم الطرق البديلة العديدة التي تؤدي مباشرة نحو الخراب. قد يزعم العقل العقلاني أن قيمة العشرة ملايين جنيه التي يتم الحصول عليها من خلال وسائل أكثر خطورة ستكون أقل من القيمة المكتسبة من خلال المزيد من العمل الدنيوي (على الرغم من أن المحاسب قد يختلف مع ذلك).

لقد حضرت مؤخرًا حفل عشاء مع صديق أمريكي اقترح علينا أن نرمي قطعة نقود لنرى من الذي يجب أن يدفع الفاتورة. لسوء حظه، خسر، وبالتالي أصبح هذا الوضع المحرج أكثر إزعاجًا بالنسبة لي عندما كان ضيفي في سويسرا. لقد وعدت "في المرة القادمة، سواء كنت هنا أو في منزلي في نيويورك، سأغطي نصف الفاتورة بنفسي". فكر في هذا وقال لي: "بالنظر إلى المسارات البديلة، ربما تكون قد دفعت النصف بالفعل".

الخلاصة: يمكن أن تكون المخاطر في كثير من الأحيان غير مرئية، لذا قم دائمًا بتقييم المسارات البديلة المحتملة قبل اتخاذ القرارات التي تنطوي على تعاملات محفوفة بالمخاطر. في حين أن النجاح الذي يتم تحقيقه من خلال هذه الوسائل المحفوفة بالمخاطر قد يبدو جذابًا في البداية، إلا أنه بالنسبة للعقل العقلاني لا ينبغي مقارنته بالنجاح الذي تم تحقيقه عبر وسائل أكثر شاقة (على سبيل المثال أن تصبح محاميًا أو طبيب أسنان أو مدرب تزلج أو طيارًا أو مصفف شعر أو مستشارًا). في حين أن عرض المسارات الأخرى من وجهة نظر خارجية أمر صعب؛ إن النظر إلى داخل نفسك يكاد يكون مستحيلاً لأن عقلك سيعمل وقتًا إضافيًا لإقناعك بقيمته على الرغم من أي مخاطر متصورة تنطوي عليه، وسيمنع بنشاط الأفكار التي تسلك مسارات أخرى غير تلك التي يتم النظر فيها في الوقت الحاضر.

انظر أيضًا البجعة السوداء (الفصل ٧٥)؛ نفور الغموض (الفصل 80)، الخوف من الندم (الفصل 82) والتحيز لاختيار الذات (الفصل 47)

الأنبياء الكذبة

الوهم المتوقع

يقصفنا الخبراء كل يوم بالتوقعات، ولكن ما مدى موثوقيتها حقًا؟ حتى وقت قريب لم يهتم أحد بالتحقيق. ولكن بعد ذلك جاء فيليب تيتلوك. وعلى مدى 10 سنوات، قام بتقييم 28361 تنبؤًا من 284 متخصصًا نصبوا أنفسهم؛ أشارت نتائجه إلى تحسن هامشي فقط من حيث الدقة مقارنة بمولدات التنبؤ العشوائية؛ وكان أداء وسائل الإعلام المحبوبة ضعيفا بشكل خاص، في حين كان أداء أنبياء الهلاك مثل أولئك الذين تنبأوا بانهيار كندا ونيجيريا والصين والهند وإندونيسيا وجنوب أفريقيا وبلجيكا أو حتى الاتحاد الأوروبي. لم تتفجر أي منها

قال جون كينيث جالبريث في عبارته الشهيرة: "هناك نوعان فقط من المتنبئين: أولئك الذين لا يعرفون شيئًا وأولئك الذين لا يدركون أنهم لا يعرفون شيئًا"، الأمر الذي أكسبه انتقادات واسعة النطاق في مهنته. كما لخص مدير الصندوق بيتر لينش الأمر ببلاغة: «في أمريكا هناك ما يقرب من 60 ألف اقتصادي يعملون بدوام كامل في محاولة للتنبؤ بالركود وأسعار الفائدة؛ لو أنهم فعلوا ذلك مرتين بنجاح، لكانوا جميعًا من أصحاب الملايين الآن؛ ومع ذلك، يظل معظمهم يعملون بأجر، وهو ما يخبرنا بشيء ما. تم نشر هذا قبل عشر سنوات ـ واليوم يمكن أن يصل هذا الرقم إلى ثلاثة أضعاف دون التأثير على جودة التنبؤ على الإطلاق!

تكمن المشكلة في أن الخبراء يتمتعون بسلطة تقديرية غير مقيدة دون عواقب تذكر. إذا خالف أحد الخبراء التوقعات أو انتهك اللوائح، فقد يكون لأفعاله تداعيات خطيرة يصعب إدارتها وإدارتها بفعالية. وعندما يقومون بالأمر بشكل صحيح، يحصد الخبراء الدعاية وعروض الاستشارات وصفقات النشر؛ وعندما يفشلون في تحقيق ذلك تماما، لا يتم تطبيق أي عقوبات ـ مالية أو تتعلق بالسمعة. يحفزهم هذا الحافز على إنتاج أكبر عدد ممكن من النبوءات؛ في الواقع، كلما زادت التوقعات التي يولدونها بالصدفة تتحقق! من الناحية المثالية، يجب على الخبراء أن يدفعوا في نوع ما من صناديق التوقعات ـ مثل 1000 دولار لكل توقع؛ إذا تحققت توقعاتهم، فإنهم يستعيدون استثماراتهم بالإضافة إلى الفائدة بينما تذهب أي أموال مفقودة بسبب التنبؤات غير الدقيقة إلى الأعمال الخيرية بدلاً من ذلك.

إذًا ما الذي يمكن التنبؤ به بالضبط وما الذي لا يمكن التنبؤ به؟ من السهل إلى حد ما التنبؤ ببعض الأشياء؛ أعرف تقريبًا مقدار الوزن الذي سأزنه في العام المقبل. ومع ذلك، مع زيادة التعقيد والإطار الزمني، تزداد أيضًا قدرتنا على التنبؤ بمستقبله ـ وهذا يشمل ظاهرة الاحتباس الحراري، أو أسعار النفط أو أسعار الصرف؛ الاختراعات لا يمكن معرفتها بنفس القدر ـ لو كنا نعرف ما هي التقنيات التي سنخترعها في المستقبل لكنا قد ابتكرناها بالفعل.

كن متشككا عند مواجهة التوقعات. أحرص دائمًا على الابتسام عندما أسمع واحدة ثم أطرح سؤالين على نفسي حول أي تنبؤات يقدمها الخبراء: 1) ما الحافز الذي لديهم للاستمرار في تقديم تنبؤات غير صحيحة؟ و2) إذا كان الخبير يعمل كموظف، فهل يمكنه المخاطرة بوظيفته إذا استمرت توقعاته في الفشل؟ هل هم مستشارون يتقاضون رواتبهم ويتمتعون بأوراق اعتماد في الكتب والمحاضرات، أم أنهم معلمون يعينون أنفسهم بأنفسهم ويكسبون عيشهم من خلال النشر الذاتي أو المحاضرات العامة؟ يميل أولئك الذين يعتمدون على اهتمام وسائل الإعلام إلى تقديم تنبؤات ذات نبوءات صادمة غالبًا ما لا يتم نشرها من قبل وسائل الإعلام. ثانيًا، ما هو معدل نجاحهم على مدار خمس سنوات ـ كم عدد التنبؤات التي قدمها المتنبئ وعدد التنبؤات التي كانت ناجحة مقابل تلك التي لم تكن صحيحة ـ لا ينبغي أبدًا عدم نشر هذه المعلومات من قبل وسائل الإعلام، لذا يرجى عدم نشر التوقعات دون تقديم سجلات المسار من النقاد.

لقد صرح توني بلير ذات مرة بهذه الطريقة: «أنا لا أقوم بالتنبؤات؛ لم أفعل ذلك أبداً، لن أفعل ذلك أبداً.
أنظر أيضاً التوقعات (الفصل 62)؛ مغالطة التخطيط (الفصل 91)؛ تحيز السلطة (الفصل 9)؛ التحيز بعد فوات الأوان
(الفصل 14)؛ تأثير الثقة المفرطة (الفصل 15)؛ وهم السيطرة (الفصل 17)؛ جهاز المشي المتعة (الفصل 46)
والبجعات السوداء (الفصل 75)

خداع حالات محددة

يبلغ كريس من العمر 35 عامًا. درس الفلسفة الاجتماعية عندما كان مراهقًا وطوّر اهتمامًا بالدول النامية منذ ذلك الحين. بعد التخرج، عمل كريس لمدة عامين مع الصليب الأحمر في غرب أفريقيا قبل أن يعود إلى مقره في جنيف كرئيس لقسم المساعدات الأفريقية لمدة ثلاث سنوات أخرى قبل أن يحصل في نهاية المطاف على ماجستير في إدارة الأعمال ويكتب أطروحته حول المسؤولية الاجتماعية للشركات. الآن يبدو من المحتمل إما أ) يعمل كريس في أحد البنوك الكبرى حيث يشرف أيضًا على مؤسسته في العالم الثالث أو ب). ما هو السيناريو الذي يبدو أكثر احتمالاً؟

يميل معظم الأشخاص إلى تحديد الخيار (ب)، ولكن هذه هي الاستجابة غير الصحيحة. يقول "ب" أن كريس يعمل في أحد البنوك الكبرى بالإضافة إلى أنه تم استيفاء شرط إضافي - الموظفون العاملون في مؤسسة العالم الثالث التابعة للبنك يشكلون مجموعة فرعية صغيرة من المصرفيين؛ وبالتالي فإن الخيار (أ) سيكون أكثر احتمالا. لقد قام دانييل كانيمان وعاموس تفيرسكي الحائزان على جائزة نوبل بدراسة هذه الظاهرة على نطاق واسع.

نحن كبشر، ننجذب إلى الروايات التي تبدو ممتعة أو معقولة؛ إن القصص المقنعة أو المقنعة عن كريس عامل الإغاثة تزيد من خطر التفكير الخاطئ. لو كنت قد طرحت هذا السؤال بشكل مختلف، لربما أدركت أن كل هذه التفاصيل الإضافية مبالغ فيها؛ ربما على سبيل المثال: "كريس يبلغ من العمر 35 عامًا ويعمل في أي من أ) أحد البنوك في نيويورك وله مكتب في الطابق الرابع والعشرين المطل على سنترال بارك أو ب) لا أحد"

مرة أخرى، لنأخذ مثالاً على إغلاق مطار سياتل وإلغاء الرحلات الجوية: ما هو السيناريو الأكثر احتمالاً؟ في هذه يعني أنه قد تم استيفاء شرط إضافي: سوء الأحوال الجوية. النظر في الاحتمالات B هو الأرجح لأن A، الحالة الأخرى يمكن أن يؤدي أيضًا إلى إغلاقها مثل التهديدات بالقنابل أو الحوادث أو الضربات؛ ولكن على الأرجح أننا لا والآن بعد أن فهمت هذه العملية بشكل B. أو A نأخذ مثل هذه الأمور في الاعتبار عند النظر في قصص معقولة مثل أفضل، قم بذلك مع الأصدقاء لمعرفة النتيجة التي يفضلها معظم الأشخاص!

حتى الخبراء يمكن أن يقعوا ضحية لمغالطة الاقتران. في مؤتمر دولي للبحوث المستقبلية في عام 1982، تم تقسيم الخبراء - جميعهم أكاديميون - إلى مجموعتين في حدث نظمه دانييل كانيمان: تلقت المجموعة "أ" توقعاته بأن استهلاك النفط سينخفض بنسبة 30٪؛ سمعتها المجموعة ب على أنها "الارتفاع الكبير في أسعار النفط سيؤدي إلى انخفاض الاستهلاك بنسبة 30٪". كان على كلا المجموعتين بعد ذلك الإشارة إلى مدى احتمالية حدوث كل سيناريو؛ (وسرعان ما أصبح من الواضح أن المجموعة (ب) شعرت بقوة أكبر بشأن توقعاتها مقارنة بالمجموعة (أ.

يؤمن كانيمان بنوعين من التفكير. النوع الأول بديهي وتلقائي ومباشر. والثاني واعي وعقلاني وبطيء وشاق ومنطقي. ولسوء الحظ، فإن التفكير البديهي يستخلص النتائج قبل وقت طويل من قيام العقل الواعي بذلك؛ لقد واجهت هذا شخصيًا بعد هجمات 11 سبتمبر على مركز التجارة العالمي عندما كنت أبحث عن وثائق تأمين السفر مع إضافة "غطاء ضد الإرهاب" خاص. على الرغم من أن السياسات الأخرى غطت جميع الحوادث المحتملة بما في ذلك الأعمال الإرهابية (لكنني وقعت في حب عرضهم على أي حال!). ما جعل الأمر أكثر سخافة هو رغبتي في دفع المزيد مقابل ما بدا وكأنه إضافة جذابة ولكنها غير ضرورية!

الخلاصة: لا تخلط بين الدماغ الأيمن والأيسر؛ يختلف التفكير البديهي والواعي بشكل ملحوظ. عند اتخاذ قرارات مهمة، ضع هذا التمييز في الاعتبار عند اتخاذ خيارات مهمة: لا شعوريًا، نميل إلى تفضيل القصص المعقولة؛ ابحث عن التفاصيل المريحة والنهايات السعيدة التي تبدو معقولة بالنسبة لك، بدلاً من تلك التي تتطلب شروطًا إضافية للوفاء بها. تذكر: الشروط الإضافية ستقلل من الاحتمالية بدلاً من زيادتها.

انظر أيضًا إهمال المعدل الأساسي (الفصل 28)؛ قصة الانحياز (الفصل 13) 42

إنه ليس ما نقوله، بل كيف نقوله

ضع في اعتبارك هاتين العبارتين عند التأطير:

"إمهلا، سلة المهملات تفيض"

"سيكون من الرائع حقًا أن تتمكني من إفراغ سلة المهملات يا عزيزتي".

النغمة تصنع الموسيقى: ما يهم هو كيفية توصيل الرسالة؛ سيتم أيضًا تلقي الرسائل التي يتم توصيلها بشكل مختلف بشكل مختلف من قبل متلقيها ـ وهذه التقنية تُعرف باسم التأطير في اللغة النفسية.

أجرى كانيمان وتفيرسكي تجربة في ثمانينيات القرن العشرين، حيث قدموا خيارين لاستراتيجية مكافحة الأوبئة؛ تم إخبار المشاركين أن حياة 600 شخص كانت على المحك مع قيام الخيار (أ) أو الخيار (ب) بإنقاذ 200 منهم. يقدم الخيار (ب) فرصة بنسبة 33% فقط لبقاء جميع الأفراد البالغ عددهم 600 على قيد الحياة واحتمال بنسبة 66% لعدم نجاة أي شخص على قيد الحياة، مع توقع نجاة 200 ناج من كلا السيناريوهين؛ اختار معظم المشاركين الخيار (أ) بدلاً من (ب) بسبب فرصته الأكبر في البقاء ـ إيماناً منهم بالحكمة القائلة بأن الحصول على شيء ملموس أفضل من الخسارة لاحقاً. وأصبحت إعادة صياغة نفس الخيارات رائعة للغاية. "الخيار (أ) يقتل 400 شخص"، في حين أن "الخيار (ب) يقدم فرصة بنسبة 33% لعدم موت أحد، وفرصة بنسبة 66% لوفاة جميع الأشخاص الـ 600". في تلك المرحلة، اختارت أقلية فقط (أ) واختار معظمهم (ب)؛ لاحظ الباحثون تحولًا ملحوظًا بين جميع المشاركين تقريبًا؛ اعتمادًا على ما إذا كانت الصياغة (البقاء على قيد الحياة أو الموت) قد غيرت عملية صنع القرار تمامًا.

أحد الأمثلة: قدم الباحثون لمجموعة من الأشخاص نوعين من اللحوم التي تم تصنيفها على أنها خالية من الدهون بنسبة 99% و1% دهون، ثم سألوهم أيهما أكثر صحة. هل يمكنك تخمين أيهما اختاروا؟ لقد خمنت بشكل صحيح ـ اختار المشاركون الخيار الأول بغض النظر عن محتواه العالي من الدهون!

يعد اللمعان أحد أشكال التأطير الشائعة بشكل متزايد. ووفقا لقواعدها، يصبح انخفاض سعر السهم موضوعا للتصحيح "بينما يصبح سعر الاستحواذ المدفوع الزائد "حسن النية".
كل دورة تدريبية في الإدارة تحول المشاكل بطريقة سحرية إلى فرص أو تحديات؛ يصبح الفصل من العمل فرصة "لإعادة تقييم مسيرتي المهنية" أو يُنظر إلى التعامل مع الجنود الذين سقطوا على أنه فرصة لخلق الفرص أو مواجهة التحديات.

الموت في ساحة المعركة يصبح معادلاً لمكانة بطل الحرب؛ بغض النظر عن سببه أو طريقته. تصبح الإبادة الجماعية "تطهيرًا عرقيًا"، في حين يتم الاحتفال بالهبوط الاضطراري، على سبيل المثال على نهر هدسون، باعتباره انتصارًا للطيران (على الرغم من أن الهبوط الكتابي بالتأكيد يعد بمثابة انتصارات أكثر!). يتم الاحتفال على نطاق واسع بالهبوط الاضطراري الناجح، على سبيل المثال على نهر هدسون، باعتباره إنجازًا (ألا ينبغي أن يعتبر مدرج المطار بمثابة انتصار أعظم للطيران؟)

الصناديق المتداولة في البورصة) عادةً ما يوضح ETF هل سبق لك أن ألقيت نظرة فاحصة على نشرات وكتيبات الكتيب إحصائيات الأداء الحديثة مع تفاصيل تاريخية كافية لإنشاء منحنى تصاعدي جذاب، وهو ما يُعرف بالتأطير.

قد تكون قطعة خبز بسيطة بمثابة مثال عظيم آخر ـ اعتمادًا على تمثيلها كجسد المسيح الرمزي أو الفعلي، يمكن أن تخلق خلافًا داخل الدين كما رأينا خلال فترة الإصلاح في القرن السادس عشر.

يمكن أيضًا استخدام التأطير بشكل فعال في التجارة. لنأخذ بائعي السيارات المستعملة على سبيل المثال: تقود رسالتهم المستهلكين إلى التركيز على عوامل معينة فقط عند التفكير في شرائها، سواء من خلال الرسائل التي يسلمها البائع، أو اللافتات التي تروج لميزات محددة أو معاييرهم الخاصة. على سبيل المثال، عند عرض السيارات المستعملة ذات الأميال المنخفضة والإطارات الجيدة كنقاط بيع ـ غالبًا دون النظر إلى حالة المحرك، وحالة الفرامل، والحالة الداخلية وما إلى ذلك ـ والتركيز بشكل أكبر على المسافة المقطوعة/الإطارات أكثر من أي جوانب أخرى. لسوء الحظ، قد يكون من الصعب أخذ جميع الإيجابيات/السلبيات المحتملة عند اتخاذ قرارات الشراء؛ لو تم استخدام إطارات أخرى عند بيع السيارة لكان من الممكن أن نتخذ خيارات مختلفة عما قمنا به.

المؤلفون هم واضعون بارعون. سرعان ما تصبح رواية الجريمة مملة إذا أظهرت جميع صفحاتها ببساطة كل جريمة قتل كما حدثت ـ "طعنة طعنة". حتى عندما نكتشف تدريجيًا الدوافع وأسلحة القتل، فإن التأطير يضيف الدراما والتشويق إلى القصة.

الخلاصة: كن على دراية بأن أي اتصال يحتوي على درجة معينة من التأطير؛ كل حقيقة، سواء تم تقديمها من قبل أصدقاء موثوقين أو منشورة في صحف موثوقة، يمكن أن تتأثر أيضًا بتأثيرات التأطير ـ حتى محتويات هذا الفصل!

انظر أيضًا تأثير التباين (الفصل 10)؛ نفور التباين (الفصل 21) ؛ الخوف من الندم (الفصل 82)؛ النفور من الخسارة (الفصل 32)؛ المعاملة بالمثل (الفصل 6)؛ تأثير المرساة (الفصل 30)؛ وتأثير النائم (الفصل 70).

المشاهدة والانتظار أمر مؤلم

تحيز العمل

في مواقف جزاء كرة القدم، تستغرق الكرة أقل من 0.3 ثانية للانتقال من منفذ الركلة الأصلي إلى حارس المرمى؛ وبالتالي يحد من وقته في مشاهدة مساره قبل اتخاذ قراره بشأن متى يجب طرده مرة أخرى. يميل لاعبو كرة القدم الذين ينفذون ركلات الجزاء إلى توجيه تسديداتهم ثلث الوقت إلى المنتصف، وثلث إلى أي من الجانبين، وثلث بعيدًا عن منتصف أهدافهم، وهو الأمر الذي لم يلاحظه حراس المرمى الذين يتأرجحون إما إلى اليسار أو اليمين اعتمادًا على من أين يطلق اللاعبون النار. نادرًا ما يبقى اللاعبون واقفين في المنتصف، على الرغم من أن حوالي ثلث الكرات تهبط هناك. لماذا يخاطرون بتفادي العقوبات بعدم الوقوف؟ ببساطة لأنه يجعل التلفاز أفضل؛ المظهر يلعب دورا هاما. قد يبدو الغوص على جانب واحد بدلاً من التجمد في مكانه أكثر إثارة للإعجاب ويشعرك بقدر أقل من الإحراج؛ وهذا ما يسمى بالتحيز للعمل: أن تبدو نشيطًا حتى لو لم ينتج عنه أي شيء ملموس.

يأتي هذا البحث من الباحث الإسرائيلي مايكل بار إيلي، الذي أجرى اختبارات مكثفة على ركلات الترجيح. ليس حراس المرمى وحدهم عرضة للتحيز في العمل ـ تخيل لو خرجت مجموعة من الشباب من ملهى ليلي وبدأوا في الصراخ والإيماءات لبعضهم البعض قبل أن يصبحوا مثيرين للجدل ويتورطوا في جدالات فيما بينهم. ومع أن الوضع يتأرجح على شفا أعمال عنف واسعة النطاق، يظل ضباط الشرطة الشباب وكبارهم على حد سواء على أهبة الاستعداد، للمراقبة من مسافة بعيدة حتى ظهور الضحايا والتدخل عند الحاجة. إذا تُرك هذا الوضع في أيدي الضباط الشباب عديمي الخبرة وحدهم، فمن الممكن أن يتحول بسرعة إلى العنف؛ قد يتفاعل الضباط الشباب المتحمسون الذين يستسلمون للتحيز في العمل على الفور ويندفعون برؤوسهم أولاً، مما يؤدي غالبًا إلى وقوع إصابات نتيجة لذلك. ووفقا لنتائج البحوث، فإن التدخل اللاحق الذي يسهله كبار الضباط يمكن أن يؤدي إلى انخفاض عدد الضحايا.

يتم تضخيم التحيز في العمل عند مواجهة شيء غير مألوف أو غير واضح. في البداية، يتصرف العديد من المستثمرين بشكل مماثل لضباط الشرطة الشباب المتحمسين خارج ملهى ليلي: قلة خبرتهم تعني أنهم غير قادرين على تقييم سوق الأوراق المالية، لذا فهم يعوضون ذلك بفرط النشاط؛ ولسوء الحظ فإن هذا يضيع وقتا ثمينا؛ وقد لخص تشارلي مونجر هذا النهج بقوله: "نحن بحاجة إلى الانضباط في تجنب القيام بأي شيء لعين فقط لأن الخمول يصبح لا يطاق".

إن التحيز للعمل موجود حتى بين الدوائر ذات التعليم العالي. عندما يصيب المرض مريضًا، فحتى الأطباء الحاصلون على درجات علمية متقدمة غالبًا ما يستجيبون بشكل سلبي ويتأخرون في طلب العلاج الطبي المناسب لهم. بمجرد أن لا يمكن تشخيص الحالة بشكل صحيح ويجب على الأطباء الاختيار بين التدخل (أي وصف شيء ما) أو الانتظار والرؤية، فإن قراراتهم بالتدخل تميل نحو اتخاذ إجراءات فورية بدلاً من الجلوس والانتظار حتى يحدث شيء نهائي. مثل هذه القرارات لا تعكس التربح ولكنها تمثل بدلاً من ذلك ميولاً بشرية لاتخاذ الإجراءات اللازمة بدلاً من البقاء في سبات عندما تواجه حالة من عدم اليقين.

إذن ما الذي يدفع هذا الاتجاه؟ في بيئتنا السابقة التي كانت تعتمد على الصيد وجمع الثمار (والتي كانت تناسبنا تمامًا)، تغلبت الأفعال على التفكير. كانت ردود الفعل السريعة للغاية ضرورية للبقاء على قيد الحياة؛ المداولات يمكن أن تكون قاتلة. عندما رأى أسلافنا شيئًا ما على حافة الغابة يشبه الصور الظلية لنمر ذو أسنان سيفية، اتخذوا إجراءً سريعًا؛ وبدلاً من التفكير فيما إذا كان هناك شيء ما، فقد قاموا ببساطة بالبحث عن الأمان، والهرب بسرعة بدلاً من التفكير في التهديدات المحتملة لفترة طويلة ـ على عكسنا اليوم حيث قد تخبرنا غرائزنا بخلاف ذلك.

على الرغم من أن مجتمعنا يدرك بشكل متزايد أن التأمل له قيمة، إلا أن التقاعس الصريح عن العمل يظل خطيئة كبرى. إذا اتخذت القرار الصحيح بالانتظار، فلن تنتظرك ميدالية أو تمثال يحمل اسمك؛ على العكس من ذلك، فإن إظهار الحسم والحكم السريع عندما تتحسن الأمور يمكن أن يجلب الأوسمة من أصحاب العمل، ورجال الدولة، أو حتى رؤساء البلديات؛ تميل الأفعال المتهورة إلى الفوز في المجتمع ككل أكثر من استراتيجيات الانتظار والترقب الحكيمة.

الخلاصة: عندما نواجه ظروفًا جديدة أو غير مؤكدة، قد تدفعنا غريزتنا إلى القيام بشيء ما، أي شيء ـ بغض النظر عن العواقب ـ حتى لا نشعر بالعجز أو الانزعاج. لسوء الحظ، غالبًا ما يأتي هذا الاتجاه بنتائج عكسية من خلال قيادتنا إلى مسارات تؤدي إلى تفاقم الأمور بدلاً من تحسينها. في حين أن الانتظار قد لا يتصدر عناوين الأخبار في حد ذاته، إذا ظل الموقف غير واضح فقد يكون من الحكمة أن تجلس مكتوفي الأيدي حتى يمكن إجراء تقييم أوضح لخياراتك؛ يقول بليز باسكال: "كل مشاكل الإنسان تنبع من عدم قدرة الإنسان على الجلوس بهدوء في غرفة واحدة بمفرده" في مكتبه بالمنزل.

انظر أيضًا تحيز الإغفال (الفصل 44)؛ الإفراط في التفكير (الفصل 90)؛ المماطلة (الفصل 85)؛ سوف يصبح الأمر أسوأ قبل أن يصبح أفضل. مغالطة (الفصل 12)؛ وعدم القدرة على إغلاق الأبواب (الفصل 68) كعوامل محتملة لسوء التعامل مع مشكلات الاتصال.

لماذا أنت الحل أم جزء من المشكلة؟

تحيز الإغفال

تخيل أنك على نهر جليدي مع اثنين من المتسلقين. ينزلق المرء ويسقط في الصدع. ربما يكون طلب المساعدة قد أنقذه، لكنك لا تفعل ذلك ـ بدلاً من دفعهما إلى الوديان حيث يموتان بسرعة بعد ذلك ـ أيهما يثقل موته على ضميرك أكثر؟

يكشف الاعتبار العقلاني أن كلا الخيارين بغيضان بنفس القدر، مما يؤدي إلى وفاة رفاقك. ومع ذلك، هناك شيء يجعلنا نقيم الخيار السلبي بشكل أكثر إيجابية؛ تُعرف هذه الظاهرة باسم انحياز الإغفال وتحدث عندما يؤدي كل من الفعل والتقاعس عن الفعل إلى نتائج قاتلة؛ فنحن نميل إلى تفضيل التقاعس عن العمل لأن نتائجه تبدو أقل إزعاجا.

تخيل أنك رئيس إدارة الأدوية الفيدرالية، ويجب أن تقرر ما إذا كنت ستوافق على دواء للمرضى الميؤوس من شفائهم والذين لديهم آثار جانبية مميتة محتملة أم لا ـ لقد قتلت هذه الحبوب 20% على الفور بينما أنقذت حياة 80% أكثر خلال فترة زمنية قصيرة. . ماذا سيكون قرارك؟

من المرجح أن يرفض معظمهم الموافقة؛ ففي نظرهم، يبدو المرور عبر دواء يقتل واحداً من كل خمسة مرضى أسوأ كثيراً من الفشل في إعطاء علاجه للثمانين في المائة الآخرين. وتوضح مثل هذه القرارات تماما تحيز الإغفال. تخيل أنك أصبحت على دراية بهذا التحيز ولكنك تختار الموافقة على أي حال باسم العقل واللياقة، فقط عندما يموت أحد مرضاك، يترتب على ذلك غضب شديد وتجد نفسك بلا عمل! كموظفين حكوميين أو سياسيين، سيكون من الحكمة بالنسبة لهم ـ بل من الضروري ـ أن يأخذوا على محمل الجد هذا الشكل المنتشر من التحيز مع تشجيعه بشكل أكبر.

وتُظهر السوابق القضائية عمق هذا "التشويه الأخلاقي". القتل الرحيم، حتى عندما يرغب فيه أولئك الذين يحتضرون، أوامر ـ DNR هو أمر غير قانوني في حين أن الرفض المتعمد للتدابير المنقذة للحياة (على سبيل المثال اتباع أوامر عدم الإنعاش) يظل قانونيًا.

ويفسر هذا المنطق لماذا يعتقد العديد من الآباء أنه من المقبول تماما عدم تطعيم أطفالهم، على الرغم من أن التطعيم أثبت أنه يقلل بشكل كبير من المخاطر المرتبطة بنقل المرض.
على الرغم من أن التطعيم يحمل في طياته بعض المخاطر الصغيرة جدًا المتمثلة في حدوث آثار جانبية ضارة، إلا أن التطعيم بشكل عام أمر منطقي؛ ليس فقط من أجل الأفراد أنفسهم ولكن من أجل المجتمع ككل ـ لا يمكن للأفراد ذوي المناعة أن يصيبوا الآخرين بمرضهم وبالتالي ينشرونه بشكل أكبر. بالطبع إذا أصيب الأطفال غير المطعمين بأي مرض فقد يتهمون والديهم بإيذائهم من خلال رفض التطعيم ـ لكن هذا يبدو أقل خطورة مما لو كانوا قد أصابوا أطفالهم عمداً!

يكمن تحيز الإغفال في جذور الأوهام: فنحن نفضل الانتظار حتى يفعل الآخرون ذلك بدلاً من اتخاذ خطوات بأنفسنا للتصرف بناءً عليه. إن المستثمرين والصحفيين التجاريين أكثر تسامحاً تجاه الشركات التي لا تنتج منتجات جديدة مقارنة بتلك التي تنتج منتجات دون المستوى، على الرغم من أن كلا المسارين يؤديان إلى الخراب. إن الجلوس بشكل سلبي على الأسهم البائسة يبدو أفضل من شراء الأسهم السيئة؛ ويبدو أن بناء مرشحات خالية من الانبعاثات في محطات الفحم أفضل من اتخاذ خطوات مثل إزالة أحد المرشحات لأسباب تتعلق بالتكلفة؛ ويبدو أن الفشل في عزل

المنازل أفضل من حرق كل هذا الوقود الزائد؛ إن الفشل في الإعلان عن ضريبة الدخل أقل خطورة من تقديم مستندات ضريبية مزورة، على الرغم من أن كلا المسارين يؤديان إلى خسائر الدولة في كلتا الحالتين.

لقد استكشفنا تحيز الفعل في الفصل السابع. ومع ذلك، هل هو عكس تحيز الإغفال؟ ليس تماما؛ يقودنا الانحياز إلى الفعل إلى تعويض عدم الوضوح بفرط النشاط غير المجدي عندما تبدو الأمور غير واضحة أو متناقضة؛ في حين أن تحيز الإغفال غالبًا ما يظهر عندما يكون من السهل تمييز المعلومات: فقد تكشف البصيرة عن مصيبة مستقبلية يمكننا تجنبها من خلال العمل المباشر، لكن هذه البصيرة لا تولد الكثير من الحافز فينا لاتخاذ موقف ضدها.

قد يكون من الصعب اكتشاف تحيز الإغفال؛ عادة ما يكون العمل أكثر وضوحًا من التقاعس عن العمل. ولقد صاغت الحركات الطلابية منذ ستينيات القرن العشرين شعاراً فعالاً ضد هذه المشكلة: "إذا لم تكن جزءاً من الحل، فأنت إذن جزء من المشكلة".

(ملاحظات حول خطأ المتطوعين (الفصل 65)؛ التحيز للعمل (الفصل 43)؛ التسويف (الفصل 85.

<h1 style="text-align:center">لا ألومني</h1>

التحيز لخدمة مصالح ذاتية

هل تقرأ بانتظام التقارير السنوية، مع التركيز بشكل خاص على ما قاله الرئيس التنفيذي؟ إذا لم يكن الأمر كذلك، فهذا أمر مؤسف حيث يمكنك العثور على العديد من الأمثلة على الخطأ الذي غالبًا ما يحدث ـ وهو التحيز لخدمة المصالح الذاتية. كلما حققت الشركة نجاحًا، يأخذ الرئيس التنفيذي وقتًا لتسليط الضوء على جميع جهودهم ـ مثل اتخاذ قرارات ذكية، والعمل الدؤوب، وتنمية ثقافة مؤسسية مبتكرة. إذا مرت شركة ما بعام غير ناجح، فإننا نقرأ عن مجموعة متنوعة من العوامل التي ساهمت في تراجعها: تقلبات أسعار الصرف، والتدخلات الحكومية، والممارسات التجارية الصينية التي تنتهك معايير الملكية الفكرية الغربية، والتعريفات الخفية التي تقلل من ثقة المستهلك وما إلى ذلك. إباختصار: إن عقولنا تنسب النجاح والفشل إلى الخارج وليس إلى الداخل ـ وهذا هو التحيز لخدمة الذات في العمل

حتى لو لم تسمع بهذا المصطلح من قبل، فقد علمت المدرسة الثانوية العديد من الطلاب معنى التحيز لخدمة الذات. إذا فإن نجاحهم ينعكس عليهم فقط، في حين أن الفشل يعني استخدام إجراءات اختبار غير عادلة، A، حصلوا على درجة من قبل الإداريين والمعلمين.

لكن يبدو أن الدرجات لم تعد ذات أهمية: ربما أخذت سوق الأوراق المالية مكانها. عندما تحقق محفظتك الربح، فإنك تصفق لنفسك؛ وعندما يكون أداؤها سيئاً، فإن اللوم يقع مباشرة على "السوق" (أياً كان ما يعنيه ذلك) أو ربما على مستشار الاستثمار المزعج. أنا نفسي مستخدم ماهر للتحيز الذي يخدم المصالح الذاتية. عندما ترتفع روايتي الجديدة إلى قائمة أفضل الكتب مبيعًا، أحتفل بها كأفضل كتاب لي حتى الآن؛ إذا أخفقت وسط الإصدارات الجديدة، فهذا يعني أن القراء ببساطة لا يتعرفون عليها أو أن النقاد يشعرون بالغيرة لأن لديهم شيئًا ضدي لأن لا يعترف بالأدب الجيد في إكتبي

أجرى الباحثون اختبارًا للشخصية ووزعوا بشكل عشوائي على المشاركين درجات عالية أو منخفضة؛ وأولئك الذين حصلوا على درجات عالية وجدوها شاملة وعادلة؛ أولئك الذين حصلوا على درجات منخفضة وجدوا أنها عديمة الفائدة تمامًا. لماذا ننسب النجاح والفشل في أماكن أخرى؟ هناك نظريات مختلفة، وربما يكون هناك تفسير واحد بسيط وهو: إنه شعور جيد! علاوة على ذلك، من المرجح أن التطور قد تناول هذه المشكلة في وقت أبكر بكثير. على مدى مائة ألف عام، تم القضاء على التحيز لخدمة المصالح الذاتية مع تقدم المجتمع البشري، ولكن في عالمنا الحديث مع العديد من المخاطر الخفية، قد يعاود الظهور ويؤدي بسرعة إلى كارثة. يمكن لريتشارد فولد، الذي يُشار إليه غالبًا على أنه "سيد الكون" الذي نصب نفسه، أن يؤيد هذا الرأي؛ فبعد أن كان يشغل منصب الرئيس التنفيذي في بنك ليمان براذرز حتى إعلان إفلاسه في عام 2008، ربما يظل يطالب بهذا اللقب في حين يلقي اللوم على الإجراءات الحكومية باعتبارها السبب.

على ما بين 200 و800 نقطة. وعندما طُلب منهم بعد مرور SAT عادةً ما يحصل الطلاب الذين يجرون اختبارات عام تحديث نتائجهم، يميل كثيرون إلى زيادتها بما يقرب من 50 نقطة ـ دون الكذب أو المبالغة في الأرقام، بل ببساطة "تعزيزها" إلى أن يصدقوا الرقم الجديد بأنفسهم.

يضم المبنى الذي أسكن فيه شقة يتقاسمها خمسة طلاب، وكثيرًا ما أراهم في المصعد. قال أحدهم إنه يخرج القمامة كل ثانية أو ثالثة؛ أخرى: كل مرة ثالثة أو رابعة؛ بينما ادعى رفيق الحجرة رقم 3 أنه يفعل ذلك في 90% تقريبًا من الوقت! كان من المفترض أن تصل إجاباتهم إلى 100%، ولكن بدلاً من ذلك بلغ مجموعها 320%! لقد بالغ كل صبي

في تقدير أدواره ـ وهو أمر يميل كل البشر إلى فعله. وقد أظهرت الدراسات أيضًا هذه الظاهرة بين المتزوجين حيث يفترض كل منهم أنهم يساهمون بأكثر من 50٪ في صحة الزواج.

فكيف يمكننا التغلب على التحيز لخدمة الذات؟ هل لديك أصدقاء يقولون الحقيقة دون أي قيود؟ إذا كان هذا هو الحال بالنسبة لك، اعتبر نفسك محظوظا. إذا لم يكن الأمر كذلك، فأحضر عدوًا واحدًا على الأقل لتناول القهوة واسألهم بصراحة عن نقاط قوتك وضعفك؛ سوف تكون دائما شاكرا لأنك فعلت ذلك!

انظر أيضًا التحيز بعد فوات الأوان (الفصل 14)؛ تأثير الثقة المفرطة (الفصل 15)؛ متلازمة "لم يُخترع هنا" (الفصل 74)؛ انحياز البقاء (الفصل 1)، حظ المبتدئين (الفصل 49) التنافر المعرفي (الفصل 50)؛ تأثير فورير (الفصل 64)؛ وهم الاستبطان (الفصل 67) وقطف الكرز (الفصل 96) للتعرف عليهما.

إشاهد كل ما تتمناه

حلقة مفرغة المتعة

تخيل يومًا ما أن يرن الهاتف ويخبرك صوت متحمس أنك فزت بالجائزة الكبرى لليانصيب بقيمة 10 ملايين دولار! كيف سيشعرك ذلك، وإلى متى سيستمر ذلك؟ أو قد يحدث سيناريو آخر: يتصل بك شخص ما ليخبرك بفقدان صديقه المفضل؛ مرة أخرى كيف سيكون رد فعلك وإلى متى ستستمر التأثيرات؟

وفي الفصل الأربعين، تناولنا انخفاض دقة التنبؤات في مجالات مختلفة مثل السياسة والاقتصاد والأحداث الاجتماعية. لقد توصلنا إلى استنتاج مفاده أن الخبراء الذين عينوا أنفسهم ليسوا أفضل من مولدات التنبؤ العشوائية في تقديم تنبؤات دقيقة. والآن دعونا ننتقل إلى مجال آخر: ما مدى دقة التنبؤ بمشاعرنا؟ هل نحن خبراء في أنفسنا؟ هل الفوز باليانصيب سيجعلنا أكثر سعادة لسنوات قادمة؟ عالم النفس في جامعة هارفارد دان جيلبرت يقترح خلاف ذلك. تشير دراساته عن الفائزين باليانصيب إلى أن أي تأثير إيجابي يتبدد بسرعة في غضون أشهر، مما يترك الناس راضين أو ساخطين كما كان من قبل بعد استلام الشيك الخاص بهم ـ وهذه الظاهرة يشير إليها باسم "التنبؤ العاطفي"؛ عدم قدرتنا على التنبؤ بشكل صحيح بمشاعرنا.

قرر أحد المسؤولين التنفيذيين في أحد البنوك أن يبني لنفسه منزلًا جديدًا خارج المدينة بدخله الوفير، وكان يحلم بإنشاء فيلا تضم عشر غرف وحمام سباحة وإطلالة خلابة على البحيرة والجبل. أصبحت خطته حقيقة. وفي غضون أسابيع من شرائه، ابتهج بالإثارة. ولسوء الحظ، سرعان ما اختفى هذا الحماس، وبعد ستة أشهر أصبح أكثر بؤسًا من أي وقت مضى. لماذا حدث هذا؟ حسنًا، تظهر لنا الأبحاث أن السعادة تتبدد بسرعة بعد بضعة أشهر فقط، حيث لم تعد الفيلا تمثل أحلامه؛ يعود إلى المنزل كل يوم ليواجه واقعًا غير مرحب به: يفتح بابه ولا يعرف إلى أين يقوده... المسكين: كانت مشاعره تجاه الفيلا غير مبالية مقارنة بما كان يشعر به تجاه شقته الطلابية المكونة من غرفة واحدة. بالإضافة إلى ذلك، أصبحوا يواجهون الآن رحلتين لمدة ساعة واحدة يوميًا! تكشف الدراسات أن القيادة يمكن أن تكون مصدرًا هائلاً للسخط والتوتر، وأن معظم الناس لا يعتادون أبدًا على هذه التجربة. لذلك، من المرجح أن يتحمل أولئك الذين ليس لديهم ميل طبيعي للتنقل رحلتين طويلتين كل يوم (على الأقل). لذلك، كان لفيلا أحلام صديقتي تأثير سلبي عام على سعادتها.

كثيرون آخرون ليسوا في وضع أفضل: فالأفراد الذين يغيرون حياتهم المهنية أو يتقدمون فيها غالباً ما يعانون من مصير مماثل.
يشير العلماء إلى هذه الظاهرة باسم حلقة المتعة: فنحن نعمل بجد، ونتقدم ماليًا، ونكتسب المزيد من الثروة ـ ولكن لا شيء من هذا يجعلنا أكثر سعادة.

إذًا كيف تؤثر علينا الأحداث السلبية مثل إصابات النخاع الشوكي وفقدان الأصدقاء؟ عادة، نحن نبالغ في تقدير مدتها وكثافتها ـ على سبيل المثال، عندما تنتهي العلاقات، قد يبدو الأمر كما لو أن الحياة لن تكون كما كانت أبدًا ولكن في غضون ثلاثة أشهر أو نحو ذلك عادوا إلى المواعدة والعثور على السعادة مرة أخرى.

ألن يكون رائعًا لو عرفنا بالضبط مدى سعادتنا بسيارة جديدة أو مهنة أو علاقة جديدة؟ ولحسن الحظ، هذا شيء يمكننا قياسه جزئيًا. اتخذ هذه الإرشادات السليمة علميًا كدليل لك عند اتخاذ قرارات أفضل وأكثر إشراقًا: 1) تجنب الأشياء السلبية التي لا يمكنك التكيف معها بمرور الوقت، مثل التنقل أو التلوث الضوضائي أو التوتر المزمن. 2) لا تعتمد

بشكل كبير على السلع المادية مثل السيارات أو المنازل أو أرباح اليانصيب أو المكافآت أو الجوائز كمصادر للسعادة على المدى الطويل. 3) ابحث عن أكبر قدر ممكن من الحرية والاستقلالية لأن التغييرات الإيجابية الدائمة غالبًا ما تتبع من اتخاذ إجراءات إيجابية بمبادرة شخصية. اتبع شغفك حتى لو كان ذلك يعني التنازل عن بعض الدخل؛ الاستثمار في الصداقات. يجد معظم الناس سعادة دائمة من خلال الوضع المهني طالما أنه لا يغير مجموعات الأقران في وقت واحد ـ وبعبارة أخرى، إذا صعدت إلى منصب الرئيس التنفيذي بينما تتآخي فقط مع المديرين التنفيذيين الآخرين، فإن التأثير يتضاءل بسرعة.

الوهم التنبؤي (الفصل 40) ؛ الهوس النيوماني (الفصل 69) والحسد (الفصل 86) يجب أن يُنظر إليهما على أنهما علامات خطر ويجب عدم التعامل معهم باستخفاف.

إيجب علينا جميعًا أن نتذكر ألا نتعجب من وجودنا ونعيش وفقًا لذلك

أثناء سفري من فيلادلفيا إلى نيويورك، علقت في ازدحام مروري. "لماذا يجب أن أكون أنا دائمًا؟"، تأسفت بينما كنت أحدق في السائقين المتجهين جنوبًا وهم يتسابقون بسرعة مذهلة على الجانب الآخر مني. وبينما كنت أقضي ساعة في الزحف إلى الأمام بسرعة الحلزون مع توقفات متكررة للكسر والتسارع، شرد ذهني. هل كنت حقًا سيئ الحظ في الحياة أم كان هذا مجرد تصوري؟ يبدو أن خطوط البنوك ومكاتب البريد ومحلات البقالة تنتقيني أكثر من غيرها أم أن هذه مجرد تصورات؟

تخيل أنه على هذا الطريق السريع يشكل ازدحام المرور 10٪ من الوقت؛ فرصتي في أن أعلق ليست أكبر من احتمالها، لكن احتمال أن أعلق في أي نقطة من رحلتي يتجاوز هذا الرقم بسبب محدودية حركتي للأمام خلال مثل هذه المواقف؛ علاوة على ذلك، بمجرد أن ينشأ أحدهم وأعلق، يصبح الأمر أكثر وضوحًا بالنسبة لي مما لو ظل يتحرك بمعدله الطبيعي.

مع 10 إشارات مرور، A وB وينطبق منطق مماثل على عدادات البنوك أو إشارات المرور: في رحلة متوسطة بين ستكون إحداها حمراء دائمًا بينما تكون البقية خضراء؛ ومع ذلك، قد تقضي ما يزيد عن 10% من وقت سفرك في الانتظار عند الأضواء الحمراء ـ على الرغم من أن هذا قد لا يبدو صحيحًا؛ تخيل أنك تسافر بسرعة قريبة من سرعة الضوء: من المحتمل أنك ستقضي 99.99% (وليس 10%) من وقتك في الانتظار ولعن إشارات المرور الحمراء!

بمجرد أن نشكو من سوء الحظ، فمن الحكمة أن نكون حذرين من التحيز في الاختيار الذاتي. عندما يتذمر أصدقائي الذكور من قلة عدد النساء في شركاتهم، وتشكو صديقاتي من قلة عدد الرجال، فإن هذا لا علاقة له بالحظ السيء ـ فهؤلاء المتذمرون يشكلون جزءًا من عينة تظهر احتمالية عمل معظم العمال الذكور في الصناعات التي يهيمن عليها العمال الذكور. معظمهم من الرجال (أو العكس بالنسبة للعاملات). علاوة على ذلك، فإن العيش في بلدان مثل الصين أو روسيا التي بها نسب كبيرة من كلا الجنسين يعني أنك قد تصبح جزءًا من تلك المجموعة الأكبر وتشعر بصعوبة ذلك. وعندما يحدث التصويت أثناء الانتخابات تصبح هذه الظاهرة أكثر وضوحا؛ في وقت التصويت، من المحتمل جدًا أن يتوافق صوتك مع أغلبية أصوات الأغلبية الفائزة.

كثيرا ما يقع المسوقون فريسة للتحيز في الاختيار الذاتي. يمكن أن يقع المسوقون في هذه المشكلة من خلال استطلاعات الرأي التسويقية التي تحاول تقييم قيمة العميل لرسالتهم الإخبارية، ولكنها تصل فقط إلى المشتركين الحاليين الراضين تمامًا والذين لديهم الوقت ولم يلغوا الاشتراك. وبالتالي، فإن هذه الاستطلاعات أثبتت عدم فعاليتها.

لقد تطرقت الملاحظات التي أدلى بها صديقي المحزن مؤخرًا إلى التحيز الشائع في الاختيار الذاتي؛ الكائنات الحية فقط هي التي يمكنها إبداء مثل هذه الملاحظات؛ في كثير من الأحيان لا تعطي الأشياء غير الموجودة الكثير من التفكير لعدم وجودها. ومع ذلك، فإن هذا الوهم نفسه يشكل الأساس للعديد من الأعمال الفلسفية التي تتعجب سنة بعد سنة من تطور اللغة؛ أتعاطف مع دهشتهم ولكني أجد دهشتهم غير مبررة؛ اللغة ببساطة لن تكون موجودة بدوننا لنبجل معجزتها؛ ولا يصبح عجبه ملموساً إلا بالتعرض لبيئته، ومعجزته لا تتحقق إلا بوجوده في بيئته، كمعجزة الخلق أو التدمير بالعقول البشرية!

من المثير للاهتمام أن هذا المسح الهاتفي الأخير: أجرته إحدى الشركات للتأكد، في المتوسط، من عدد الهواتف (الخط الثابت والخلوي) التي تمتلكها كل أسرة. لقد اندهشوا عندما اكتشفوا أنه لا توجد أسرة تدعي أنها ليس لديها أي أسرة! حقا إنجاز مذهل.

أنظر أيضاً المسارات البديلة (الفصل 39)؛ الميزة ذات التأثير الإيجابي (الفصل 95)؛ وهم جسم السباح (الفصل 2) لمزيد من المناقشة.

لماذا يمكن للخبرة أن تدمر أحكامنا؟

تحيز الرابطة

قدم كيفن ثلاثة عروض تقديمية لنتائج قسمه إلى مجلس إدارة الشركة وفي كل مرة، كان كل شيء يسير على ما يرام - ويعتقد كيفن أن شورت الملاكم الأخضر المنقط هذا هو سرواله الداخلي المحظوظ

لم يستطع كيفن مقاومة شراء خاتم الخطوبة المذهل الذي عرضته عليه؛ على الرغم من أن مبلغ 10000 دولار كان أعلى بكثير من ميزانيته للزواج الثاني، إلا أن شيئًا ما في هذه المرأة جعله لا يقاوم؛ ربما ربط هذا الشيء الجميل بشخص ما من شأنه أن يلهم الأمل للعرائس في المستقبل بأنها قد تكون أيضًا جميلة بشكل مذهل؟

في كل عام، يزور كيفن طبيبه لإجراء فحص طبي، وعادةً ما يُقال له إن صحته في حالة جيدة وهو في الرابعة والأربعين من عمره. ومع ذلك، فقد غادر مرتين حاملاً أخبارًا مثيرة للقلق: مرة واحدة من أجل الزائدة الدودية (التي تمت إزالتها بسرعة)؛ وآخر لتضخم البروستاتا في البداية والذي، بعد مزيد من الفحص، تبين أنه مجرد التهاب وليس سرطان - في كلتا المرتين غادر كيفن وهو يشعر بالقلق وكان الجو حارًا للغاية في كلا اليومين؛ منذ ذلك الحين كلما ابدأت درجات الحرارة في الارتفاع حول أحد مواعيد الفحص الخاصة به، قام بإلغائها على الفور

أدمغتنا هي آلات اتصال. على سبيل المثال، عندما نستهلك فاكهة غير معروفة ونشعر بالغثيان بعد ذلك، فإن عقولنا تخلق المعرفة. ومع ذلك، فإن هذه الطريقة تخلق أيضًا معرفة زائفة. وكان العالم الروسي إيفان بافلوف أول من قام بدراسة هذه الظاهرة باستخدام أجراس لقياس إفراز اللعاب عند الكلاب؛ ولكن في وقت لاحق، مجرد الصوت وحده من شأنه أن يسبب سيلان اللعاب؛ إنشاء روابط بين وظيفتين يبدو أنهما غير مرتبطين مثل رنين الجرس وإنتاج اللعاب داخل أدمغة الحيوانات - مثل كون الصوت وحده كافيًا لتحفيز إفراز اللعاب فيها.

تنطبق طريقة بافلوف بشكل جيد على البشر. يخلق الإعلان روابط بين المنتجات والعواطف، مثل كوكا كولا. ونتيجة لذلك، تظهر الإعلانات أشخاصًا ذوي وجوه سعيدة يظهرون معًا - على عكس الوجوه العابسة أو الأجساد المتجعدة التي قد تراها في مكان آخر في الحياة الواقعية. يظهر أشخاص الكوكاكولا في مجموعات كبيرة مقارنة بالحياة الحقيقية.

تنتج الارتباطات الكاذبة عن تحيز الارتباط، مما يؤثر أيضًا على جودة اتخاذ القرار لدينا. قد نربط حاملي الأخبار السيئة بمحتواها تلقائيًا (المعروفة باسم متلازمة إطلاق النار على الرسول). قد يتجنب بعض الرؤساء التنفيذيين والمستثمرين، بوعي أو بغير وعي، سماع الأخبار السلبية - مما يؤدي إلى تكوين صورة غير دقيقة عن الواقع. لتجنب الوقوع فريسة للاتصالات الكاذبة وتجنب الوقوع فريسة للخيوط الكاذبة عند قيادة مجموعات من الأشخاص، اطلب من موظفيك تقديم الأخبار السيئة فقط في أسرع وقت ممكن وذلك لمواجهة متلازمة إطلاق النار على الرسول - ثق في أن الأخبار الإيجابية الكافية ستساعدك لا تزال تأتي في طريقك! للتغلب على الاتصالات الزائفة من خلال التعويض الزائد عن متلازمة إطلاق النار على الرسول من خلال التعويض الزائد عن طريق الرسائل الإيجابية - التعويض الزائد عن طريق التعويض الزائد عن طريق الأخبار الجيدة!

قبل وجود البريد الإلكتروني والتسويق عبر الهاتف، استخدم الباعة المتجولون أساليب البيع من الباب إلى الباب. في أحد الأيام، صادف جورج فوستر منزلًا شاغرًا حيث كان هناك تسرب غير مرئي يملأه بالغاز لأسابيع - دون علمه، تسبب الجرس التالف في شرارة عندما ضغط عليه جورج مما أدى إلى انفجار أرسل جورج مباشرة إلى المستشفى،

على الرغم من أنه في النهاية تعافى بسرعة. لسوء الحظ، على الرغم من أن خوفه من أجراس الأبواب ظل قائمًا بقوة لدرجة أنه حتى بعد مرور سنوات، لم يتمكن من العودة إلى العمل؛ يحاول جاهدًا لأنه لا يمكنه سوى إنشاء ارتباط عاطفي آخر لا يمكنه عكس نفسه على الرغم من علمه بأن هذا غير محتمل.

لقد التقط مارك توين هذه الرسالة المهمة بشكل جميل: "يجب علينا أن نستخلص من كل تجربة فقط الدروس الموجودة فيها؛ لئلا نصبح مثل القطة التي تجلس على غطاء موقد ساخن وتحترق، ولا تجلس مرة أخرى على غطاء ساخن أو بارد مرة أخرى».

كن حذرًا عندما تبدأ الأمور بشكل جيد؛ لاحظ انحياز العدوى (الفصل 54)؛ السببية الكاذبة (الفصل 37)؛ حظ المبتدئين (التشابتر 49) بالإضافة إلى انحياز التوفر والتأثير الإرشادي. (انظر الفصل 54 لمزيد من القراءة حول هذه المواضيع).

انتبه عندما تبدأ الأمور بالحدوث بسرعة

حظ المبتدئين

لقد استكشفنا مؤخرًا تحيز الارتباط، أو ميلنا لرؤية الروابط التي لا وجود لها. على سبيل المثال، بغض النظر عن كل النجاح الذي حققه كيفن في العروض التقديمية الكبيرة بينما كان يرتدي سروالًا داخليًا أخضر اللون، إلا أنهم لا يستطيعون ضمان نجاحه في كل مرة.

نأتي الآن إلى أحد أشكال التحيز الارتباطي الأكثر صعوبة: إنشاء رابط مصطنع مع الماضي. يعرف لاعبو الكازينو هذا التكتيك جيدًا: ويسمونه حظ المبتدئين. غالبًا ما يتراجع الأشخاص الجدد في اللعبة الذين يخسرون في جولاتهم الأولى بحكمة، بينما يميل من يحالفه الحظ إلى الاستمرار. ومع ذلك، عندما يحالفهم الحظ لأول مرة، فإن ثقتهم قد تقودهم إلى زيادة المخاطر بشكل أكبر ـ فقط ليكتشفوا لاحقًا أن الاحتمالات عادت إلى المستويات المتوسطة بعد فترة وجيزة!

يلعب حظ المبتدئين دورًا أساسيًا في النجاح الاقتصادي. تخيل الشركة "أ"، التي تستحوذ على الشركات الأصغر "ب" و"ج" و"د" على التوالي دون وقوع حوادث وتكمل كل عملية استحواذ بنجاح ـ مما يعزز ثقتها حيث أن كل عملية اندماج تثبت أنها صعبة للغاية بحيث يصعب إدارتها ومن المستحيل تحقيق التآزر المقدر على الرغم من الأدلة الموضوعية التي تشير في هذا الاتجاه من عمليات الاستحواذ السابقة ـ فقط حظ المبتدئين يعميهم عن هذا الواقع.

حدثت اتجاهات مماثلة في البورصة. انجذب العديد من المستثمرين إلى نجاحها الأولي، وقاموا بضخ مدخراتهم وحتى قروضهم في أسهم الإنترنت خلال أواخر التسعينيات ـ غير مدركين أن أرباحهم الرائعة في ذلك الوقت لم تكن بسبب أي قدرات قائمة على المعرفة في انتقاء الأسهم ولكن ببساطة اتجاه السوق التصاعدي. ; حتى أولئك الذين ليس لديهم أي معرفة سابقة بالاستثمار غالبًا ما يتمتعون بمكاسب هائلة عندما تتجه الأمور في النهاية إلى الأسفل. ولكن عندما تلاشى هذا الزخم أخيرًا، بقي الكثيرون يواجهون جبالًا من ديون الدوت كوم.

وكما رأينا خلال طفرة الإسكان الأخيرة في الولايات المتحدة، وقع العديد من الأفراد في هذا الفخ: فقد تخلى أطباء الأسنان والمحامون والمدرسون وسائقو سيارات الأجرة عن حياتهم المهنية "لقلب" المنازل من أجل الربح ـ حيث يشترونها بأسعار رخيصة ثم يبيعونها مرة أخرى على الفور بأسعار أعلى. الأسعار ـ تقودهم إلى طريق مسكر نحو الأرباح الكبيرة ولكن في الواقع لا علاقة لها بالحياة الحقيقية أو حياتهم المهنية. وسمحت طفرة الإسكان حتى للوسطاء الهواة بالازدهار؛ لقد تحمل المستثمرون ديونًا ضخمة عندما اشتروا المزيد من القصور الأكبر حجمًا، وعندما انفجرت الفقاعة في نهاية المطاف، لم يتبق لهم سوى الممتلكات غير القابلة للبيع كأصول.

يزودنا التاريخ بأدلة وافرة على حظ المبتدئين: فلم يكن نابليون ولا هتلر ليقوموا بحملات ضد روسيا دون تحقيق انتصارات سابقة في معارك أصغر لدعمهما.

ولكن كيف يمكن التمييز بين حظ المبتدئين والموهبة الحقيقية؟ على الرغم من عدم وجود قاعدة محددة للمساعدة في اتخاذ هذا القرار، هناك نصيحتان قد تكونان فعالتين: أولًا، إذا كان أداؤك يتفوق باستمرار على أداء الآخرين على مدى فترة طويلة، فمن المحتمل أن تلعب الموهبة دورًا. ثانيًا، عندما يكون هناك المزيد من المنافسين الذين يتنافسون على عملك، تزداد فرص وجود شخص يحقق نجاحًا كبيرًا ويتولى قيادة السوق لعدة سنوات ـ ربما أنت! عندما يحدث ذلك

بين عشرة متنافسين، كن فخورًا بالاحتفال بنفسك كشركة رائدة في السوق! ومع ذلك، فإن كونك من بين أفضل اللاعبين (في الأسواق المالية) يمكن اعتباره دليلاً على الموهبة؛ ولكن إذا وجدت نفسك في المركز الأول بين 10 ملايين لاعب في عام واحد معين ـ وهو ما يمكن أن يحدث بسهولة كافية مع مشاركة جميع أنواع اللاعبين ـ فلا تبدأ في تصور إمبراطورية مثل بافيت حتى الآن؛ من المحتمل أنك كنت محظوظًا!

شاهد وانتظر قبل استخلاص أي استنتاجات نهائية. قد يكون حظ المبتدئين مدمرًا؛ وللحماية من المفاهيم الخاطئة ودحض النظريات كما يفعل أي عالم فعال، أرسلت روايتي خمسة وثلاثون إلى ناشر واحد حيث تم قبولها على الفور؛ للحظة بدا الأمر وكأنه نجاح عبقري (كانت احتمالات أن يتقبله هذا الناشر 15000/1. ولاختبار نظريتي بشكل أكبر، أرسلت بعد ذلك نسخًا إلى 10 ناشرين كبار إضافيين... وتلقيت 10 خطابات رفض تعيد فكرتي العودة بسرعة إلى الأرض.

أنظر أيضا: انحياز البقاء (الفصل 1)؛ التحيز لخدمة الذات (الفصل 45)؛ تحيز الجمعية (الفصل 48)؛ السببية الكاذبة (الفصل 37)؛ وهم المهارة (الفصل 94)

أكاذيب صغيرة حلوة

التنافر المعرفي

تسلل ثعلب ببطء إلى كرمة وراح يحدق بشوق في عنبها الأرجواني الوافر. وضع كفيه الأماميتين على جذعه، ومد رقبته للخارج، وحاول الوصول إليهما، لكنهما كانتا مرتفعتين للغاية. قام بمحاولة أخرى غاضبًا ـ انقطع فكه فقط في الهواء. أخيرًا قفز بكل قوته ليهبط مرة أخرى على الأرض بصوت مسموع؛ ولم تتحرك حتى ورقة واحدة. رفع رأسه عالياً، وعاد إلى الغابة ـ أو هكذا ظن الثعلب.

ابتكر الشاعر اليوناني إيسوب هذه الحكاية لتسليط الضوء على أحد الأخطاء الأكثر شيوعًا في المنطق. حدث تناقض عندما شرع الثعلب في القيام بشيء ما لكنه فشل، مما أدى إلى خلق تناقض لا يمكن حله إلا بإحدى الطرق الثلاث: أ) وضع يديه على بعض العنب بطريقة ما ب) قبول أن مهاراته قد لا تكون كافية ج) الاعتراف بمهاراته عدم الكفاءة

ج) من خلال إعادة تفسير ما حدث بأثر رجعي. يمثل هذا النهج التنافر المعرفي أو حله.

تخيل أنك اشتريت سيارة جديدة ثم سرعان ما تندم على اختيارك: يبدو محركها وكأنه ينطلق ومقعد السائق غير مريح. ماذا تفعل بعد ذلك؟ إن إعادته سيكون بمثابة اعتراف بالخطأ ومن المحتمل ألا يعيد لك كل أموالك؛ لذا، كطريقة بديلة، قد تقنع نفسك بأن المحركات الصاخبة وميزات الجلوس غير المريحة هي جزء من ميزات الأمان الخاصة بها، مما يمنعك من النوم خلف عجلة القيادة؛ لا شك أن هذه الاختيارات الذكية كانت عمليات شراء مدروسة جلبت معها تجارب ممتعة!

ذات مرة، أصدر ليون فيستنجر وميريل كارلسميث من جامعة ستانفورد تعليمات لطلابهما بأداء ساعة واحدة من العمل الشاق والرتيب قبل تقسيمهم إلى مجموعتين. تلقى أعضاء المجموعة "أ" دولارًا واحدًا (كان ذلك في عام 1959) كتعويض؛ أما أولئك الموجودون في المجموعة ب فقد حصلوا على 20 دولارًا؛ وفي وقت لاحق كان عليهم أن يكتشفوا كيف وجدوا كل شيء حقًا ـ ومن المثير للدهشة أن أولئك الذين حصلوا على دولار واحد فقط وجدوا الأمر أكثر متعة وجاذبية!
لماذا فعلوا ذلك؟ ببساطة لأن دولارًا واحدًا تافهًا لم يكن حافزًا كافيًا لهم للكذب الصريح؛ لذا بدلاً من ذلك أقنعوا أنفسهم بأن العمل لم يكن بهذا السوء؛ بنفس الطريقة التي أعاد بها ثعلب إيسوب تفسير الموقف بشكل مختلف، تمامًا مثل هؤلاء الطلاب. علاوة على ذلك، فإن أولئك الذين حصلوا على المزيد لم يكونوا بحاجة إلى تبرير ما فعلوه، بعد أن ارتكبوا كذبة بالفعل بينما حصلوا على تعويض قدره 20 دولارًا باعتباره مستحقًا لهم. هؤلاء الطلاب لم يواجهوا أي تنافر معرفي.

تخيل أنك تتقدم لوظيفة وتخسر أمام مرشح آخر. فبدلاً من الاعتراف بأنهم ربما كانوا مؤهلين أكثر منك لذلك، فإنك تقنع نفسك بأنك لم تكن حقًا مهتمًا حقًا بتولي هذا الدور بالتحديد؛ طوال الوقت كانت مجرد تجربة لمعرفة ما إذا كانت "القيمة السوقية" الخاصة بك يمكن أن تمنحك دعوة لإجراء مقابلة.

لقد واجهت مؤخرًا شيئًا مشابهًا عندما واجهت الاختيار بين الاستثمار في سهمين. انخفضت قيمة المنتج الذي اخترته على الفور بعد وقت قصير من الشراء بينما ارتفعت أسهم شخص آخر غير مستثمر بشكل كبير ـ لم أستطع ببساطة أن أحمل نفسي على التعرف على خطأي! في الواقع، على العكس تمامًا: أتذكر بوضوح إقناع أحد الأصدقاء بأنه على

الرغم من أن السهم كان يعاني من مشاكل في مرحلة التسنين، إلا أنه لا يزال يتمتع بإمكانات أكبر بشكل عام. يمكن للتنافر المعرفي أن يفسر رد الفعل هذا الذي يبدو غير عقلاني. وكما ذكرني صديقي، فإن "الإمكانات" كانت ستكون أكبر لو أنني أخرت شراء الأسهم حتى اليوم. وقد حذر إيسوب من هذا السيناريو: "يمكنك أن تحاول أن تكون ذكيًا كما تريد، ولكن في النهاية لن تصل إلى أي عنب".

انظر أيضًا تأثير الوقف (الفصل 23)؛ التحيز لخدمة الذات (الفصل 45)؛ تأكيد الانحياز (الفصل 7-8)؛ "لأن التبرير" (الفصل 52) وتبرير الجهد (الفصل 60).

استمتع بكل لحظة كما لو كانت الأخيرة؛ ولكن فقط في أيام الأحد!

الخصم الزائدي

هل سمعت مقولة "عش كل يوم كما لو كان آخر يوم لك"؟ يبدو أنه يظهر ثلاث مرات على الأقل في مجلات نمط الحياة وأدلة المساعدة الذاتية على حد سواء؛ ومع ذلك فإن مثل هذا المثل الثاقب لا يفيد ذكائك! تخيل ماذا سيحدث إذا اتبعت هذه النصيحة حرفيًا: لن تنظف أسنانك بعد الآن، أو تغسل شعرك، أو تنظف الشقة، أو تحضر للعمل، أو تدفع فواتيرك في الوقت المحدد؟ بلا شك، في أي وقت من الأوقات سوف تصبح مفلسًا أو مريضًا وربما حتى خلف القضبان ـ ومع ذلك يظل معناها نبيلًا بطبيعته؛ إنه يعبر عن الشوق والرغبة في الفورية التي غالبا ما تكون ذات أولوية فوق التفكير العقلاني؛ إن عيش الحياة على أكمل وجه اليوم دون القلق بشأن الغد هو ببساطة نصيحة غير معقولة للحياة.

هل تفضل الحصول على 1000 دولار على مدار عام واحد أو 1100 دولار على مدى اثني عشر شهرًا؟ من المرجح أن يختار معظم الناس الخيار الأخير ـ بمعدل فائدة شهري يبلغ 10% سنويًا! بالإضافة إلى أن الانتظار لمدة أسبوعين إضافيين يمكن أن يوفر عوائد رائعة، مما يؤدي إلى اتخاذ قرار أكثر حكمة من الانتظار لفترة طويلة!

سؤالين آخرين. هل تفضل الحصول على 1000 دولار اليوم نقدًا أم الانتظار لمدة شهر والحصول على 1100 دولار أخرى؟ على الأرجح، يفضل معظم الناس النقد اليوم؛ ومع ذلك، فإن هذا أمر مدهش، لأن الانتظار لمدة شهر أطول يؤدي إلى 100 دولار إضافية في كلتا الحالتين؛ في أحد السيناريوهات يبدو الأمر واضحًا بما فيه الكفاية بينما قد يتطلب السيناريو الآخر الصبر والتفكير قبل الإجابة وفقًا لذلك. "ما هي سنة أخرى؟" ربما تسأل نفسك. ليس في هذه الحالة؛ ومع ذلك، عندما نقدم كلمة "الآن"، غالبًا ما تتخذ أدمغتنا قرارات غير متسقة ويشير العلم إلى هذه الظاهرة على أنها خصم زائدي. ببساطة، مع اقتراب المكافآت، يزداد "معدل الفائدة العاطفية" لدينا ونصبح على استعداد للتخلي عن المزيد مقابلها. من المؤسف أن أغلب خبراء الاقتصاد ما زالوا يفشلون في إدراك أن البشر يستجيبون بشكل غير متسق وذاتي لأسعار الفائدة؛ وبالتالي، تعتمد نماذجهم على أسعار فائدة ثابتة، وهو أمر مشكوك فيه إلى حد كبير.

إن التخفيض المبالغ فيه، أو رغبتنا في الحصول على مكافآت فورية، ينبع من ماضينا الحيواني. لن ترفض الحيوانات أبدًا مكافأة فورية قد تساعدها على البقاء على قيد الحياة بسرعة أكبر. لا تستجيب الفئران بشكل جيد للتدريب؛ لن يتخلوا عن قطعة جبن واحدة اليوم حتى يحصلوا على المزيد غدًا. نعم، تقوم السناجب بجمع الطعام وحفظه لاستهلاكه لاحقًا؛ ومع ذلك، فإن هذا السلوك لا علاقة له بالتحكم في الاندفاعات أو التعلم.

وماذا عن الأطفال؟ في الستينيات، أجرى والتر ميشيل تجربة على تأخير الإشباع والتي يمكنك العثور عليها من خلال باستخدام "تجربة المارشميلو". تم إعطاء مجموعة من الأطفال في سن الرابعة قطعة YouTube البحث على مارشميلو واحدة لكل منهم إما لتناولها على الفور أو الانتظار عدة دقائق والحصول على قطعة أخرى؛ لسوء الحظ، كان الانتظار مستحيلاً بالنسبة لمعظم الأطفال؛ والأمر الأكثر إثارة للإعجاب هو أن ميشيل وجد أن القدرة على تأخير الإشباع هي مؤشر على النجاح الوظيفي في المستقبل ـ مما يدل على أن الصبر فضيلة حقًا.

مع التقدم في السن، يأتي قدر أكبر من ضبط النفس، مما يجعل من السهل تأجيل المكافآت. فبدلاً من الانتظار اثني عشر شهرًا حتى نعود إلى الوطن بمبلغ إضافي قدره 100 دولار، قد ننتظر بكل سرور ثلاثة عشر شهرًا إذا ظهرت

مكافأة فورية؛ مثل أسعار الفائدة الباهظة التي يفرضها البنك على ديون بطاقات الائتمان أو القروض الشخصية قصيرة الأجل التي تفترس رغبتنا في الإشباع الفوري.

الاستنتاج: على الرغم من أن المكافآت الفورية يمكن أن تكون مغرية للغاية، إلا أن الخصم الزائد يظل عيبًا. عندما نسيطر على دوافعنا ـ على سبيل المثال، عند شرب الكحول ـ كلما كنا أفضل في تجنب هذا الفخ؛ وإلا فإننا نصبح عرضة للخطر. على الجانب الآخر، إذا كنت تبيع منتجات استهلاكية، فامنح العملاء إمكانية الوصول إليها على الفور حيث قد يدفع البعض مبلغًا إضافيًا حتى لا يضطروا إلى الانتظار، وهو أمر تستفيد منه أمازون بشكل كامل؛ جزء من الرسوم الإضافية للتسليم في اليوم التالي يذهب مباشرة إلى خزائنهم! تذكير كل أسبوع يمكن أن يساعد في تجنب هذا الفخ ـ

انظر تعب القرار (الفصل ٥٣)؛ المنطق البسيط (الفصل 63) والمماطلة (الفصل 85).

أي عذر واهٍ للمماطلة

السبب والتبرير

استغرق ازدحام المرور بين لوس أنجلوس وسان فرانسيسكو بسبب إصلاحات السطح ثلاثين دقيقة قبل أن يتبدد في النهاية إلى فوضى في مرآة الرؤية الخلفية ـ أو هكذا اعتقدت. ومع ذلك، بعد نصف ساعة، بدأت المزيد من أعمال الصيانة مرة أخرى، ولكن من الغريب أن مستوى إحباطي قد انخفض بشكل كبير لأن اللافتات المطمئنة على "إطول الطريق كانت تعلن: "نحن نقوم بترميم هذا الطريق السريع من أجلك

ذكّرني المربى بتجربة أجرتها عالمة النفس بجامعة هارفارد إلين لانجر في السبعينيات. ومن أجل ذلك، دخلت إحدى المكتبات وانتظرت بجوار آلة التصوير حتى تشكل خط حولها قبل أن تقترب من مستخدمها الأول وتقول: «معذرة، لدي خمس صفحات لنسخها؛ هل يمكنني استخدام آلة زيروكس الخاصة بك؟ وكانت نسبة نجاحها 60%. ولرفعها إلى 94% كررت التجربة مع تقديم تبرير: "معذرة". أحتاج إلى طباعة خمس نسخ الآن. هل يمكنني استخدام ماكينة زيروكس الخاصة بك بسبب ضغط الوقت؟ وفي كل حالة تقريبًا سُمح لها بالمضي قدمًا. كان هذا أمرًا مفهومًا: غالبًا ما يتقدم الأشخاص المتعجلون إلى الخطوط الأمامية دون أن يفهموا السبب حقًا. حاولت مرة أخرى، هذه المرة قائلة: (.%93 معذرة، لكن هل يمكنني أن أسبقك لأنني بحاجة إلى نسخ؟" ولدهشتها، أثبت هذا نجاحه دائمًا تقريبًا"

إن تبرير سلوكنا يزيد من التسامح والمساعدة. يبدو استخدام التبرير مثل "لأن" كافيًا؛ بغض النظر عما إذا كان العذر الذي تقدمه لتصرفهم بهذه الطريقة جيدًا أم لا؛ انها مجرد فعالة! إن اللافتة التي تقول "نحن نقوم بتجديد الطريق السريع من أجلكم" لن تؤدي إلا إلى إرباك الأمور ؛ يمكن لأي طاقم صيانة أن يقوم بعمله بسهولة في مكان آخر على الطريق السريع على أي حال! إن رؤية ما يجري يطمئن الإنسان ويهدئه بدلاً من أن يبقيه غير مدرك. بعد كل شيء، إلا شيء يحبط أكثر من عدم الوعي!

في مطار جون كينيدي، انتظرت بفارغ الصبر الرحلة رقم 1234 عندما جاء الإعلان عبر مكبر A57 عند البوابة الصوت: "انتبهوا أيها الركاب". الرحلة 1234 متأخرة حاليًا لمدة ثلاث ساعات. قررت زيارة المكتب لمعرفة السبب. وعدت في غضون 15 دقيقة دون تقديم أي إجابة أو تفسير لتأجيلها. كنت غاضبة؛ كيف يجرؤون على تركنا ننتظر في الجهل! وكانت شركات الطيران الأخرى على الأقل تتمتع باللياقة لإبلاغ ركابها: "لقد تأخرت الرحلة رقم 5678 لمدة ثلاث ساعات لأسباب تشغيلية" ـ مثل هذا العذر واهٍ من شأنه أن يوفر على الأقل راحة كافية.

يبدو الناس مهووسين باستخدام كلمة "لأن" حتى عندما لا تكون ضرورية؛ وقد شهدنا كقادة بلا شك هذا الاتجاه؛ وبدون دعوة حشد فعالة يتضاءل تحفيز الموظفين بسرعة. إن مجرد القول بأن شركة الأحذية الخاصة بك موجودة لإنتاج الأحذية لم يعد يشكل حجة مثيرة للإعجاب: فاليوم يجب أن تلعب الأهداف والقصص العليا وراء قصتك دورًا أيضًا ـ مثل القول أنك تريد أن يحدث حذائك ثورة في السوق (مهما كان معنى ذلك)؛ إن تقديم الدعم لعالم أفضل (أو ادعاء زابو بأنه يعمل في مجال السعادة) كلها أجزاء أساسية لفهم قرارات العمل اليوم إذا أردنا النجاح (مهما كان ذلك يعني.)

إذا ارتفعت سوق الأوراق المالية أو انخفضت بمقدار نصف نقطة مئوية، فلن يقدم المعلقون في السوق أي تفسير معقول ـ بأن السبب في ذلك هو الضوضاء البيضاء أو سلسلة لا حصر لها من تحركات السوق. وبدلاً من ذلك، يريد

الناس أسبابًا ملموسة، وسيختار المعلقون سببًا لإلقاء اللوم عليه؛ غالبًا ما يأتي تفسيرهم على أنه لا معنى له مع الإشارة بشكل متكرر إلى تصريحات رؤساء بنك الاحتياطي الفيدرالي باعتبارها الجناة.

إذا سألك أي شخص عن سبب عدم إكمالك لمهمة ما بعد، فيمكن أن يكون الرد البسيط: "لأنني لم أتمكن من إنجازها بعد". على الرغم من أن الأمر قد يبدو سخيفًا في البداية، إلا أن هذا عادة ما يكون كافيًا دون الحاجة إلى التوصل إلى أسباب أكثر منطقية لعدم إكماله على الفور.

في أحد الأيام شاهدت زوجتي وهي تفصل الغسيل الأسود عن الأزرق بعناية. بالنسبة لي، بدا الأمر غير ضروري نظرًا لأن كلا اللونين الداكنين متساويان في الأهمية، إلا أن هذه الممارسة تمكنت من الحفاظ على ملابسي خالية من التسرب على مدار سنوات عديدة. "لماذا تفعل ذلك؟" استفسرت عنها؛ فأجابت "لأنني أفضل غسلها بشكل منفصل". بالنسبة لي كان هذا تفسيرًا كافيًا.

لا تغادر المنزل أبدًا دون استخدام "لأن". هذه الكلمة البسيطة والفعالة تساعد على سلاسة التفاعل البشري ويجب استخدامها بحرية.

(انظر أيضًا التنافر المعرفي (الفصل 50)؛ انحياز القصة (الفصل 13) ومغالطة السبب الواحد (الفصل 97

اتخذ قرارًا أكثر ذكاءً ـ اتخذ قرارًا أقل

تعب القرار

الخاصة بك إلى لمعان PowerPoint منذ أسابيع، كنت تعمل بلا كلل على هذا العرض التقديمي. لقد تم صقل شرائح
؛ تجسد الملعب المنطق الواضح تمامًا. كل شيء يعتمد على هذا Excel لامع؛ لقد تم إثبات دقة كل رقم في برنامج
العرض ـ إذا نجح، كل شيء يعتمد عليه ـ الحصول على موافقة الرئيس التنفيذي يعني الترقية إلى مكتب تنفيذي؛ وإلا
فقد يؤدي ذلك إلى منح إعانات البطالة أو الفصل من العمل على الفور! يقترح مساعد رئيسك ثلاث فترات زمنية
محتملة: 8.00 صباحًا، 11.30 صباحًا. أو 6:00 مساءً ـ أيهما يجب أن يتم؟

ذات مرة، ملأ عالم النفس روي بوميستر وجان تويننج طاولة كاملة بمئات العناصر الرخيصة بدءًا من كرات التنس
والشموع إلى القمصان والعلكة وعلب الكولا. ثم قاموا بتقسيم طلابهم إلى مجموعتين؛ تم فصل أولئك الذين تم
تصنيفهم على أنهم صناع القرار في حين تم تصنيف أولئك الذين لم يشاركوا في هذه العملية على أنهم غير أصحاب
القرار. وقال للمجموعة الأولى: "سأعرض عليكم مجموعات تحتوي على عنصرين عشوائيين في كل مرة، وفي كل
مرة يعود الأمر لكم للاختيار بين الخيارين ـ وفي نهاية تجربتي سأعطيكم واحدة منها كتذكار". لقد اعتقدوا أن
قراراتهم ستحدد العنصر الذي احتفظوا به من كل مجموعة. وأوصى المجموعة الثانية: "اكتبوا ما هو رأيك في كل
عنصر، وسوف أختار واحداً عشوائياً لأعطيكم إياه في النهاية". بعد ذلك بوقت قصير، أمر كل طالب بوضع يده في
مصدر ماء بارد لأطول فترة ممكنة والحفاظ على هذا الوضع حتى يتم تحريره. يستخدم علم النفس هذا الاختبار
كمقياس كلاسيكي لقوة الإرادة أو الانضباط الذاتي؛ وأولئك الذين يفتقرون إلى قوة الإرادة سوف يسحبون أيديهم
بسرعة من الماء الجليدي، مع انسحاب صناع القرار بسرعة أكبر من الذين لا يتخذون القرار، لأن عملية اتخاذ القرار
المكثفة التي يقومون بها استنزفت قوة إرادتهم ـ وهو التأثير الذي تأكد في العديد من التجارب الأخرى.

قد يكون اتخاذ القرارات مرهقًا. أي شخص قام بتكوين جهاز الكمبيوتر الخاص به عبر الإنترنت أو بحث عن
الرحلات الطويلة ـ بما في ذلك رحلات الطيران والفنادق والأنشطة والمطاعم والطقس ـ يعرف ذلك جيدًا: بعد
المقارنة والتفكير والاختيار، قد يشعر المرء بالإرهاق بعد كل ما استغرقته المقارنة والتفكير والاختيار المكان ـ يشير
العلم إلى هذه الظاهرة باسم إرهاق القرار.

يمكن أن يكون الإرهاق من اتخاذ القرار أمرًا خطيرًا: كمستهلك، تصبح أكثر عرضة للرسائل الإعلانية وعمليات
الشراء الاندفاعية؛ باعتبارك صانع قرار على المستوى التنفيذي، قد تنخفض قدرتك على اتخاذ قرارات سليمة بشكل
كبير.
يمكن أن تكون قوة الإرادة مثل البطارية: بعد مرور بعض الوقت تجف وتحتاج إلى الشحن. إحدى طرق القيام بذلك
هي أخذ قسط من الراحة للاسترخاء وتناول شيء ما؛ وإلا فإن قوة الإرادة ستنخفض عندما ينخفض مستوى السكر في
الدم لديك بشكل كبير؛ تعرف ايكيا هذا أفضل من أي شخص آخر؛ ولهذا السبب يتم وضع مطاعمها بشكل ملائم في
جميع أنحاء متاجرها، حيث يبدأ إرهاق اتخاذ القرار أثناء رحلتك عبر مناطق العرض التي تشبه المتاهة ورفوف
المستودعات الشاهقة، ويبدأ إرهاق اتخاذ القرار بسرعة؛ ضح ببعض هامش الربح مقابل الحلويات السويدية التي قد
تساعد في تجديد نسبة السكر في الدم قبل مواصلة البحث عن الشمعدانات المثالية قبل استئنافها

قدم أربعة سجناء في أحد السجون الإسرائيلية التماسًا إلى المحكمة للإفراج المبكر، بدءًا من القضية الأولى في الساعة
8.50 صباحًا: عربي محكوم عليه بالسجن 30 شهرًا بتهمة الاحتيال؛ القضية 2 (المقرر عقدها في الساعة 1.27 بعد
الظهر) تشمل يهوديًا يقضي عقوبة السجن لمدة 16 شهرًا بتهمة الاعتداء؛ تم تعيين الحالة 3 على الساعة 3.10 مساءً).

القضية الأولى (المقرر عقدها في الساعة 4.35 مساءً) تتعلق بيهودي حُكم عليه بالسجن لمدة 16 شهرًا بتهمة الاعتداء؛ القضية الرابعة كانت لمواطن عربي محكوم عليه بالسجن لمدة 30 شهراً بتهمة الاحتيال. كيف اتخذ القضاة قراراتهم؟ والأهم من ولاء المعتقلين أو شدتهم هو تعبهم في اتخاذ القرارات. وافق القضاة على الطلبين 1 و2، لأن مستويات السكر في الدم لم تعد بعد إلى طبيعتها بعد الإفطار أو الغداء، لكنهم رفضوا الطلبين 3 و4، بسبب عدم كفاية احتياطيات الطاقة للمخاطرة بالإفراج المبكر. لقد اتخذوا الخيار السهل (الوضع الراهن)، وتركوا الرجال في السجن. تظهر دراسة لمئات الأحكام أنه خلال جلسة واحدة فقط، تنخفض نسبة القرارات "الشجاعة" تدريجيًا من 65% إلى لا شيء تقريبًا قبل العودة مرة أخرى بعد العطلة ـ وهذا كثير بالنسبة للسيدة العدالة! ومع ذلك، لم نفقد كل شيء: الآن أنت تعرف متى يكون من الأفضل تقديم مشروعك إلى مديرك التنفيذي.

أنظر أيضا: مفارقة الاختيار (الفصل 21)؛ الخصم الزائدي (الفصل 51)؛ المنطق البسيط (الفصل 63) والتأثير الافتراضي (الفصل 81).

هل سترتدي سترة هتلر؟

تحيز العدوى

بعد سقوط الإمبراطورية الكارولنجية في فرنسا خلال القرن التاسع، انزلقت أوروبا إلى الفوضى. كثيرا ما شارك الكونت والقادة والفرسان وغيرهم من الحكام المحليين في معارك دامية. نهب محاربوهم المزارع، واغتصبوا النساء، وداسوا الحقول، واختطفوا القساوسة من خدمات الكنيسة، وأسروا القساوسة كرهائن، وأشعلوا النار في الأديرة؛ كان كل من سلطات الكنيسة والمزارعين على حدٍ سواء عاجزين عن مواجهة حروب هؤلاء النبلاء المستمرة.

في القرن العاشر، توصل أسقف فرنسي إلى خطة مثيرة للإعجاب. دعا جميع أمراء وفرسان فرنسا للتجمع في حقل واحد بينما يجمع الكهنة والأساقفة ورؤساء الأديرة أي آثار يمكنهم العثور عليها حول تلك المنطقة لعرضها هناك. للوهلة الأولى، كان المنظر ملفتًا للنظر: العظام، والخرق القماشية الملطخة بالدماء، والطوب والبلاط، كلها تحمل علامات الاتصال بين القديسين. في ذلك الوقت، وجه الأسقف، باعتباره شخصًا معروفًا باحترامه، نداءً حماسيًا إلى النبلاء الحاضرين أمام الذخائر المقدسة للتخلي عن العنف ضد الضحايا العزل والهجمات ضد المدنيين العزل. وللتأكيد على مطالبه بشكل أكبر، لوح أمامهم بالملابس الملطخة بالدماء والعظام المقدسة كدليل إضافي. لا بد أن النبلاء كانوا يكنون مثل هذه الرموز باحترام كبير؛ وانتشرت جاذبية الأسقف غريغوريوس الفريدة لضميرهم في جميع أنحاء أوروبا، مشجعة "السلام والهدنة من الله". لا ينبغي للمرء أبدًا التقليل من شأن الخوف المرتبط بالقديسين خلال هذه الفترة أو بآثار القديسين وفقًا للمؤرخ الأمريكي فيليب ديليدر.

كشخص متعلم، قد يكون من السهل عليك أن تضحك على هذه الخرافات باعتبارها سخيفة. ومع ذلك، فكر في هذا: هل سترتدي شيئًا كان هتلر يرتديه ذات يوم؟ من غير المحتمل ـ ربما يُظهر أن احترامك للقوى غير المرئية لا يزال قائماً. لم تعد السترة تجسد أي صلة بهتلر. لا توجد عليه قطرة واحدة من عرقه، ومع ذلك فإن ارتدائه لا يزال يسبب مشاعر الخجل والاحترام لما يمثله مؤلفه. لا شك أننا نرغب في تقديم صورة مثالية لإخواننا من البشر ولأنفسنا على حد سواء؛ ومع ذلك، فإن الفكر وحده يمكن أن ينفرنا حتى عندما نكون وحدنا، ونقنع أنفسنا بأن لمس مثل هذه الملابس لا يؤيد هتلر بأي شكل من الأشكال. لسوء الحظ، قد يكون من الصعب التغلب على ردود الفعل العاطفية هذه حتى بين أولئك الذين يعتبرون هذا الموضوع مهمًا ـ مثل السياسيين. (حتى الأشخاص الذين يعتبرون أنفسهم عقلانيين للغاية يكافحون أحيانًا لتبديد أي اعتقاد في القوى الغامضة (وأنا منهم.

اكتشف بول روزين وزملاؤه الباحثون في جامعة بنسلفانيا أن القوى الغامضة لا يمكن إيقافها ببساطة. أحضر الأشخاص الخاضعون للاختبار صورًا لأحبائهم ثم اضطروا بعد ذلك إلى إطلاق السهام عليهم، دون الإضرار بمن تم تصويرهم؛ على الرغم من أن ترددهم ودقتهم مقارنة بالأهداف العادية ثبت أنها أقل بكثير ـ كما لو أن بعض القوة غير المرئية منعتهم من إصابة هذه الصور الثمينة.

يشير تحيز العدوى إلى عدم قدرتنا على فصل أنفسنا عن أشياء معينة ـ سواء كانت من زمن طويل أو مرتبطة بشكل غير مباشر (كما هو الحال مع الصور). عملت صديقتي كمراسلة حربية لقناة التلفزيون العامة الفرنسية فرانس 2. مثل الركاب في رحلة بحرية في منطقة البحر الكاريبي، قامت صديقتي أيضًا بجمع الهدايا التذكارية من مغامراتها ـ مثل القبعات المصنوعة من القش أو جوز الهند الملون من كل جزيرة زارتها ـ كتذكارات من كل مغامرة. بما في ذلك واحدة إلى بغداد في عام 2003. وبعد وقت قصير من اقتحام القوات الأمريكية قصر صدام حسين الحكومي، تسللت إلى مقره الخاص. بمجرد دخولها، لاحظت بسرعة ستة كؤوس نبيذ مطلية بالذهب في منطقة تناول الطعام وسرعان ما هربت بها. مؤخرًا، في إحدى حفلات العشاء التي أقامتها في باريس، لفتت انتباهي الكؤوس التي تحتل مكانًا مميزًا

على طاولة الطعام ـ سألها أحد الضيوف عما إذا كانت هذه الكؤوس من لافاييت؛ وعندما ذكرت لها صدام حسين أجابت عرضاً "لا ـ إنهم من صدام". أصيب أحد الضيوف المكروبين بالصدمة وبدأ يسعل بشكل لا يمكن السيطرة عليه، مما أجبرني على التعليق: "هل تدرك كم عدد جزيئات صدام التي أصبحت بالفعل جزءًا منك عندما تتنفس وحدك؟" انا سألت. وتفاقم سعاله.

انظر أيضًا تحيز الارتباط (الفصل 48)؛ تؤثر الاستدلال (الفصل 66) لمزيد من التفاصيل.

<h1 style="text-align:center">لماذا لا توجد أي حرب متوسطة؟</h1>

تخيل أنك تستقل حافلة مع 49 شخصًا آخر ، عندما يركب أثقل شخص في أمريكا في إحدى المحطات؛ في ذلك الوقت، ما هي نسبة الزيادة في متوسط الوزن بين الركاب منذ ذلك الحين؟ ربما أربعة في المائة؟ خمسة؟ في المقابل، في محطة أخرى، قفز بيل جيتس على متن السفينة؛ الآن لا ينبغي أن ينصب تركيزنا على الوزن بل على الثروة بدلاً من ذلك ـ ما مقدار زيادة الثروة منذ أربعة في المائة وخمسة في المائة على التوالي؟ لا يصمد أي من السيناريوهات

دعونا نحسب بسرعة المثال الثاني. في البداية، يشكل كل فرد لديه أصول بقيمة 54000 دولار القيمة الإحصائية المتوسطة أو المتوسطة. والآن أضف بيل جيتس الذي تقدر ثروته بحوالي 59 مليار دولار إلى هذا المزيج وشاهد مدى سرعة زيادة متوسط الثروة بأكثر من مليوني بالمائة إلى زيادة قدرها ملياري بالمائة تقريبًا؛ مما يجعل أي فكرة عن "المتوسط" لا معنى لها على الإطلاق.

وينصح نسيم طالب، في مؤلفاته حول نظرية الاحتمالات، بعدم عبور الأنهار التي متوسط عمقها أربعة أقدام، لما تشكله من خطورة في عبورها إذا زاد عمقها عن الأربعة. يمكن أن تبدو الأنهار ضحلة ـ مجرد بوصات ـ لفترات طويلة قبل أن تتحول فجأة إلى سيول بعمق عشرين قدمًا تهدد حياتك في حالة عبورها. يمكن للمتوسطات في كثير من الأحيان إخفاء تفاصيل التوزيع ـ فهي تحجب كيفية تراكم القيم بمرور الوقت.

في المتوسط، التعرض للأشعة فوق البنفسجية في أيام يونيو لا يشكل تهديدا للصحة. ولكن إذا كنت ستقضي كل الصيف في الداخل في أحد المكاتب ثم تتوجه إلى بربادوس وتستلقي في الشمس دون حماية لمدة أسبوع كامل دون استخدام واقي الشمس ـ على الرغم من أنك من المحتمل أن تتلقى بشكل عام تعرضًا أقل للأشعة فوق البنفسجية مقارنة بشخص يغامر بالخارج بانتظام ـ من شأنه أن يخلق مشاكل.

كل هذا يجب أن يكون واضحًا لك بالفعل؛ ربما حتى نفسك. لنفترض، على سبيل المثال، أنك تشرب كوبًا واحدًا من النبيذ الأحمر كل مساء أثناء العشاء ـ وهذا لن يشكل مشكلة صحية ويوصي به العديد من الأطباء. ومع ذلك، في 31 ديسمبر، إذا لم تشرب شيئًا طوال العام واستهلكت فجأة 356 كوبًا (ما يعادل ستين زجاجة)، فمن المحتمل أن تواجه مضاعفات صحية بغض النظر عن المتوسط على مدار العام.

تحديث: في عالم اليوم المعقد، أصبح التوزيع غير منتظم أكثر من أي وقت مضى؛ لذلك سنلاحظ نتائج شبيهة بنتائج بيل جيتس في المزيد من المجالات. عندما يتعلق الأمر بالتوزيع عبر الإنترنت وزيارات موقع الويب، لا يوجد متوسط عدد زوار موقع الويب: لا تتلقى أي مواقع ويب مستويات متساوية من حركة المرور. غالبًا ما يشير علماء الرياضيات إلى هذه الظاهرة باسم ما يسمى بقانون القوة، حيث تحصل مواقع معينة (مثل نيويورك تايمز أو فيسبوك أو جوجل) على معظم الزيارات بينما تتلقى الصفحات الأخرى عددًا قليلاً نسبيًا. خذ المدن كمثال. طوكيو هي المدينة الوحيدة على وجه الأرض التي يقدر عدد سكانها بأكثر من 30 مليون نسمة، في حين أن هناك 11 مدينة يتراوح عدد سكانها بين 20-30 مليون نسمة، و15 مدينة يتراوح عدد سكانها بين 10-20 مليون نسمة، و48 مدينة يتراوح عدد سكانها بين 5-10 ملايين نسمة، وآلافًا يتراوح عدد سكانها بين 1-5 ملايين نسمة. يتبع هذا التوزيع قانون القوة حيث تهيمن بعض الحالات المتطرفة على التوزيعات الإجمالية، دون ترك أي رقم متوسط ذي معنى.

ما هو متوسط حجم الشركة، عدد سكان المدينة، عدد الوفيات خلال حرب متوسطة (من حيث الوفيات والمدة)، متوسط التقلبات اليومية لمؤشر داو جونز، متوسط تجاوز تكلفة مشاريع البناء، كم عدد نسخ الكتاب المتوسط تبيع لكل نسخة يبيعها الناشر؛ متوسط حجم الأضرار التي سببها الإعصار؛ المكافأة المدفوعة للمصرفي في المتوسط؛ متوسط

وراتب الممثل؟ يمكنك حساب هذه الإجابات، لكن القيام بذلك لن iPhone نجاح الحملة التسويقية لتنزيلات تطبيقات يكون مثمرًا لأن قانون القوة ينطبق هنا أيضًا.

خذ هذا المثال الأخير كمثال: عدد قليل من الممثلين يكسبون أكثر من 10 ملايين دولار سنويًا بينما يعيش الآلاف والآلاف تحت خط الفقر. هل تنصح طفلك أو ابنتك بدخول التمثيل بناءً على متوسط الأجر الذي يبدو مقبولاً؟ ربما لا، فهذه نصيحة حمقاء.

الاستنتاج: قبل القفز إلى الاستنتاجات بناءً على استخدام شخص ما لمصطلح "المتوسط"، توقف للحظة وقم بتقييم توزيعه الأساسي. إذا كانت الحالات الشاذة (مثل ظاهرة بيل جيتس) لها تأثير ضئيل، فقد نستمر في استخدام هذا المفهوم؛ ولكن عندما تهيمن الحالات المتطرفة (مثل بيل جيتس) (مثل نجاحه مع ميكروسوفت)، فيتعين علينا أن نتجاهل فائدتها تماما ونستبعد هذا المصطلح. وقد نصحنا الروائي ويليام جيبسون جميعاً قائلاً: "إن المستقبل موجود بالفعل، لكنه ليس موزعاً بالتساوي".

انظر أيضًا إهمال المعدل الأساسي (الفصل 28)؛ المنطق البسيط (الفصل 63)؛ الانحدار إلى المتوسط (الفصل 19)؛ إهمال الاحتمالية (الفصل 26) ومغالطة المقامر (الفصل 29

المكافآت تدمر الدافع

حشد الدافع

مؤخرًا، قرر صديقي من ولاية كونيتيكت الانتقال إلى مدينة نيويورك. ستتضمن خطوته نقل مجموعة رائعة من التحف مثل الكتب القديمة النادرة ونظارات المورانو المصنوعة يدويًا من الأجيال الماضية ـ كنت أعرف مدى ارتباطه بتسليمها إلى شركة نقل؛ ولذلك، في المرة الأخيرة التي زرتها، عرضت أن أحمل بعض العناصر الهشة بنفسي عند عودتي إلى كونيتيكت من مدينة نيويورك. وبعد أسبوعين، وصلت رسالة شكر مرفقة بها فاتورة بقيمة خمسين دولارًا!

أمضت سويسرا سنوات في البحث عن مستودع مناسب تحت الأرض لتخزين نفاياتها المشعة، مع الأخذ في الاعتبار بالقرب من برن في وسط سويسرا. سافر الخبير الاقتصادي برونو فراي Wolfenschiessen عدة مواقع بما في ذلك من جامعة زيورخ إلى هناك مع زملائه لجمع آراء الناس في اجتماع مجتمعي. ولدهشتهم، أيد 50.8% اقتراحهم! ويمكن أن تعزى استجابتهم الإيجابية إلى عوامل مختلفة: الفخر الوطني، والآداب العامة، والالتزام الاجتماعي، واحتمال الحصول على وظائف جديدة من بين أمور أخرى. أجرى الفريق دراسة استقصائية أخرى، واقترح هذه المرة أن يقبل كل شخص من سكان المدينة الاقتراح إذا حصل على مكافأة افتراضية قدرها 5000 دولار من دافعي الضرائب السويسريين إذا قبلوا. ماذا نتج؟ انخفضت النتائج بشكل كبير: وافق عليها 24.6% فقط.

تواجه مراكز الرعاية النهارية للأطفال صعوبات مماثلة: يقوم الآباء بجمع أطفالهم بعد وقت الإغلاق. لا يمكن لموظفي الرعاية النهارية وضع أي أطفال متبقين في سيارات الأجرة أو تركهم على الرصيف حتى يتم جمع جميع الأطفال المتبقين من المدرسة. لتثبيط تأخر الوالدين، قامت العديد من دور الحضانة بفرض رسوم على التأخير؛ لكن الدراسات تظهر أن هذا أدى في الواقع إلى زيادة التأخير بدلاً من تقليله. وبطبيعة الحال، كان بإمكانهم فرض عقوبات قاسية مثل 500 دولار في الساعة، وهو ما يُعرض على كل مقيم في قرية سويسرية ـ ولكن هذا من شأنه أن يخطئ الهدف؛ تميل الحوافز المالية الصغيرة ولكن المفاجئة إلى مزاحمة الأشكال الأخرى من الحوافز التي تقدم عوائد أكبر بكثير من حيث العائدات لجميع المشاركين مقارنة بالحوافز النقدية الأكبر ـ على عكس هذه الحالة.

توضح القصص الثلاث حقيقة مهمة: المال لا يحفز دائمًا. في بعض الأحيان يكون ضرر المال أكثر من نفعه. أعطاني صديقي خمسين تعويضاً عن سيئاته؛ وبدلاً من ذلك قام بتقويضها بينما عرض صداقتنا للخطر. اعتبر البعض أن تقديم تعويضات للمستودع النووي بمثابة رشوة ويقلل من الروح الوطنية بشكل عام. غيرت رسوم الحضانة المتأخرة علاقتها مع الوالدين من شخصية إلى مالية، مما يضفي الشرعية على تأخر الوالدين.

لدى العلم مصطلح لهذه الظاهرة: ازدحام الدافع. عندما يفعل الناس شيئًا ما لأسباب غير مالية وخيرية ـ من باب العمل الصالح، إذا جاز التعبير ـ لكن زيادة الأجور تعيق هذه النوايا وتتضاءل أي دوافع أخرى بسبب وجودها. تصبح المكافآت المالية هي القوة الدافعة في أفعالهم بدلاً من ذلك.

تخيل أنك تدير منظمة غير ربحية. قد يحصل موظفوك على أجور متواضعة؛ ومع ذلك فإنهم متحمسون للغاية لأنهم يعتقدون أنهم يحدثون فرقًا مؤثرًا. ومع ذلك، إذا قررت تطبيق نظام المكافآت ـ على سبيل المثال زيادة صغيرة في الراتب مقابل كل تبرع مضمون ـ فسوف يتلاشى الحافز بسرعة عندما يقوم فريقك بتحويل التركيز بعيدًا عن المهام

التي لا تجلب أي مكافأة إضافية؛ لم يعد الإبداع أو سمعة الشركة أو نقل المعرفة مهمًا ـ بدلاً من ذلك، ستركز كل الجهود على جمع التبرعات في أسرع وقت ممكن.

إذن من الذي يجب أن يكون في مأمن من الازدحام التحفيزي؟ قد يكشف اختبار سريع من الذي قد يكون في مأمن منه: هل تعرف أي مصرفيين خاصين أو وكلاء تأمين أو مدققين يؤدون واجباتهم بشغف ويؤمنون بمهمة أكبر؟ لا؟ تعمل الحوافز المالية ومكافآت الأداء بشكل أفضل في الصناعات ذات الوظائف المملة؛ حيث لا يهتم الموظفون كثيرًا بالمنتجات أو الشركات ولكنهم ببساطة يكملون العمل بسبب الحصول على شيك الراتب. ومع ذلك، من الأفضل لأصحاب الشركات الناشئة أن يستغلوا شغف الموظفين كجزء من الترويج للمسعى بدلاً من تقديم حوافز لا يمكنهم دفعها على أي حال.

نصيحة أخيرة لمن لديه أطفال: لقد علمتنا التجربة أن الشباب لا يمكن شراؤهم. إذا كنت تريد أن يقوم أطفالك بواجباتهم المدرسية، أو التدرب على الآلات الموسيقية أو جز العشب من حين لآخر دون أن تكون محفظتك فارغة ـ فبدلاً من ذلك، قدم بدلًا أسبوعيًا ثابتًا لأن هذا سيبقيهم صادقين دون إساءة استخدام ذلك ورفض النوم دون أي شكل من أشكال تعويض.

انظر أيضًا حافز الاستجابة الفائقة (الفصل 18)؛ المعاملة بالمثل (الفصل 6)؛ التسكع الاجتماعي (الفصل 33) لمزيد من المناقشة حول هذه المواضيع.

إذا لم يكن لديك ما تقوله، فلا تقل شيئًا

ميل الثرثار

عندما سألتها الكاميرات المتداولة عن سبب عدم تمكن خُمس الأمريكيين من تحديد موقع بلادهم على خريطة العالم، قدمت ملكة جمال ساوث كارولينا هذا الرد أمام الكاميرات المتداولة: "أنا شخصياً أعتقد أن الأمريكيين الأمريكيين غير قادرين على القيام بذلك لأن بعض الناس هناك في أمتنا ليس لديهم خرائط؛ وإيماني بأن تعليمنا مثل جنوب أفريقيا والعراق يجب أن يساعد هذه البلدان على تطوير مستقبلنا كمجتمع عالمي متماسك. انتشر الفيديو بسرعة كبيرة كارثية.

أنت تعترف بذلك؛ ومع ذلك فإنك لا تضيع الكثير من الوقت في الاستماع إلى ملكات الجمال. ربما يكون شيء مثل هذه الجملة كافيًا: "ليس هناك بالتأكيد أي شرط بأن يرتبط هذا النقل الانعكاسي المتزايد للتقاليد الثقافية بالعقل المتمركز حول الذات والوعي التاريخي الموجه نحو المستقبل. عندما ندرك الدستور الذاتي المتبادل للحرية، فإن فلسفة الملكية الفردية وهم الحكم الذاتي يتفكك".

هل تذكرون يورغن هابرماس؟ إنه فيلسوف وعالم اجتماع ألماني بارز معروف بكتابته بين الحقائق والمعايير.

وكلاهما مثال لما يعرف بنزعة الثرثرة، حيث يتم استخدام الكلمات لإخفاء الكسل الفكري أو الغباء أو الأفكار المتخلفة. في بعض الأحيان يعمل وأحيانا لا؛ بالنسبة لملكة الجمال، فشلت هذه الإستراتيجية بشكل مذهل، بينما بالنسبة لهابرماس قد تنجح؛ كلما أصبحت اللغة أكثر بلاغة، أصبح من الأسهل علينا أن نقع فريسة لجاذبيتها؛ وعندما يقترن بالتحيز للسلطة، يصبح الأمر أكثر خطورة عندما نقبل رسالته دون التشكيك في حقيقته.

أنا أيضًا استسلمت للميل إلى الثرثرة الفارغة. عندما كنت أصغر سنا، استحوذ الفيلسوف الفرنسي جاك دريدا على مخيلتي. قرأت كتبه بنهم، ولكني لم أجد منها إلا القليل من الوضوح حتى بعد الكثير من التأمل والتحليل المكثف. بعد ذلك، اتخذت كتاباته طابعًا سحريًا تقريبًا، مما ألهم في النهاية موضوع أطروحتي حول الفلسفة ـ كان كلا المجلدين في النهاية ثرثرة عديمة الفائدة؛ في الجهل أصبح كلاهما مضيعة للمساحة في ذهني.
نفسي إلى آلة دخان بشرية تتحدث.

يمكن أن يكون الهراء في الألعاب الرياضية منتشرًا بشكل خاص. يجبر القائمون على المقابلات المتلهفون لاعبي كرة القدم المنهكين على حد سواء على تحليل كل جانب من جوانب اللعبة في حين أن كل ما يقصدونه حقًا هو قول: "لقد خسرنا، الأمر بهذه البساطة"، لكن مقدمي العروض بحاجة إلى شيء ما لملء وقت البث ـ ويبدو أن إحدى الطرق التي يقومون بها بذلك بفعالية هي من خلال الثرثرة وإجبار الرياضيين والمدربين على الانضمام ؛ وعلى أية حال، فإن هذا النوع من الخطابة لا يؤدي إلا إلى إخفاء الجهل وإخفاء الجهل عن الرأي العام.

كما شهدت البيئات الأكاديمية هذه الظاهرة: فعندما يتم نشر عدد أقل من النتائج من أي مجال من مجالات العلوم، يصبح الاقتصاديون مكشوفين بشكل خاص في تعليقاتهم وتوقعاتهم. ويصدق هذا على التجارة أيضاً: فعندما تصبح الشركات أسوأ حالاً مالياً، يصبح حديث مديرها التنفيذي أعلى صوتاً ـ غالباً للتغطية على المصاعب أو إخفاء الظروف الصعبة. وكان الاستثناء الملحوظ في هذا الصدد هو الرئيس التنفيذي السابق لشركة جنرال إلكتريك جاك ويلش؛ خلال إحدى المقابلات، أشار إلى صعوبة الأمر: فالناس يخشون أن يُنظر إليهم على أنهم بسطاء ولكن هذا ليس هو الحال في الواقع.

التعبير اللفظي هو مرآة عقولنا؛ تتحول الأفكار الواضحة إلى عبارات بينما تتحول المفاهيم الغامضة إلى هراء غامض. ولسوء الحظ، فإننا غالبًا ما نفتقر إلى الأفكار الواضحة جدًا؛ إن الحياة معقدة، لذا فإن فهم جانب واحد فقط يتطلب جهدًا عقليًا كبيرًا وقد يستغرق ظهور الوضوح؛ وإلى أن نصل إلى تلك النقطة، سيكون من الحكمة اتباع نصيحة مارك توين التي تقول: "إذا لم يكن لديك ما تقوله... فلا تقل شيئًا". ولا ينبغي أن يُنظر إلى البساطة على أنها بدايتها، بل على أنها وجهتها.

أنظر أيضاً تحيز السلطة (الفصل 9)؛ الاعتماد على المجال (الفصل 76)؛ ومعرفة السائق (الفصل 16) للحصول على مزيد من الأفكار حول هذا السؤال.

كيف يمكن لدولتين زيادة متوسط حاصل الذكاء؟

تخيل أنك تدير بنكًا خاصًا صغيرًا يتعامل مع أموال الأثرياء ومعظمهم من المتقاعدين، كما هو الحال في ظاهرة ويل روجرز
مع الأفراد ذوي الثروات Money Manager A يقدمان تقاريرهما إليك مباشرةً؛ يتعامل - B و A - مديرا أموالك مع العملاء الأكثر ثراءً ولكن ليس العملاء الأثرياء بشكل كبير كما Money Manager B العالية فقط بينما يتعامل تخيل الآن أن مجلس الإدارة طلب منك زيادة متوسط مجموعتي الأموال في غضون Money Manager A. يفعل ستة أشهر حتى يحصلوا على مكافآت جيدة؛ وإلا فسوف يجدون شخصًا آخر. أين يجب أن تبدأ؟

لتعويض الفارق، مما يؤدي إلى رفع كلا Bو A بسيط! ما عليك سوى نقل عميل واحد بمتوسط ثروة مُدارة بين متوسطي الثروة المُدارة في وقت واحد - دون الحاجة إلى اكتساب عملاء جدد! بمجرد الانتهاء، كل ما تبقى هو أن تقرر: أين وكيف سأنفق مكافأتي.

تخيل أنك ستغير مهنتك وتتولى مسؤولية ثلاثة صناديق تحوط تستثمر بشكل أساسي في الشركات الخاصة. يحقق الصندوق (أ) عوائد مذهلة بينما يعاني الصندوقان (ب) و(ج). تريد أن تظهر نفسك كالعقل المدبر، فما هي خطتك؟ ولإضفاء مظهر مفاده أن الصناديق الثلاثة قد تحسنت بشكل ملحوظ دون تكبد رسوم للتحول الداخلي، قم بنقل عدد اختر الاستثمارات التي كانت تؤثر سلبًا على متوسط عوائد الشركة "أ" ولكنهاC أو B إلى A قليل من الأسهم من ؛ يمكن أن تساعد في تقوية "ب" أو "ج"؛ يجب أن ترى أن الصناديق الثلاثة أصبحت فجأة أكثر صحة دون تكبد رسوم للتحويل - بالتأكيد سوف يتعرف عليك الناس على قيامك بذلك!

يُعرف هذا التأثير باسم هجرة المسرح أو ظاهرة ويل روجرز نسبة إلى ممثل كوميدي أمريكي من أوكلاهوما قال مازحًا إن انتقال سكان أوكلاهوما إلى كاليفورنيا يرفع متوسط معدل الذكاء في كلتا الولايتين. وبما أن معظم الناس لا يتعرفون على مثل هذه المواقف في كثير من الأحيان، فلنستكشف هذا الموضوع بشكل أكبر ونحفر معناه في ذكرياتك.

فكر في امتياز سيارات: قد تتولى مسؤولية فرعين صغيرين داخل مدينة واحدة مع ستة مندوبي مبيعات: الباعة أرقام 1، 2، 3، 4، 5، و6 من الفرع "أ" هم عمومًا أكثر نجاحًا في تحقيق المبيعات من نظرائهم من الفرع "ب". في المتوسط، يميل مندوب المبيعات 1 إلى بيع المزيد يبيع كل بائع في الفرع "أ" سيارة واحدة في الأسبوع؛ مندوب المبيعات 2 نوبتين، يليه مندوب المبيعات رقم 6 الذي نوبته ستة كل أسبوع. من خلال إجراء العمليات الحسابية، يصبح من الواضح أن الفرع "أ" يضم في المتوسط اثنين من مندوبي المبيعات الذين يبيعون السيارات كل أسبوع، في حين أن الفرع "ب" يتقدم بشكل ملحوظ بمعدل خمسة مندوبي مبيعات لكل مندوب مبيعات في الأسبوع! يؤدي قرارك بنقل البائع رقم 4 من الفرع "أ" إلى الفرع "ب" إلى زيادة متوسط المبيعات لكل شخص في كلا الموقعين؛ يزداد متوسط الفرع "أ" من 2.5 وحدة لكل شخص إلى 2.5، بينما يضم الفرع "ب" الآن مندوبي مبيعات فقط - رقم 5 و6، مما يزيد متوسط مبيعاته إلى 5.5 وحدة لكل شخص. لا على أي شيء بشكل عام؛ بل يخلقون وهمًا مثيرًا للإعجاب. ولذلك يجب على Switcheroo تؤثر استراتيجيات الصحفيين والمستثمرين وأعضاء مجلس الإدارة أن يظلوا حذرين عند سماعهم عن ارتفاع المتوسطات عبر البلدان أو الشركات أو الإدارات أو مراكز التكلفة أو خطوط الإنتاج.

يزودنا الطب بمثال خادع بشكل خاص لظاهرة ويل روجرز. تنقسم الأورام عادةً إلى أربع مراحل؛ تندرج تلك الأورام الأكثر قابلية للعلاج ضمن المرحلة الأولى، بينما تمر الأورام الأكثر عدوانية بأربع خطوات أخرى قبل الوصول إلى

المرحلة الرابعة ـ مما يؤدي إلى مرحلة الهجرة أثناء تحركها على طول مسارها. معدلات البقاء على قيد الحياة لمرضى السرطان في المرحلة الأولى هي الأعلى بينما تكون معدلات البقاء على قيد الحياة لمرضى السرطان في المرحلة الرابعة هي الأدنى. تظهر كل عام إجراءات جديدة تتيح تشخيصًا أكثر دقة؛ تكشف تقنيات الفحص الآن عن أورام صغيرة جدًا لم يلاحظها أحد من قبل. ونتيجة لذلك، فإن المرضى الذين تم تشخيصهم بشكل خاطئ في السابق على أنهم أصحاء يتم الآن إدراجهم ضمن مرضى المرحلة الأولى، وبالتالي، ارتفع متوسط العمر المتوقع لهذه المجموعة من الأشخاص. هل يمكننا اعتبار هذا إنجازًا طبيًا استثنائيًا؟ للأسف لا؛ بل مرحلة الهجرة.

انظر أيضًا: خطأ نية المعالجة (الفصل 98)؛ قانون الأعداد الصغيرة (الفصل 61)؛

إذا كان لديك عدو، قدم معلومات

بلدًا وصل فيه رسم الخرائط "Del Rigidit en La Ciencia" يصور خورخي لويس بورخيس في قصته القصيرة إلى مستويات عالية من التطور بحيث لا يمكن استخدام سوى الخرائط الأكثر تفصيلاً؛ أي أن الخرائط بمقياس رسم 1:1 التي تمثل البلد بأكمله تكون مقبولة. ومع ذلك، سرعان ما يدرك المواطنون أن مثل هذه الخرائط لا تقدم أي رؤية حقيقية وأنها ببساطة تكرر المعلومات التي بحوزتهم بالفعل؛ حالة متطرفة من تحيز المعلومات ـ الاعتقاد بأن المزيد من البيانات يعني قرارات أفضل.

أثناء قيامي بالبحث عن فنادق في ميامي مؤخرًا، قمت بإعداد قائمة مختصرة من خمسة عروض محتملة لفتت انتباهي على الفور. برز أحدهم على الفور؛ ومع ذلك، للتأكد من أنني وجدت أفضل قيمة، واصلت إجراء المزيد من البحث ـ قراءة مراجعات العملاء ومنشورات المدونات، وعرض الصور ومقاطع الفيديو عبر الإنترنت وإجراء مكالمات دعم العملاء حتى بعد ساعتين، عندما أصبح من الواضح ما هو فندقي المثالي بالفعل: ذلك الذي لفت انتباهي من النظرة الأولى؛ البحث الإضافي لم يقودني إلى الطريق الصحيح وبدلاً من ذلك ربما أدى إلى بقائي في فورسيزونز بدلاً من ذلك!

سأل جوناثان بارون من جامعة بنسلفانيا الأطباء هذا السؤال: يعاني المريض من أعراض تشير إلى احتمال بنسبة 80% X أو Y، كطبيب. بدلاً من ذلك أنه مصاب بالمرض أ؛ وبخلاف ذلك، يتحول الاحتمال نحو الإصابة بالمرض كيف يجب عليك الاختيار بين هذه الأمراض والعلاجات التي تنتج آثار جانبية مماثلة؟ منطقيا، أود أن أقترح اختيار Y والمرض X المرض (أ) وتقديم العلاج المناسب كعلاج. تخيل أن هناك اختبارًا تشخيصيًا يشير إلى وجود المرض في جميع الحالات؛ في نصف المرات كانت نتائجه إيجابية A الذي تم اكتشافه، لكنه لا يعكس بدقة المرض الفعلي فمن المرجح أن تظهر نصف نتائج A، والنصف الآخر سلبي. ومع ذلك، إذا كان شخص ما مصابًا بالفعل بالمرض الاختبار إيجابية بينما ستظهر 50٪ سلبية. هل تنصح بإجراء الاختبار؟ أجاب معظم الأطباء بنعم، على الرغم من أن نتائجه من المحتمل أن تكون غير ذات صلة. حتى لو حدثت نتيجة إيجابية من الاختبار، فإن احتمالية الإصابة بالمرض A تفوق المرض X، لذلك لم تضيف أي معلومات إضافية أي قيمة حقيقية فيما يتعلق باتخاذ القرار.

الأطباء ليسوا المهنيين الوحيدين الذين لديهم الرغبة في تقديم معلومات إضافية. يبدو أن المديرين والمستثمرين مفتونون بالكم الهائل من المعلومات. يتم إجراء الدراسات في كثير من الأحيان عندما تكون الحقائق الأساسية متاحة بسهولة ـ فالمزيد من البيانات قد لا يؤدي إلا إلى إضاعة وقتك وأموالك، بل وربما يضعك في وضع غير مؤات. فكر في هذا السؤال: أي مدينة بها عدد أكبر من السكان ـ سان دييغو أم سان أنطونيو؟ قدم جيرد جيجرينزر من معهد ماكس بلانك في ألمانيا هذا الأمر لطلاب من جامعتي شيكاغو وميونيخ، وكان تخمين 62% منهم صحيحًا: سان دييغو. من المدهش أن كل طالب ألماني أجاب بشكل صحيح! منطقهم؟ لقد سمع الجميع عن سان دييغو ولكن ليس بالضرورة سان أنطونيو؛ وبالتالي اختيار سان دييغو على سان أنطونيو باعتبارها أكثر دراية. بل على العكس من ذلك، كان سكان شيكاغو يفكرون في المدينتين في وقت واحد، الأمر الذي وفر لهم المزيد من المعلومات وربما تضليل إجاباتهم.

فكر في جميع الاقتصاديين الذين عملوا في البنوك ومراكز الأبحاث وصناديق التحوط والحكومات بين عامي 2005 و2007 والذين نشروا تقارير بيضاء تحتوي على العديد من التوقعات والتعليقات ـ للبنوك ومراكز الأبحاث وصناديق التحوط والحكومات على حد سواء ـ نُشرت خلال تلك الفترة الزمنية ـ من عام 2005. -2007؛ جميع أوراقهم البيضاء المنشورة؛ مكتبة واسعة من التقارير البحثية والنماذج الرياضية؛ رزم هائلة من التعليقات المقدمة؛ تقديم التقديمية المصقولة؛ تيرابايت من المعلومات المتاحة عبر خدمات أخبار بلومبرج/رويترز PowerPoint عروض

وعبادة إله المعلومات... ثبت أن كل ذلك لا معنى له عندما ضربت الأزمة المالية الأسواق العالمية ـ مما جعل إتوقعاتهم وتعليقاتهم بلا معنى؛ مما يجعل تلك التوقعات لا قيمة لها

تجنب جمع كافة البيانات المتاحة ـ وبدلاً من ذلك ركز على جمع ما هو ضروري فقط. إن القيام بذلك سيمكنك من اتخاذ قرارات أفضل؛ المعرفة الزائدة لا قيمة لها بغض النظر عمن يعرفها ـ قالها دانييل ج. بورستين على أفضل وجه: "إن أكبر عقبة أمام الاكتشاف ليس الجهل، بل وهم المعرفة"؛ عندما يواجه المنافسون فكر في قتلهم من خلال تحليل البيانات بدلاً من الكلمات الناعمة.

انظر أيضًا الإفراط في التفكير (الفصل 90)؛ وهم الأخبار (الفصل 99)؛ إهمال المعدل الأساسي (الفصل 28) لقراءة إضافية.

يضر جيد جدا

جون، جندي في الجيش الأمريكي، أكمل مؤخرًا دورة المظليين وينتظر بفارغ الصبر استلام دبوس المظلة من ضابطه الأعلى. أخيرًا، في آخر لحظة مهمة من الحقيقة، يقف رئيسه أمامه، ويضع الدبوس على صدره، ويضربه بقوة لدرجة أنه اخترق جسد جون مما أدى إلى ملامسته وترك مسافة بادئة على جلده ـ منذ ذلك الحين. ثم، كلما سنحت له الفرصة، يفتح زر قميصه العلوي لِيُظهر الندبة الصغيرة. وبعد عقود من الزمن، لا تزال جميع التذكارات، باستثناء هذا الدبوس الصغير، موجودة في إطار خاص على جدار غرفة معيشته.

لقد قام مارك بإصلاح دراجة هارلي ديفيدسون الصدئة دون مساعدة، حيث كان يقضي كل عطلة نهاية أسبوع وعطلة في تشغيلها بينما كان زواجه على وشك الانفصال. أخيرًا، بعد أشهر من العمل، أصبح الطريق جاهزًا وأشرق ببراعة تحت أشعة الشمس. ولكن بعد عامين، عندما كان مارك في حاجة ماسة إلى المال، باع جميع ممتلكاته بما في ذلك التلفزيون والسيارة والمنزل... ولكن ليس ممتلكاته الثمينة؛ ولا حتى عندما يتم عرض ضعف قيمته الفعلية من قبل المشترين المحتملين!

يعاني كل من جون ومارك من تبرير الجهد المبذول: فعندما تبذل الكثير من الطاقة في شيء ما، فإنك تميل إلى المبالغة في تقدير نتائجه. عانى جون من ألم جسدي بسبب دبوس المظلة الخاص به. لقد كلفته دراجة مارك هارلي ساعات عديدة ـ تقريبًا زوجته! ـ لدرجة أنه يقدرها بشدة ولن يبيعها أبدًا.

يعد تبرير الجهد مثالًا كلاسيكيًا على التنافر المعرفي. إن إحداث ثقب في صدرك للحصول على شيء مثل شارة الجدارة يبدو أمرًا سخيفًا. من أجل التعويض، يبالغ عقل جون في تقديره، ويرفع مكانته من شيء عادي إلى شيء شبه مقدس. ولسوء الحظ، كل هذا يحدث دون وعي ويصعب منعه.

تستخدم المجموعات تبرير الجهد لربط الأعضاء معًا ـ على سبيل المثال من خلال طقوس البدء. تقوم العصابات والأخويات بتكوين أعضاء جدد من خلال إخضاعهم لاختبارات مؤلمة أو غير سارة. تظهر الأبحاث أنه كلما زادت صعوبة اجتياز امتحان القبول، زاد فخر الأعضاء بالانتماء. تستخدم مدارس ماجستير إدارة الأعمال تبرير الجهد المبذول بشكل مماثل: غالبًا ما يحصل خريجو ماجستير إدارة الأعمال على رصيد لاجتياز اختبارات القبول الصارمة في برامج ماجستير إدارة الأعمال.

غالبًا ما يصاب طلاب برامج الماجستير في إدارة الأعمال بالإرهاق أثناء دراستهم لهذا المؤهل؛ ومع ذلك، عندما يحصلون على درجة الماجستير في إدارة الأعمال، سيعتبرهم الكثيرون ضروريين لمسيرتهم المهنية، وذلك ببساطة بسبب المتطلبات التي تفرضها عليهم الدورات الدراسية التي غالبًا ما تكون عديمة الفائدة أو غير ذات صلة.

الشكل الأسهل لتبرير الجهد المبذول هو تأثير ايكيا: الأثاث الذي نجمعه بأنفسنا يمكن أن يبدو أكثر قيمة من أي قطعة مصممة باهظة الثمن، تمامًا كما تبدو الجوارب المحبوكة يدويًا التي نقضي ساعات في صنعها غالبًا أكثر قيمة من أي قطعة مصممة باهظة الثمن. حتى الجوارب المصنوعة يدويًا قد يبدو من الصعب التخلص منها؛ من الصعب التخلص من زوج قديم مصنوع بعناية. قد يجد المديرون الذين يبذلون ساعات طويلة من العمل الشاق في صياغة مقترح الإستراتيجية أنفسهم غير قادرين على التقييم بشكل موضوعي؛ وبالمثل فإن المصممين ومؤلفي النصوص ومطوري المنتجات أو أي محترفين آخرين يشعرون بالقلق من إبداعاتهم مذنبون أيضًا.

في الخمسينيات من القرن الماضي، تم طرح خلطات الكعك سريعة التحضير في السوق ـ والتي اعتقد المصنعون أنها ستحقق نجاحًا فوريًا بين ربات البيوت. لسوء الحظ، كرهت ربات البيوت هذه المنتجات على الفور، مما أثبت خطأ الشركات المصنعة.

وكرد فعل على سهولة هذه الإجراءات، زادت الشركات من صعوبة إعداد الطعام (ضرب البيضة بنفسك). وقد خلق هذا إحساسًا معززًا بالإنجاز بين النساء اللاتي أعدنه بأنفسهن وزاد من تقديرهن للمنتجات الغذائية المريحة.

الآن بعد أن فهمت تبرير الجهد، يمكنك تقييم المشاريع بشكل أكثر موضوعية. التجربة: عندما تستثمر قدرًا كبيرًا من الوقت والطاقة في شيء ما، قم بالرجوع خطوة إلى الوراء لتقييم نتائجه ـ النتيجة فقط. تلك الرواية التي قضيت خمس سنوات في كتابتها ولم يهتم أحد بنشرها؟ ربما لا يستحق جائزة نوبل بعد كل شيء؟ وتلك النساء الذين طاردتهم لسنوات؟ هل سيقبلونك بسهولة أكبر إذا تم إعطاؤهم فرصة أخرى؟

(أنظر أيضا: مغالطة التكلفة الغارقة (الفصل 5)؛ التنافر المعرفي (الفصل 50

لماذا تنتشر الأشياء الصغيرة معًا؟، لماذا تتألق هذه القطع بشكل مشرق

افترض أنك عضو في مجلس إدارة شركة بيع بالتجزئة تضم 1000 متجر؛ يقع نصفها في المناطق الحضرية بينما يقع النصف الآخر في المناطق الريفية. طلب مديرك التنفيذي من أحد المستشارين إجراء دراسة حول سرقة المتاجر؛ الآن تم عرض النتائج التي توصلوا إليها. على الحائط أمامه، تم عرض 100 اسم فرع شهدت معدلات سرقة عالية مقارنة بالمبيعات، بالإضافة إلى استنتاجه المذهل: "الفروع ذات معدلات السرقة الأعلى تميل إلى التواجد في الغالب في المناطق الريفية" بعد لحظة قصيرة من الصمت والهدوء. غير مصدق، خاطب الرئيس التنفيذي موظفيه مباشرة قائلًا: "بعد الكثير من المداولات والدراسة المتأنية، أصبحت خطواتنا التالية واضحة. للمضي قدمًا، سنقوم بتثبيت أنظمة أمان إضافية في جميع الفروع الريفية حتى نتمكن من مشاهدة هؤلاء التلال وهم يحاولون السرقة منا مرة أخرى. هل نتفق جميعا؟

حسنا... ليس تماما. بعد أن طلبت من المستشار إعداد قائمة تضم 100 فرع ذات أقل معدلات سرقة، تتفاجأ عندما تتضمن قائمتك متاجر ريفية! "الموقع ليس هو العامل الحاسم"، هتفت بفخر وأنت تنظر إلى زملائك حول الطاولة. "القياس يهم؛ في المتاجر الريفية، غالبًا ما يكون لحادث واحد تأثير كبير على معدلات السرقة مقارنة بفروع المدن الكبرى ـ ولهذا السبب تختلف المعدلات بشكل كبير هنا مقارنة بفروع المدينة. "سيداتي وسادتي، أقدم لكم جميعًا "إقانون الأعداد الصغيرة ـ وقد فاجأك للتو

يجد الناس صعوبة في فهم قانون الأعداد الصغيرة بشكل بديهي، وبالتالي يقع الصحفيون والمديرون وأعضاء مجلس الإدارة في فخه غالبًا. لنأخذ مثالا متطرفا. وبدلا من معدل السرقة سننظر إلى متوسط وزن الموظفين في كل فرع. في مثالنا، سننظر في متجرين بدلاً من 1000: فرع ضخم يضم 1000 موظف وفرع صغير يضم موظفين اثنين؛ في كلا المتجرين، يتوافق متوسط الوزن تقريبًا مع متوسط وزن السكان (على سبيل المثال 170 رطلاً)؛ عند تعيين أو فصل الموظفين لا يغير هذا المتوسط بشكل كبير. ولكن في المتاجر الصغيرة، سيتغير هذا بشكل ملحوظ بسبب التغييرات التي تؤثر على ما إذا كان لدى مدير المتجر زملاء يعانون من زيادة الوزن أو نقص الوزن مما يؤثر على متوسط الوزن بشكل ملحوظ أكثر من الفروع الكبيرة حيث تؤثر أي قرارات توظيف أو فصل من قبل مديري المتجر على متوسط الوزن. أكثر. في حالات المتاجر الصغيرة، يمكن لمديري المتاجر التأثير على متوسط وزن المتجر عن طريق تعيين/إقالة موظف أو مدير لديه زملاء إما يعانون من زيادة الوزن أو الاتكاء (في تلك الحالات يؤثر ذلك على متوسط الوزن بشكل كبير).
دعنا نعود إلى مشكلة السرقة من المتاجر للحظة ونستكشفها بمزيد من التعمق. وكما تبين، تميل الفروع الصغيرة إلى مواجهة تقلبات أكبر في معدلات السرقة، من المرتفعة جدًا إلى المنخفضة للغاية ـ وهو أمر لا يمكن لأي جدول بيانات استشاري التقاطه. عند إدراج جميع معدلات السرقات حسب الحجم ـ ستظهر المتاجر الصغيرة أولاً في الأسفل تليها المتاجر الكبيرة ثم المتاجر الصغيرة في الأعلى؛ مما يعني أن استنتاج الرئيس التنفيذي ربما كان عديم الفائدة لكنهم على الأقل لم يعودوا بحاجة إلى نظام أمني باهظ الثمن في المواقع الصغيرة.

تخيل أنك تقرأ في إحدى الصحف: "تميل الشركات الناشئة إلى توظيف موظفين أكثر ذكاءً. حسبت دراسة أجراها المعهد الوطني للأبحاث غير الضرورية متوسط معدل الذكاء في الشركات الأمريكية؛ الشركات الناشئة استأجرت ماذا سيكون رد فعلك الأول؟ نأمل رفع الحاجب. وتجسد هذه الظاهرة كيف تميل الشركات الصغيرة !MENSA مواد إلى توظيف عدد أقل من العمال؛ وبالتالي فإن متوسط معدل الذكاء لديهم يتقلب بشكل متكرر أكثر من الشركات الكبيرة، مما يمنح الشركات الصغيرة والجديدة درجات عالية ومنخفضة؛ وبالتالي فإن دراسة المعهد الوطني لا تخدم أي أهمية حقيقية وتؤكد الصدفة.

انتبه عند سماع إحصائيات رائعة بخصوص أي كيانات صغيرة مثل الشركات أو الأسر أو المدن أو مراكز البيانات أو تلال النمل أو الأبرشيات أو المدارس؛ ما قد يبدو كنتائج مذهلة قد يكون في الواقع نتيجة غير ضارة للتوزيع العشوائي. كشف دانييل كانيمان الحائز على جائزة نوبل في كتابه الأخير أنه حتى العلماء ذوي الخبرة يستسلمون لقانون الأعداد الصغيرة هذا؛ والتي يمكن اعتبارها مريحة فقط.

أنظر أيضا: النمو الأسي (الفصل 34)؛

إخذ الحذر عند التعامل مع هذه المواد

التوقعات

نتائجها المالية للربع الأخير من عام 2005: زادت الإيرادات بنسبة 97% Google في 31 يناير 2006، أصدرت بينما ارتفع صافي الربح بنسبة 82% على أساس سنوي - وهو ربع قياسي للإيرادات وصافي الربح على التوالي. وكما هو متوقع، تراجعت الأسهم بسرعة بنسبة 16% فور سماع هذه الأرقام المذهلة؛ كان لا بد من تعليق التداول ثم استئنافه لاحقًا مع انخفاض الأسهم بنسبة 15% - مما أثار ذعر المتداولين عبر جميع منصات التداول الذين استفسروا ' "على المدونات عن "ما هي ناطحة السحاب الأفضل للقفز منها؟

ماذا حصل؟ وكان محللو وول ستريت يتوقعون نتائج أفضل، لذلك عندما لم تتحقق تلك النتائج، تم خصم 20 مليار دولار من قيمة عملاق الإعلام.

يعلم كل مستثمر أنه من المستحيل التنبؤ بدقة بالنتائج المالية. وفي حين قد يتوقع المرء أن يتجاهل المستثمرون التوقعات السيئة باعتبارها "تخميناً سيئاً، فهو خطأي"، فإن رد فعل المستثمرين غالباً ما يكون أكثر قسوة؛ وكما شهدنا بشكل غير متوقع أرقام أرباح السهم التي انخفضت Juniper Networks في يناير 2006 عندما أصدرت شركة بمقدار العُشر عن توقعات المحللين؛ انخفض سعر أسهمها بنسبة 21%. وانخفضت قيمة الشركة بمقدار 2.5 مليار دولار مع ارتفاع التوقعات التي سبقت إعلانها وأي تفاوت، مهما كان طفيفًا، قوبل بعقوبة سريعة من المستثمرين.

تسعى العديد من الشركات جاهدة لتلبية توقعات المحللين. وللهروب من مخاوفهم، بدأ البعض في نشر تقديرات توجيهية للأرباح؛ لقد كان هذا خطأ لأن السوق الآن ينظر فقط إلى هذه التوقعات الداخلية - والتي غالباً ما يقوم بتحليلها عن كثب - كأدوات للتنبؤ. يجب على المديرين الماليين تحقيق هذه الأهداف بالضبط؛ باستخدام جميع التقنيات المحاسبية المتاحة لهم لتحقيق أقصى قدر من النجاح.

يمكن أن تؤدي التوقعات أيضًا إلى حوافز جديرة بالثناء. أجرى عالم النفس الأمريكي روبرت روزنتال تجربة مدهشة في مدارس مختلفة. تم إبلاغ المعلمين باختبار جديد (وهمي) يمكنه اكتشاف الطلاب الذين هم على وشك تجربة النمو الفكري؛ ما يسمى بـ "البلومرز". تم تصنيف عشرين بالمائة من الطلاب الذين تم اختيارهم عشوائيًا على أنهم ذوي إمكانات عالية؛ يعتقد المعلمون أن هؤلاء من ذوي الأداء العالي. أجرى روزنتال تجارب على الطلاب لمدة عام، وبعد ذلك اكتشف أن هؤلاء الطلاب لديهم معدل ذكاء أعلى بشكل كبير مقارنة بأطفال المجموعة الضابطة - أصبح هذا معروفًا باسم تأثير روزنتال (أو تأثير بجماليون).

ومع ذلك، على عكس الرؤساء التنفيذيين والمديرين الماليين الذين يصممون أدائهم بوعي لتلبية التوقعات، فإن تصرفات المعلمين عادة ما تكون غير واعية. ربما يكون المعلمون، دون علمهم، قد ركزوا وقتًا أطول دون وعي على البنطلونات التي أدت بدورها إلى تعلم جماعي أكبر. علاوة على ذلك، تأثر المعلمون كثيرًا بالطلاب المتفوقين لدرجة أنهم لم ينسبوا إليهم درجات أفضل فحسب، بل أيضًا سمات شخصية محسنة لهم - وهو ما يُعرف باسم تأثير الهالة.

ولكن كيف يجب أن نستجيب للتوقعات الشخصية؟ أحد الحلول هو تأثير الدواء الوهمي - الحبوب والعلاجات التي يبدو من غير المرجح أن تحسن الصحة ولكنها في الواقع تفعل ذلك على أي حال. سجل ثلث المرضى التأثير، على الرغم من أن آلية عمله الدقيقة لا تزال غير معروفة. كل ما نعرفه على وجه اليقين هو أن التوقعات تؤثر على الكيمياء الحيوية داخل الدماغ وبالتالي الجسم كله، ولكن مرضى الزهايمر لا يمكنهم الاستفادة لأن حالتهم تضعف المنطقة المسؤولة عن التعامل مع التوقعات في الدماغ.

قد تبدو التوقعات غير ملموسة، ولكن لها تداعيات في العالم الحقيقي. للتوقعات القدرة على تغيير الواقع، ومن المستحيل التخلص منها بالكامل؛ ولكن يمكنك التعامل مع التوقعات بحكمة أكبر: ارفعها لنفسك وللأشخاص المقربين منك من أجل زيادة الحافز؛ مع خفض التوقعات في الوقت نفسه بشأن الأشياء الخارجة عن إرادتك مثل سوق الأوراق المالية! الترقب يمكن أن يساعد في تجنب المفاجآت غير السارة

(انظر أيضًا البجعة السوداء (الفصل ٧٥)؛ الوهم التنبؤي (الفصل 40)؛ تأثير الهالة (الفصل 38

إفخاخ السرعة على متن الطائرة

منطق بسيط

ثلاثة أسئلة سهلة. أمسك بقلمك بسرعة وقم بتدوين إجاباتك بسرعة في الهامش. السؤال الأول: في أحد المتاجر الكبرى، تبلغ تكلفة مضرب تنس الطاولة والكرة البلاستيكية 1.10 دولار. إذا كان سعر أحدهما يزيد بدولار واحد، فكم ثمن العنصر الآخر؟ السؤال الثاني: في مصنع نسيج، تستغرق خمس آلات خمس دقائق بالضبط لإنتاج خمسة قمصان؛ كم من الوقت سيستغرق 100 لإنتاج 100؟ ثالثًا: بركة تحتوي على زنابق الماء التي تتضاعف كل يوم أضعافًا مضاعفة، وتأخذ مساحة أكبر كل يوم حتى تغطي سطحها بالكامل (48 يومًا للتغطية الكاملة! لا تقرأ المزيد حتى يتم تسجيل جميع الإجابات! لا تقرأ أكثر حتى جميع الإجابات مكتوبة، لا تقرأ إلا بعد الكتابة.

يحتوي كل سؤال على حل بديهي ودقيق؛ قد تتضمن الإجابات السريعة والبديهية 10 سنتات و100 دقيقة و24 يومًا؛ ولكن هذه إجابات غير صحيحة وتتطلب بدلاً من ذلك خمسة سنتات وخمس دقائق و47 يومًا كحل. كم أجبت بشكل صحيح؟

حيث خاضه الآلاف وسجلوا النتائج، (CRT) قام البروفيسور شين فريدريك بإنشاء وإدارة اختبار الانعكاس المعرفي في بوسطن هو (MIT) مرة واحدة على الأقل. حتى الآن، كان أداء الطلاب في معهد ماساتشوستس للتكنولوجيا الأفضل، حيث سجلوا 2.18 إجابة صحيحة في المتوسط؛ وجاءت جامعة برينستون في المركز الثاني بحصولها على 1.63 بينما حصل طلاب جامعة ميشيغان على 0.83 فقط في المتوسط. لكن متوسط الدرجات في هذه الحالة لا يكشف الكثير: الأمر المثير للاهتمام هو كيف يختلف أولئك الذين يسجلون درجات عالية عن البقية.

المنخفضة يميلون إلى اختيار الخيار الأكثر أمانًا؛ بعض الشي دائما CRT اكتشف فريدريك أن الأشخاص ذوي نتائج افضل من لا شيئ! في حين أن أولئك الذين سجلوا ما لا يقل عن 2 أو أعلى يفضلون في كثير من الأحيان الخيارات الأكثر خطورة مثل المقامرة - وكان هذا واضحا بشكل خاص بين الرجال.

الشيء الوحيد الذي يفصل بين المجموعات هو قدرتها على التحكم في الدوافع. لقد ناقشنا التخفيض الزائد بالتفصيل في الفصل الخامس، حيث ناقشنا القوة الإغوائية لـ "الآن". ثم طرح فريدريك هذا السؤال على المشاركين: "هل تفضل الحصول على العنصر الذي تريده الآن أم لاحقًا في الحياة؟"
هل يجب أن أختار بين الحصول على 3400 دولار الآن أو بعد شهر واحد؟" غالبًا ما يتم الرد عليه لصالح الحصول أقل إلى اتخاذ قرارات شراء أسرع نظرًا لكونهم أكثر اندفاعًا. CRT عليه على الفور؛ يميل أولئك الذين لديهم درجات عالية الانتظار عدة أسابيع أخرى CRT على النقيض من ذلك، عادةً ما يختار أولئك الذين حصلوا على نتائج ويظهرون قوة إرادة قوية لرفض الإشباع الفوري - ويتم مكافأتهم في الوقت المناسب.

التفكير مرهق. وبعبارة أخرى، يتطلب التفكير العقلاني قوة إرادة أكبر من الاستسلام للحدس. وهكذا أجرى عالم للناس CRT النفس في جامعة هارفارد أميتاي شينهاف وزملاؤه الباحثون تحقيقًا لمعرفة كيفية ارتباط نتائج اختبار بانتمائهم الديني. أولئك الذين حصلوا على درجات عالية كانوا في الغالب ملحدين، في حين أن المشاركين الذين يؤمنون بالله وكان لديهم تجارب إلهية في كثير من الأحيان أكثر من الملحدين - CRT حصلوا على درجات أقل في وهذا أمر منطقي لأن صناع القرار البديهيين يميلون إلى عدم التشكيك في العقيدة الدينية بشكل عقلاني.

الخاصة بك تترك شيئًا ما غير مرغوب فيه وترغب في زيادته، فابدأ بالترحيب حتى بالأسئلة CRT إذا كانت نتيجة المنطقية البسيطة بعدم التصديق. تذكر: ليس كل ما يبدو معقولاً هو صحيح! لذا حاول مرة أخرى: أنت تسافر من

النقطة أ إلى النقطة ب؛ في إحدى الطرق، تقود بسرعة 100 ميل في الساعة بينما في طريق عودتك تصل إلى 50 إميلاً في الساعة فقط. ما هو متوسط سرعتك في كلتا الرحلتين؟ 75؟ ابطئ

أنظر أيضاً الخصم الزائد (الفصل 51)؛ تعب القرار (الفصل 53)؛ النمو الأسي (الفصل 34)؛ مغالطة المقامر (الفصل 29). ومشكلة المتوسطات (الفصل 55) كموارد إضافية

(كيفية فضح المشعوذين (تعليمات خطوة بخطوة

عزيزي القارئ: لدهشتي التامة، أعرفك عن قرب. وإليكم الطريقة التي أود أن أصفك بها: "لديك حاجة قوية لأن يقدرك الآخرون ويعجبون بك؛ ومع ذلك، غالبًا ما تميل إلى انتقاد نفسك أيضًا. إمكاناتك غير مستغلة إلى حد كبير ولم يتم تعظيمها بعد. على الرغم من أن لديك بعض العيوب في شخصيتك، إلا أنه يمكن التحكم فيها عادةً من خلال بعض التعديلات؛ ومع ذلك، فإن تكيفك الجنسي يمثل تحديات بالنسبة لك. على الرغم من الانضباط والسيطرة ظاهريًا، إلا أنك غالبًا ما تشعر بعدم الأمان في الداخل. في بعض الأحيان قد تتساءل عما إذا كنت قد اتخذت القرار المناسب أو اتخذت الإجراء اللازم. إحساسك بالتغيير والتنوع يجعلك غير مرتاح، ويتركك غير راض عندما يصبح العالم راكدًا أو مقيدًا. كمفكر مستقل، لا تقبل أقوال الآخرين دون أدلة كافية. لقد علمتك تجربتك أنهُ ليس من الحكمة أن تكون منفتحًا جدًا في الكشف عن نفسك للآخرين. تتراوح شخصيتك من كونك منفتحًا وودودًا، وفي بعض الأحيان إلى منطوٍ ومتحفظ؛ قد تبدو بعض تطلعاتك سامية! الأمان هو أحد أهدافك الأساسية في الحياة.

(هل تتعرف على نفسك؟ كيف سينتقل تقييمي من 1 (ضعيف) إلى 5 (ممتاز

أجرى بيرترام فورير تجربة في عام 1948 باستخدام أعمدة التنجيم من مجلات مختلفة لصياغة فقرة دقيقة يمكن بعد ذلك توزيعها على طلابه لقراءتها وتقييمها، مما يشير إلى أن كل شخص حصل على تقييمه شخصي. في المتوسط، أعطى طلابه فورير درجة دقة تبلغ 86%، مما أدى إلى تكرار التجارب على مدى عقود مع نتائج متطابقة تقريبًا.

على الأرجح أنك قمت بتقييم النص بأربعة أو خمس نجوم. يميل الناس إلى التعرف على العديد من سماتهم الخاصة عند قراءة الأوصاف العالمية ـ وهي ظاهرة تسمى تأثير فورير (أو تأثير بارنوم). وهذا ما يفسر لماذا تعمل العلوم الزائفة مثل علم التنجيم، والعلاج الفلكي، وتحليل خط اليد، وتحليل الإيقاع الحيوي، وقراءة الكف، وقراءات بطاقات التاروت، وجلسات تحضير الأرواح مع الموتى بفعالية كبيرة.

لماذا يوجد تأثير فورير؟ أولاً، قدم فورير معظم تصريحاته في كتابه حول هذه المواضيع. ثانياً، تنطبق هذه العبارات على الجميع: "أحياناً تشك جدياً في أفعالك". لا أحد ينكر ذلك! ثالثًا، نحن نميل إلى قبول عبارات الإطراء التي لا تتعلق بنا مباشرة: "أنت فخور بتفكيرك المستقل". من لا يفعل ذلك؟ رابعًا، الانحياز التأكيدي: نحن نقبل المعلومات التي تؤكد ما ندركه عن أنفسنا ونستبعد أي شيء متناقض؛ ما تبقى هو صورة متماسكة.

يمكن للاستشاريين والمحللين القيام بسحر مماثل: "يتمتع هذا السهم بإمكانات نمو كبيرة حتى في بيئة تنافسية للغاية؛ ومع ذلك، تفتقر الإدارة إلى الزخم اللازم لإدراك وتنفيذ أفكار فريق التطوير الخاص بها بشكل كامل. الإدارة محترفون ذوو خبرة في هذا المجال؛ ومع ذلك، لا تزال هناك علامات على البيروقراطية واضحة؛ فرص الادخار موجودة في بيان الأرباح والخسائر، ونحن ننصح الشركة بالتركيز بشكل أوثق على الاقتصادات الناشئة لتأمين حصة السوق المستقبلية. يبدو معقولا بما فيه الكفاية؟

كيف يمكن تقييم المنجم؟ للحصول على تقييم محايد، اختر عشرين شخصًا وخصص رقمًا لكل منهم. اطلب من المعلم أن يميز كل شخص على حدة على البطاقات دون أن يكتشف رقمه حتى بعد استلام جميع النسخ. فقط عندما يحدد معظم المشاركين وصفهم "الخاص بهم" كما هو موصوف بدقة، يمكن أن تظهر الموهبة الحقيقية ـ ما زلت أنتظر!

انظر أيضًا: التأثير الإيجابي (الفصل 95)؛ الانحياز التأكيدي (الفصول 7-8)؛

لماذا يعتبر العمل التطوعي من أجل الطيور؟

حماقة المتطوع

يقضي جاك، وهو مصور لمجلات الموضة، من الاثنين إلى الجمعة في السفر بين ميلانو وباريس ونيويورك في مهام من مجلات الموضة بحثًا عن فتيات جميلات بتصميمات مثيرة للاهتمام، في ظروف الإضاءة النقية. وهو معروف جيدًا في الأوساط الاجتماعية وهو يتفاخر أمام أصدقائه بأن أجره الذي يبلغ حوالي 500 دولار في الساعة مقارنة "بأسعار القانون التجاري؛ "وتسديداتي تبدو أفضل بكثير من أي مصرفي

يعيش جاك أسلوب حياة يُحسد عليه، لكنه أصبح مؤخرًا أكثر فلسفية. لقد جعله شيء ما يشكك في علاقته بالموضة: تبدو الصناعة بالنسبة له الآن أنانية وتتركه مضطربًا في الليل، مشتاقًا إلى المزيد من العمل المُرضي الذي يسمح له بإعادة شيء ذي معنى للمجتمع ـ مهما كان صغيرًا.

ذات يوم يرن هاتفه. كان باتريك، زميله السابق في الفصل والذي أصبح الآن رئيسًا لنادي الطيور المحلي: "يوم السبت المقبل هو مسيرتنا السنوية لبيوت الطيور ـ نحتاج إلى متطوعين لبناء بيوت الطيور للأنواع المهددة بالانقراض ثم وضعها في الغابة بعد أن ننتهي منها." ارجو أن تنضم الينا! نبدأ الاجتماع في الساعة 8 صباحًا؛ نأمل أن ننتهي قبل وقت الغداء"

ماذا يجب أن يقول جاك إذا كان يهتم حقًا بخلق عالم أفضل؟ ببساطة، عليه أن يرفض. لماذا؟ يكسب جاك 500 دولارًا في الساعة بينما يحصل النجارون عادةً على 50 دولارًا. بدلاً من محاولة بناء بيوت الطيور عالية الجودة بنفسه (وهو أمر لن يحدث أبدًا)، لماذا لا تعمل ساعة إضافية كمصور ثم تستأجر نجارًا محترفًا لمدة ست ساعات لبناء منازل عالية الجودة لا يمكن أن يقوم بها أحد الهواة بنفسه؟ سيغطي إقراره الضريبي هذا الفرق البالغ 200 دولار والذي يمكن بعد ذلك التبرع به مباشرة إلى نادي الطيور؟ بهذه الطريقة ستذهب مساهمته إلى أبعد من ذلك بكثير.

من المرجح أن يظهر جاك مشرقًا وفي وقت مبكر من يوم السبت المقبل لتجميع بيوت الطيور، وهو ما يشير إليه الاقتصاديون بحماقة المتطوع. على الرغم من أن العمل التطوعي يعد اتجاهًا شائعًا؛ أكثر من ربع الأمريكيين يتطوعون بوقتهم. ومع ذلك، يحذر الاقتصاديون من التطوع لأي سبب من الأسباب ـ فالتطوع يمكن أن يأخذ العمل من التجار الذين قد يستخدمون تلك الساعات بشكل منتج في بناء بيوت الطيور بأنفسهم، وبدلاً من ذلك من المحتمل أن يكون أخذ الوقت منهم بأنفسهم أو تجميع عدد قليل من بيوت الطيور يدويًا أكثر كفاءة ـ مما يوفر له فرصة العمل التطوعي. الفرص التي من شأنها أن تجلب مكافآت تتجاوز بكثير أي مساهمة ملموسة من هذا النوع قد يقدمها أي نشاط تطوعي.

يعرف جاك أن مهاراته لا يمكن أن تضيف قيمة إلا عند تطبيقها مباشرة. على سبيل المثال، إذا كان نادي الطيور يخطط لحملة بريدية لجمع التبرعات ويحتاج إلى صور احترافية تم التقاطها للأعضاء لإدراجها في حملته البريدية، فيمكنه إما تصويرهم بنفسه أو العمل لمدة ساعة إضافية لتوظيف مصور فوتوغرافي بارز آخر والتبرع بالأموال المتبقية من تعيين مصور آخر أعلى مصور.

نصل الآن إلى موضوع الإيثار المثير للجدل: هل نكران الذات موجود على الإطلاق أم أنه مجرد وسيلة لنا للتخفيف من غرورنا؟ في حين أن العمل التطوعي غالبًا ما يكون بمثابة وسيلة لمساعدة مجتمعهم، فإن الفوائد الشخصية مثل تنمية المهارات وفرص التواصل تلعب أيضًا دورًا مهمًا. فجأة لم نعد نتصرف بإيثار بحت؛ ينخرط العديد من

المتطوعين فيما يمكن تسميته "إدارة السعادة الشخصية"، مع فوائد بعيدة كل البعد عما كان المقصود في الأصل من العمل التطوعي ـ بالمعنى الدقيق للكلمة، أي شخص يستفيد أو يشعر بأي رضا من العمل التطوعي ليس إيثارًا خالصًا

هل يقوم جاك بالخطوة الخاطئة بالتطوع صباح يوم السبت؟ ليس بالضرورة؛ إحدى المجموعات التي يمكنها مقاومة هذا الاتجاه هي المشاهير مثل بونو، أو كيت وينسلت، أو مارك زوكربيرج؛ إنهم يوفرون الدعاية التي تشتد الحاجة إليها عند المشاركة في المشاريع التطوعية التي تتضمن بناء بيوت الطيور أو تنظيف الشاطئ أو جهود الإغاثة من الزلازل. ولذلك يجب على جاك أن يقيم بعناية ما إذا كانت مشاركتهم ستضيف أي شيء ذي قيمة؛ وإلا فإن أفضل طريقة للأفراد للمساهمة ستكون بأموالهم وليس بالأشغال الشاقة.

انظر أيضًا Deformation Professionalnelle (الفصل 44)؛ تحيز الإغفال (الفصل 92)؛

ما رأيك بالقمح المعدل وراثيًا؟ إنه موضوع عاطفي والإجابة عليه بسرعة كبيرة يمكن أن تؤدي إلى قرارات مؤسفة؛ إن اتباع نهج موضوعي يتطلب مراعاة فوائده وعيوبه بشكل منفصل. قم بتدوين جميع الفوائد المحتملة، وقم بوزنها وفقًا لأهميتها، ثم اضرب احتماليتها في الاحتمالية ـ وهذا يعطي قائمة بالقيم المتوقعة. الآن قم بتطبيق هذه العملية نفسها عند النظر في العيوب المحتملة. قم بإدراج جميع العيوب، وقم بتقدير الأضرار المحتملة، ثم اضرب هذا الرقم في احتمال حدوثها. يؤدي طرح المبالغ الموجبة من المبالغ السالبة إلى الحصول على صافي القيمة المتوقعة ـ إذا كان هذا الرقم أعلى من الصفر، فأنت مؤيد للقمح المعدل وراثيًا؛ وإلا فإنه يدل على معارضتك له. مما لا شك فيه أنك على دراية بهذا النهج في نظرية القرار الذي يسمى القيمة المتوقعة، والذي ظهر على نطاق واسع في أدبيات القرار. ومع ذلك، هناك احتمالات جيدة أنه لم يخطر ببالك مطلقًا إجراء مثل هذا التقييم ـ وبالتأكيد لم يستخدم أي من الأساتذة الذين يكتبون الكتب المدرسية هذه الطريقة عند اختيار أزواجهم!

لا أحد يعتمد حقًا على هذه الطريقة في اتخاذ القرار. أولاً، ببساطة، لا تمتد مخيلتنا إلى الحد الكافي؛ إن فهمنا لا يمكن أن يصل إلا إلى ما تم تحقيقه بالفعل من خلال التجربة. تخيل حدوث عاصفة ملحمية إذا كان عمرك 30 عامًا فقط هو أمر صعب، في حين أن حساب الاحتمالات الصغيرة يكاد يكون مستحيلًا بسبب نقص البيانات حول الأحداث النادرة. ثالثًا، غالبًا ما تتطلب الاحتمالات الصغيرة نقاط بيانات أقل وتؤدي إلى أخطاء أكبر في الاحتمالات الدقيقة ـ مما يخلق دائرة لا هوادة فيها من الخطأ. إن دماغنا ليس مصممًا لمثل هذه الحسابات أيضًا؛ مثل هذه الحسابات تتطلب الوقت والجهد ـ وليس حالتنا الطبيعية! في ماضينا التطوري، غالبًا ما كان أولئك الذين يفرطون في التفكير يلقون حتفهم في وقت غير مناسب على يد الحيوانات المفترسة. يعتمد صناع القرار اليوم بشكل كبير على الاختصارات العقلية المعروفة باسم الاستدلال لعمليات اتخاذ القرار السريعة.

واحدة من الاستدلالات الأكثر استخدامًا هي الاستدلال التأثيري. التأثير هو رد فعل فوري: شيء تحبه أو لا يعجبك؛ على سبيل المثال، سماع كلمة "طلق ناري" يثير ارتباطات سلبية بينما سماع كلمة "رفاهية" ينتج عنه ارتباطات إيجابية؛ هذا الدافع التلقائي أحادي البعد يمنع المرء من أخذ المخاطر والفوائد في الاعتبار عند اتخاذ القرارات بدلاً من التعامل مع المخاطر والفوائد كمتغيرات مستقلة، وهي كذلك بالتأكيد، فإن الاستدلال المؤثر يربطها عبر القنوات الحسية.

إن استجاباتك العاطفية لقضايا مثل الطاقة النووية والخضروات العضوية والمدارس الخاصة والدراجات النارية تحدد تقييمك للمخاطر والفوائد المرتبطة بها. إذا ضرب شيء ما على وتر حساس عاطفيًا، فإن مخاطره تبدو أصغر بينما تبدو فوائده أكبر مما هي عليه بالفعل؛ وعلى العكس من ذلك، إذا كان هناك شيء لا يعجبك يثير مشاعر قوية ضده؛ ويبدو أن المخاطر والفوائد تعتمد على الرغم من أن الواقع يظهر خلاف ذلك.

تخيل أنك تمتلك هارلي ديفيدسون. إذا أشارت إحدى الدراسات إلى أن قيادة السيارة قد تكون أكثر خطورة مما كان يُعتقد سابقًا، فقد يستجيب عقلك الباطن من خلال تصنيف فوائدها بشكل مختلف ومنح التجربة قدرًا أكبر من الحرية.

ولكن كيف يتم توليد المشاعر الأولية والعفوية، مثل السعادة أو الغضب؟ قدم الباحثون في جامعة ميشيغان للمشاركين إحدى الصور الثلاث لمدة تقل عن جزء من مائة من الثانية؛ تم عرض الوجوه المبتسمة أو الوجوه الغاضبة أو الشخصيات المحايدة لفترة وجيزة من قبل. بعد ذلك، كان على المشاركين اختيار ما إذا كانوا يحبون الحرف الصيني العشوائي الذي تم عرضه عليهم (دون معرفة اللغة الصينية)، مع تفضيل معظم المشاركين لتلك التي تسبق رمز الوجه

المبتسم مباشرة. حتى العوامل التي تبدو غير مهمة يمكن أن يكون لها تأثيرات عميقة على عواطفنا. قام هيرشليفر وشومواي بالتحقيق في كيفية لعب عامل غير مهم دورًا في أداء السوق لـ 26 بورصة رئيسية في الفترة من 1982 إلى 1997 من خلال اختبار العلاقة بين ساعات ضوء الشمس في الصباح وأداء السوق في كل بورصة. لقد اكتشفوا علاقة مثيرة للاهتمام تشبه قول أحد المزارعين القدامى: إذا أشرقت الشمس بشكل ساطع في الصباح، فإن المخزونات تميل إلى الزيادة على مدار اليوم ـ ليس دائما، ولكن في كثير من الأحيان بما فيه الكفاية. من كان يظن أن أشعة الشمس إيمكن أن تحرك المليارات؟ يبدو أن أشعة الشمس في الصباح لها نفس التأثير الإيجابي الذي تفعله الوجوه المبتسمة

بغض النظر عن نوايانا، عواطفنا تسيطر علينا. غالبًا ما يتم اتخاذ القرارات بناءً على المشاعر وليس الأفكار؛ ضد كل النوايا الطيبة نستبدل "ما رأيي في هذا؟" مع "كيف أشعر حيال هذا". لذا ابتسم! مستقبلك يعتمد على ذلك!

انظر أيضًا تحيز الارتباط (الفصل 48)؛ النفور من الخسارة (الفصل 32)، تأثير البروز (الفصل 83) وتحيز العدوى (الفصل 54))

الإنشاء الزنديق الخاص بك!

يعمل بروس في تجارة الفيتامينات. بدأه والده في عصر لم تكن فيه المكملات الغذائية جزءًا من نمط الحياة اليومي. سيحتاج الأطباء إلى وصفها. عندما تولى بروس منصب الرئيس التنفيذي في أوائل التسعينيات، ارتفع الطلب بشكل كبير، مما دفعه إلى الحصول على قروض ضخمة من أجل زيادة الإنتاج. واليوم يقف كواحد من أنجح الأفراد في صناعته ورئيس الرابطة الوطنية لمصنعي الفيتامينات. كان يتناول يومياً تقريباً منذ طفولته ثلاثة فيتامينات متعددة على الأقل. عندما أجرى الصحفيون مقابلات حول فعاليته؛ عندما سأله الصحفي عما إذا كانوا قد فعلوا أي شيء، أجاب بروس "أنا متأكد من ذلك" ـ هل تصدقه؟

وهنا تحدي آخر بالنسبة لك. فكر في أي فكرة أو معتقد أنت متأكد منه؛ ربما سيرتفع سعر الذهب خلال السنوات الخمس القادمة، أو قد يكون الله موجودًا، أو أن طبيب أسنانك يفرض عليك رسومًا زائدة ـ اكتب كل ذلك في جملة واحدة وانظر ما إذا كنت تصدق نفسك حقًا!

ألست مقتنعاً بأن إدانتك أكثر صحة من إدانة بروس؟ حسنًا، هذا هو السبب: إن ملاحظتك داخلية، بينما ملاحظة بروس خارجية؛ وبعبارة أخرى، يمكنك أن ترى ما في روحهم بينما لا تستطيع أن ترى في روحك.

في حالة بروس، قد تفكر: "حسنًا، بالطبع من مصلحته أن يعتقد أن الفيتامينات مفيدة ـ فثروته ومكانته الاجتماعية تعتمد على نجاحها". لقد كان يتناول الحبوب طوال حياته، لذلك لن يعترف أبدًا بأنها كانت مضيعة للوقت. لكن الأمر مختلف بالنسبة لك شخصيًا: لقد أجريت بحثًا مكثفًا داخل نفسك وخرجت كمراقبين محايدين تمامًا.

ولكن هل يمكن للتفكير الداخلي أن يكون نقيًا وصادقًا حقًا؟ أجرى عالم النفس السويدي بيتر جوهانسون دراسة حيث شاهد الأشخاص الخاضعون للاختبار صورتين شخصيتين لأشخاص عشوائيين واختاروا الوجه الأكثر جاذبية؛ ثم طلب منهم وصف ميزاته الأكثر جاذبية عن قرب. ولكن من خلال حيلة بارعة ـ فشل معظم المشاركين في ملاحظة أنه قام بتبديل الصور في منتصف الطريق ـ استمر معظمهم في تبرير سبب تفضيلهم للصورة تمامًا! نتائج دراسته: الاستبطان غير موثوق: عندما نجري عمليات بحث عن النفس، فإننا غالبًا ما نقوم باختيارات ذاتية ـ مما يعني أن الاستبطان غير موثوق به: عندما نجري تحليلًا ذاتيًا داخليًا تُعرف النتائج المخادعة لتحقيق النتائج المرغوبة باسم وهم الاستبطان ـ وهذا الاعتقاد بأن التفكير يؤدي إلى الحقيقة أو الدقة هو أكثر من مجرد سفسطة، بسبب قناعاتنا الراسخة، فإننا نميل إلى تجربة ثلاثة ردود أفعال عندما لا يشاركنا شخص ما وجهات نظرنا: الاستجابة 1، 2، أو 3.

الرد الأول: افتراض الجهل. تفترض أن الطرف الآخر لا يمتلك المعرفة الكافية؛ لو أنهم تلقوا معرفتك، فقد يشاركونك وجهة نظرك. يميل الناشطون السياسيون إلى التفكير على هذا المنوال: فهم يعتقدون أن التنوير سيقنع الآخرين بالانضمام إلى معسكرهم. رد الفعل 2: افتراض البلاهة الرد 3: افتراض الحقد. عندما لا يتمكن شخص ما من فهم استنتاج واضح من المعلومات المتاحة، وبالتالي لا يستطيع استخلاص الاستنتاجات الواضحة، فقد يبدو جاهلاً وغبيًا لنا جميعًا. يحب البيروقراطيون بشكل خاص استخدام هذا النهج لأنه يحمي المستهلكين "الأغبياء" من أنفسهم. الرد 1: عدم وجود الإجراءات القانونية الواجبة. يمتلك نظيرك كل المعلومات الضرورية ـ بل ويفهم المناقشة ـ ولكنه يتعمد القتال، ويحمل نوايا خبيثة. ينظر العديد من القادة الدينيين والأتباع إلى الكفار بنفس هذا المنظور: إذا اختلفوا معهم، فلا بد أنهم عملاء للشيطان!

الخلاصة: لا يوجد شيء مقنع مثل معتقداتك الخاصة، ولهذا السبب يمكن أن يوفر الاستبطان معرفة حقيقية للذات. لسوء الحظ، غالبًا ما يتم تزوير الاستبطان أو تزييفه مع وضع الكثير من الثقة في الملاحظات الداخلية لفترة طويلة

جدًا؛ ثانيًا، غالبًا ما يكون إدراكنا لأنفسنا أعلى من تصورنا للآخرين، وهذا يخلق وهم التفوق؛ العلاج لكلا الأمرين هو أن نصبح أكثر انتقادًا لأنفسنا ـ أن نتعامل مع الملاحظات الداخلية بقدر من الشك مثل ادعاءات الأطراف الثالثة؛ إتصبح أصعب الناقد الخاص بك

انظر أيضًا وهم السيطرة (الفصل 17)؛ التحيز لخدمة الذات (الفصل 45)؛ الانحياز التأكيدي (الفصول 7-8) ومتلازمة "لم يتم اختراعه هنا" (السلسلة 74) لمزيد من المعلومات حول هذه المواضيع.

لماذا يجب عليك إشعال النار في سفنك؟

بجوار سريري يوجد 24 كتابًا مكدسًا عاليًا. بالرغم من دخولي وخروجي، لا أحد يستطيع أن يترك ممتلكاتي. على الرغم من أنني أعلم أن القراءة المتقطعة لن توفر لي أي رؤى حقيقية على الرغم من كل الساعات التي أمضيتها في القراءة، لذا بدلاً من ذلك سيكون من المنطقي بالنسبة لي التركيز على كتاب واحد في كل مرة؛ فلماذا لا أزال أتعامل مع الـ 24 منهم في وقت واحد؟

يعرف صديقي رجلاً يواعد ثلاث نساء في وقت واحد ويمكنه أن يرى نفسه ينشئ عائلة مع أي واحدة منهن، ومع ذلك فهو لا يستطيع إجبار نفسه على اختيار واحدة فقط ـ وهذا يعني التخلي عن اثنتين أخريين إلى الأبد؛ من خلال إبقاء الخيارات مفتوحة، تظل جميع الخيارات متاحة، على الرغم من عدم تشكل علاقات حقيقية نتيجة لذلك.

أرسل الجنرال شيانغ يو، في القرن الثالث قبل الميلاد، جيشه عبر نهر اليانغتسى لتحدي أسرة تشين. وبينما كانت قواته نائمة أمر بإشعال النار في جميع السفن. وفي صباح اليوم التالي قال لهم: "الآن لديكم خيار واحد فقط: إما القتال من أجل النصر أو الموت". من خلال القضاء على التراجع كخيار، ساعد في تركيز انتباههم على المعركة فقط. استخدم الفاتح الإسباني كورتيس تكتيكات تحفيزية مماثلة أثناء غزوه للمكسيك في القرن السادس عشر عندما أغرق سفينته بعد هبوطه على ساحلها الشرقي كحافز له.

يبرز شيانغ يو وكورتيس باعتبارهما من القيم المتطرفة. يسعى معظم الناس إلى زيادة خياراتنا قدر الإمكان. وقد أظهر أساتذة علم النفس دان أريلي وجيوونغ شين قوة هذه الغريزة من خلال لعبة على الإنترنت. تم منح اللاعبين 100 نقطة في البداية، وظهرت ثلاثة أبواب على الشاشة ـ أبواب حمراء وزرقاء وخضراء. فتح كل واحد منهم يكلف نقطة واحدة. ومع ذلك، مع كل غرفة يدخلونها يمكنهم كسب نقاط إضافية. كان رد فعل اللاعبين منطقيًا، واختاروا البقاء في غرفة واحدة حتى تؤتي ثمارها. قام أريلي وشين بعد ذلك بتغيير القواعد، لذا إذا لم يتم فتح الأبواب خلال اثنتي عشرة حركة، فإنها تبدأ في الانكماش على الشاشة، وتختفي تمامًا في النهاية؛ ثم يتسابق اللاعبون من باب إلى باب بحثًا عن الكنوز الدفينة المحتملة؛ أدى هذا التدافع غير المثمر إلى تسجيلهم نقاطًا أقل بنسبة 15٪ مما كانت عليه في لعبتهم السابقة. أخيرًا، أضاف أريلي وشين لمسة أخيرة: لقد غيرا طريقة تسجيل النقاط من خلال زيادة أحجام الأبواب بنسبة 25٪! أخيرًا أضافوا تطورًا آخر: سيظل اللاعبون يسجلون 10٪ من النقاط هذه المرة! أضاف المنظمون مشكلة أخرى مع تطور آخر: مرة أخرى: يمكن أن تغلق الأبواب في غضون اثنتي عشرة حركة عند ظهورها ـ مما يجبر اللاعبين على القفز من الباب بالسرعة نفسها كما كان من قبل! ثم قام أريلي وشين بإجراء تغيير آخر. هذه المرة عندما لم تفتح الأبواب خلال اثنتي عشرة حركة، بدأت الأبواب تتقلص خارج الشاشة واختفت في النهاية خارج الشاشة! عندما تغير أريلي وشين مرة أخرى من خلال تغيير القواعد: كان يجب فتح الأبواب خلال اثنتي عشرة حركة وإلا فإنها ستختفي خارج الشاشة! بدأ اللاعبون في السباق من الباب إلى الباب في محاولة لتأمين الوصول إلى جميع الكنوز المحتملة مما أدى إلى انخفاض النقاط المسجلة بنسبة 15٪! أضاف أريلي وشين تطورًا أخيرًا: هذه المرة سجل نقاطًا أقل بنسبة 15٪ مقارنة بالمباراة السابقة، وسجل نقاطًا أقل بنسبة 15٪ من ذي قبل مع إضافة لمسة أخيرة: أضاف المنظمون تطورًا آخر: بمجرد فتحها خلال اثنتي عشرة حركة، اختفت خارج الشاشة تدريجيًا حتى النهاية. اختفى قبل اختفى تمامًا عندما بدأت الأبواب في الانكماش، قام أريلي بتغيير القواعد التي تتطلب أن يتم فتح الباب الآن خلال اثنتي عشرة حركة، وإلا، بدأ في الانكماش من الشاشة خلال اثنتي عشرة حركة أو اختفى على الفور مما يجعل الباب بعد 12 حركة أو سجلهم السابق 15 بسرعة كبيرة سحق ذلك قبل أن يسجل نقاطًا أقل بنسبة 15٪ وسجل نقاطًا أقل بنسبة 15٪ ثم أضاف تطورًا آخر بالمناسبة...ـ

فتح الأبواب يكلف الآن ثلاث نقاط وينشأ نفس القلق: أهدر اللاعبون نقاطهم في محاولة لإبقاء جميع الأبواب مفتوحة. حتى بعد معرفة عدد النقاط المخفية في كل غرفة، لم يكن هناك أي تغيير؛ كان التخلي عن الخيارات بمثابة تكلفة باهظة بالنسبة لهم.

لماذا نتصرف بطريقة غير عقلانية؟ لأن عواقبه غالبا ما تكون غير واضحة. في الأسواق المالية، على سبيل المثال، يكون هذا واضحًا: أي خيار بشأن الأوراق المالية يكلف دائمًا شيئًا ما؛ لا يوجد شيء اسمه خيار مجاني؛ ومع ذلك، في عوالم أخرى، غالبًا ما تبدو الخيارات مجانية؛ رغم أن هذه الأمور في الحقيقة تأتي بتكلفة؛ يتطلب كل قرار طاقة عقلية ويأخذ وقتًا ثمينًا للتفكير والعيش؛ إن الرؤساء التنفيذيين الذين يستكشفون كل خيار توسع محتمل لا يختارون أي خيار في النهاية؛ الشركات التي تحاول خدمة جميع شرائح العملاء غالباً ما تفشل؛ غالبًا ما ينتهي الأمر بمندوبي المبيعات الذين يلاحقون العملاء المحتملين بعدم إبرام أي صفقات على الرغم من كل الجهود المبذولة.

يميل الناس اليوم إلى التركيز على تنفيذ العديد من المشاريع في وقت واحد والانفتاح على كل فرصة تتاح لهم؛ ولكن هذا النهج يمكن أن يعرقل النجاح بسرعة. وبدلا من ذلك، يجب علينا أن نتعلم متى ولماذا نغلق الأبواب؛ تعمل استراتيجيات الأعمال بشكل أساسي كبيانات حول الأنشطة التي لا ينبغي الانخراط فيها. استخدم نهجًا مشابهًا للأعمال: قم بإدراج ما لا يجب متابعته في الحياة واتخاذ قرارات محسوبة بعدم متابعة احتمالات معينة؛ عندما يظهر خيار ما، اختبره مقابل قائمة الأشياء التي لا يجب متابعتها قبل اتخاذ المزيد من الخطوات. لن تساعدك القائمة على إبعادك عن المشاكل فحسب، بل ستوفر أيضًا الوقت الذي تقضيه في اتخاذ القرارات. مع وجود قائمتك في متناول اليد، بدلاً من اتخاذ القرارات في كل مرة يُفتح فيها باب جديد ـ العديد من الأبواب لا معنى لها حتى عندما تبدو مقابضها سهلة بما فيه الكفاية ـ كل ما عليك فعله هو الرجوع إليها عند اتخاذ الاختيارات.

أنظر أيضا: مغالطة التكلفة الغارقة (الفصل 5)؛

تحذير بشأن نيومانيا

بعد خمسين عامًا، كيف سيبدو عالمنا وما هي الأشياء التي ستحيط بنا يوميًا؟ من السهل الوقوع في نيومانيا؛ دعونا نضع جانبا أي "علامة تجارية جديدة".

كان لدى الأشخاص الذين كانوا يفكرون في هذا السؤال قبل خمسين عامًا أفكارًا خيالية حول الشكل الذي سيبدو عليه "المستقبل": الطرق السريعة في السماء، والمدن التي تشبه العوالم الزجاجية، والقطارات السريعة التي تسير بين ناطحات السحاب. سنعيش في كبسولات بلاستيكية في مدن تحت الماء ونقضي إجازتنا على القمر ونتناول الحبوب بدلاً من إنجاب أطفال بيولوجيين من خلال الحمل؛ وبدلاً من ذلك اختر أطفالاً من الكتالوجات ليكونوا أطفالنا؛ ستصبح الروبوتات أفضل الأصدقاء بدلاً من الأشخاص كرفاق بينما تم القضاء على الموت منذ فترة طويلة ـ الصورة التي إتخيلوها لم تكن بعيدة

لكن انتظر لحظة: ألق نظرة فاحصة حولك: أنت تجلس على كرسي تم إنشاؤه في مصر القديمة؛ وارتداء السراويل التي طورتها القبائل الجرمانية منذ حوالي 5000 عام في حوالي عام 750 قبل الميلاد؛ الأحذية الجلدية التي ترتديها قدميك نشأت خلال العصر الجليدي الأخير؛ أرفف كتبك مصنوعة من الخشب ـ وهو أحد أقدم مواد البناء التي عرفها الإنسان؛ في وقت العشاء، تستخدم شوكتك كما كان يستخدمها الرومان: لتجرف قطعًا من الحيوانات والنباتات الميتة إلى أفواهك في وقت العشاء ـ لم يتغير شيء ـ لم يتغير شيء أيضًا؛

هل نتساءل كيف سيبدو عالمنا بعد خمسين عامًا؟ يقدم لنا نسيم طالب بعض الإرشادات في كتابه Antifragile؛ ولنضع في الاعتبار أن أغلب التكنولوجيات التي كانت موجودة على مدى نصف القرن الماضي سوف تستمر في خدمة البشرية لنصف قرن آخر ـ في حين أن التكنولوجيا الحديثة سوف تصبح قديمة الطراز بسرعة أكبر مما كان متوقعا. لماذا؟ فكر في الاختراعات باعتبارها أنواعًا: أي شيء صمد أمام قرون من التطور من المرجح أن يستمر في التقدم بقوة في المستقبل أيضًا. تم إثبات التكنولوجيا القديمة. لا يمكن دائمًا فهم منطقها المتأصل بشكل كامل. يجب أن تأخذ هذا في الاعتبار في المرة القادمة التي تحضر فيها اجتماعًا استراتيجيًا، نظرًا لأن الشيء الذي استمر على مر القرون لا بد أن يكون له بعض القيمة. من المرجح أن يكون المستقبل بعد خمسين عامًا مشابهًا لما هو عليه اليوم، على الرغم من أنك قد ترى ظهور أدوات أو اختراعات جديدة براقة قد تثير الاهتمام في البداية. ومع ذلك، فهي غالبا ما تأتي وتذهب بسرعة.

عندما ننظر إلى مستقبلنا، فإننا غالبا ما نركز بشكل كبير على الابتكارات التكنولوجية و"التطبيقات القاتلة"، في حين نقلل من الدور الذي تلعبه. وقد لاحظ طالب هذا الاتجاه عبر التاريخ. في الستينيات، كان السفر إلى الفضاء رائجًا للغاية، مما دفع العديد من الطلاب إلى تخيل أنفسهم يقومون برحلات مدرسية إلى المريخ. وفي وقت لاحق من هذا العقد، أصبحت المنازل البلاستيكية رائجة، لذا فكرنا في كيفية تزيين مساكننا الشفافة بأثاث بلاستيكي. وهو يعزو هذا الاتجاه إلى "نيومانيا"، الانبهار بكل شيء جديد ولامع.

هؤلاء الأشخاص الذين لا يستطيعون العيش - iPhone في البداية، شعرت بالتعاطف مع المستخدمين الأوائل لجهاز في ذلك الوقت اعتقدت أنهم سابقون لعصرهم. لكنني الآن أراهم iPhone. دون إمكانية الوصول إلى أحدث أجهزة كأفراد غير عقلانيين يعانون من الهوس الجديد ـ يبدو أنهم أقل اهتمامًا بما إذا كان المنتج يوفر فوائد ملموسة ولكنهم أكثر اهتمامًا بالحداثة من المنفعة الفعلية.

لا تتخذ تدابير جذرية عند التنبؤ بالمستقبل. يعتبر فيلم ستانلي كوبريك الكلاسيكي عام 1968 بعنوان 2001: رحلة فضائية بمثابة مثال توضيحي. تدور أحداث هذه القطعة الخيالية في مطلع الألفية، وتتنبأ بأن أمريكا ستستضيف مستعمرة قمرية قوامها ألف فرد، وتخدمها رحلات طيران بان أمريكان ـ وهو أمر لم يتوقعه أحد. أقترح هذه القاعدة سنوات أخرى ـ يعتقد نسيم X سنوات سيستمر في ذلك لمدة X الأساسية بدلاً من ذلك: كل ما بقي على قيد الحياة لمدة طالب أن "مرشح الهراء" في التاريخ يمكنه فصل الحيل عن مغيرات قواعد اللعبة، لذا فأنا على استعداد للقيام بهذا الرهان معه!

انظر أيضًا جهاز المشي الممتع (الفصل 46) كمثال على سبب نجاح الدعاية.
شهدت الحرب العالمية الثانية قيام كل دولة بإنشاء أفلام دعائية. وقد استخدمت هذه لإثارة المشاعر القومية بين المدنيين والجنود على حد سواء وتشجيع التضحية من أجل أمتهم. وبعد إنفاق مبلغ باهظ على الأفلام الدعائية وحدها، أجرت وزارة الحرب الأمريكية دراسات حول ما إذا كان لهذا الإنفاق أي عائد. أجريت الدراسات على جنود نظاميين. ولم يظهر ردهم زيادة في الحماس للحرب على الإطلاق!

هل رأى الجنود أن هذه الأفلام سيئة الصنع؟ بالكاد. بدلاً من ذلك، عرف الجنود هذه الأفلام على أنها دعاية جعلت من المستحيل لأي رسالة مقدمة في هذه الأفلام أن يكون لها أي وزن لدى الجماهير؛ حتى لو كان الفيلم قد قدم حجة أو أثار الجماهير بما يكفي ليستحق الاهتمام أو التقدير لرسالته؛ سيُنظر إلى محتواه ببساطة على أنه أجوف ويتم تجاهله تمامًا.

وبعد تسعة أسابيع، حدث شيء غير متوقع: أجرى علماء النفس تقييمًا آخر لمواقف الجنود فيما يتعلق بالحرب؛ النتيجة: أولئك الذين شاهدوا الفيلم عبروا عن دعم أكبر بكثير من أولئك الذين لم يشاهدوه. من الواضح أن الدعاية نجحت!

لقد ارتبك العلماء عندما علموا أن قوة الحجة المقنعة تتضاءل بمرور الوقت، مثل المواد المشعة. ربما تكون قد اختبرت هذا بنفسك: اقرأ مقالًا عن فوائد العلاج الجيني، وكن متحمسًا في البداية ولكن سرعان ما تفقد الاهتمام بعد بضعة أسابيع؛ وأخيراً لم يبق إلا بقايا الحماس.

من المثير للدهشة أن الدعاية غالبًا ما تعمل في الاتجاه الآخر: بمجرد أن تضرب على وتر حساس لدى الناس، فإن تأثيرها ينمو بمرور الوقت. لماذا؟ قاد عالم النفس كارل هوفلاند تجربة لوزارة الحربية وصاغ هذه الظاهرة "تأثير النائم". حاليًا، أفضل تفسير لدينا لذلك هو أن ذاكرتنا تنسى المصدر بشكل أسرع من نسيان ما قالته الحجة نفسها (على سبيل المثال، قسم الدعاية) بينما تتذكر الرسالة نفسها (أي الحرب ضرورية ونبيلة).
ولذلك، فإن المعلومات التي يتم الحصول عليها من مصادر غير جديرة بالثقة تكتسب الثقة تدريجيًا بمرور الوقت، حيث تتبدد قوى تشويه السمعة بشكل أسرع من تشتت رسالتها.

تتميز الانتخابات الأمريكية بشكل متزايد بإعلانات سياسية سلبية يحاول فيها المرشحون الاستخفاف بسجلات أو سمعة بعضهم البعض من خلال وسائل بسيطة خادعة ـ في هذه الحالة، يجب أن تمتثل الإعلانات السياسية لقانون الانتخابات الأمريكية من خلال الكشف عن الجهات الراعية لها في نهاية كل إعلان، ومع ذلك تظهر العديد من الدراسات أن التأثيرات النائمة لا تزال تظهر بين الناخبين المترددين حيث يتلاشى الرسول بينما تظل تصريحاتهم مطبوعة في الذاكرة ـ وهذا يسمح للمرشحين بإطلاق أكثر الاتهامات ضرراً ضد المرشحين المنافسين دون خوف من الانتقام أو العواقب التي قد تصدر ضد أي من الجانبين إذا كانت النتيجة النهائية أن تكون أقل سلبية مما هو متوقع بموجب القانون ـ وهذا يجعل عملية الإعلانات الانتخابية أصعب بكثير مما ينبغي استخدامه ضد الحملات المتنافسة من قبل

المعارضين من كلا الجانبين في الحملات من حيث إقبال الناخبين أو أعداد الإقبال عما كان ممكنًا في مواسم الحملات السابقة.

لقد وجدت في كثير من الأحيان أنه من المحير كيف يمكن للإعلان أن يعمل على الإطلاق. يجب على أي شخص منطقي أن يتعرف بسهولة على الإعلانات على حقيقتها ويستبعدها أو يصنفها بشكل مناسب؛ ولكن حتى أنت، كقارئ مميز وذكي، لن تنجح دائمًا في القيام بذلك بنجاح؛ قد تنسى مصدر بعض المعلومات بعد عدة أسابيع ـ سواء كان ذلك مقالًا إعلاميًا أو إعلانًا مبتذلًا.

كيف يمكنك مواجهة تأثير النائم؟ أولًا، كن حذرًا من أي نصيحة غير مرغوب فيها حتى لو بدت حسنة النية ـ فالقيام بذلك يحمي نفسك من التلاعب إلى حد ما. ثانيًا، تجنب المصادر التي تحتوي على إعلانات قدر الإمكان (نحن محظوظون لأن الكتب تظل خالية من الإعلانات!). ثالثًا، حدد وتذكر مصدر كل حجة تواجهها. حاول أن تفهم أسبابهم قدر الإمكان وكذلك من يستفيد من ماذا. على الرغم من أن هذه العملية قد تؤدي إلى إبطاء عمليات صنع القرار إلى حد ما، إلا أنها ستعمل أيضًا على تحسينها بمرور الوقت.

(انظر أيضًا التأطير (الفصل 42)؛ تأثيرات الأسبقية والحداثة (الفصل 73)؛ وهم الأخبار (الفصل 99).

لماذا لا يكون السباق مجرد سباقين للخيول؟

العمى البديل

تخيل هذا. أنت تقلب كتيبًا يروج لفوائد درجة الماجستير في إدارة الأعمال المقدمة في جامعتك المحلية. تتنقل نظراتك فوق صور الحرم الجامعي المغطى باللبلاب والمرافق الرياضية الحديثة للغاية؛ إلى جانب صور الطلاب المبتسمين من خلفيات عرقية متنوعة مع التركيز على الشابات والصينيين والهنود. أخيرًا، وصلت إلى نظرة عامة توضح قيمتها المالية: يمكن بسهولة تعويض رسومها البالغة 100000 دولار من خلال تحقيق الخريجين لأرباح إضافية قبل التقاعد: ما يقرب من 400000 دولار بعد خصم الضرائب! بدون تفكير.

خطأ. ومثل هذه الحجة لا تخفي مغالطة واحدة، بل أربع مغالطات. الأول هو "وهم جسم السباح"، حيث تميل برامج الماجستير في إدارة الأعمال إلى جذب الأفراد ذوي التفكير المهني الذين من المرجح أن يحصلوا على رواتب أعلى من المتوسط دون مؤهلات إضافية مثل مؤهل ماجستير إدارة الأعمال. الخرافة الثانية: يستغرق الحصول على ماجستير إدارة الأعمال عامين، وخلال تلك الفترة يمكنك توقع خسارة أرباح قدرها 100 ألف دولار؛ وبالتالي فإن التكلفة الحقيقية للماجستير في إدارة الأعمال من المرجح أن تتجاوز 100000 دولار عند الأخذ في الاعتبار العوائد المحتملة من الاستثمار. ثالثا، من الحماقة أن نضع تقديرات بعد أكثر من ثلاثين عاما، فمن يدري ماذا سيحدث خلال هذا الإطار الزمني؟ وأخيرا، هناك خيارات أخرى؛ لا تشعر بأنك ملزم بـ "الحصول على ماجستير إدارة الأعمال أو عدم الحصول على ماجستير إدارة الأعمال" بمفردك. ربما يكون هناك برنامج آخر متاح بتكلفة أقل بكثير ويقدم أيضًا مزايا التقدم الوظيفي. أجد المفهوم الخاطئ الرابع رائعًا بشكل خاص؛ دعنا نسميه العمى البديل: عندما نفشل في مقارنة عرض حالي مع عرضه البديل التالي الأفضل.

فيما يلي مثال من التمويل: تخيل أن لديك بعض المال مدخرًا في حساب توفير واطلب النصيحة من وسيط استثمار، الذي يوصي بشراء سند يدفع فائدة بنسبة 5٪ بدلاً من 1٪ فقط التي تعيدها حسابات التوفير. هل نعتقد أن شراء السندات أمر منطقي؟ لا أحد يعرف. إن النظر في هذين الخيارين فقط لن يوفر تقييماً دقيقاً؛ لتقييم جميع الخيارات الاستثمارية الممكنة بشكل حقيقي، ثم حدد الخيار الأمثل (هذه هي الطريقة التي يفعلها المستثمر الكبير وارن بافيت). يقيس بافيت كل صفقة مقابل ثاني أفضل صفقة متاحة في أي لحظة ـ حتى لو كان ذلك يعني القيام بالمزيد مما نقوم به بالفعل.

وخلافاً لوارن بافيت، كثيراً ما يقع الساسة فريسة للعمى البديل. فكر في تخطيط مدينتك لبناء ساحة رياضية على قطعة أرض فارغة؛ قد يجادل المؤيدون بأنها ستفيد السكان عاطفيًا وماليًا أكثر من قطعة الأرض الفارغة ـ ولكن هذه المقارنة معيبة: بدلاً من ذلك يجب عليهم تقييم جميع الأفكار التي أصبحت مستحيلة بسبب بنائها مثل المدارس أو مراكز الفنون المسرحية أو المستشفيات أو المحارق؛ وبدلاً من ذلك يمكنهم بيع الأرض واستثمار العائدات أو تقليل ديون المدينة بهذا الحل البديل.

هل تتطلع إلى الحلول البديلة؟ تخيل أن طبيبك اكتشف ورمًا خلال خمس سنوات واقترح عليك إجراء عملية معقدة إذا نجحت ستزيله تمامًا، ولكن مع ذلك فإن الخطر يعتبر مرتفعًا مع معدل بقاء إجمالي يبلغ 50% فقط، كيف تقرر؟ فكر في خياراتك بعناية: الموت المؤكد خلال خمس سنوات أو احتمال الوفاة بنسبة 50% في الأسبوع المقبل؛ العمى البديل! ربما يكون هناك نوع مختلف من الإجراء الجراحي الغزوي المتوفر في مستشفى آخر بالمدينة لا يقدمه حاليًا في مؤسستك. يمكن لعملية جراحية لإبطاء نمو الورم أن تخفف الأعراض مؤقتًا فقط؛ ومع ذلك، توفر هذه الجراحة

الغزوية مزيدًا من الوقت وراحة البال مقارنة ببدائلها؛ ومن يدري، ربما خلال تلك السنوات العشر ستظهر علاجات أكثر تقدمًا للقضاء على الأورام؟

خلاصة القول: إذا كنت تواجه صعوبة في اتخاذ القرارات، فتذكر أن هناك أكثر من خيارين ـ مثل عدم إجراء عملية جراحية أو إجراء عملية جراحية عالية المخاطر ـ متاح لك. لا تشعر بأنك محاصر بين الاختيار المطلق وبدائله الممكنة؛ كن متفتح الذهن!

انظر مفارقة الاختيار (الفصل 21)؛ وهم جسم السباح (الفصل 2) لمزيد من القراءة حول هذه المواضيع.

لماذا نهدف إلى الأسلحة الصغيرة؟

تحيز المقارنة الاجتماعية

بعد أن وصل كتابي إلى المركز الأول في قائمة الكتب الأكثر مبيعًا، طلب الناشر مني مساعدتي في تقديم تأييد لكتاب آخر من أحد معارفي في طريقه إلى قائمة العشرة الأوائل؛ لقد اعتقدوا أن شهادة مني ستمنحها دفعة إضافية لإدراجها في تلك القائمة.

مندهش دائمًا من نجاح هذه الشهادات على الإطلاق، نظرًا لأننا نعلم جميعًا أن التعليقات الإيجابية فقط هي التي تصل إلى أغلفة الكتب (بما في ذلك هذا الكتاب). وعلى القارئ العقلاني أن يضع جانباً المديح، أو على الأقل أن يعتبره جنباً إلى جنب مع أي نقد محتمل موجود دائماً، حتى لو بأشكال مختلفة. بينما كتبت العديد من الشهادات لكتب أخرى، لم يكن أي منها لعناوين منافسة. وبينما كنت أفكر في خياراتي، أدركت أن تحيز المقارنة الاجتماعية قد بدأ تأثيره ـ وهو الميل إلى تجنب مساعدة أولئك الذين قد يتفوقون عليك قريبًا ويبدون حمقى على المدى الطويل.

يمكن أن تكون شهادات الكتب بمثابة مثال غير ضار على تحيز المقارنة الاجتماعية؛ ومع ذلك، فقد نقلت الأوساط الأكاديمية هذا الأمر إلى مستوى أكثر خطورة تمامًا. يطمح كل عالم إلى نشر أكبر عدد ممكن من المقالات في المجلات العلمية المرموقة، مما يمنحه الحق في تقييم المشاركات المقدمة من زملائه العلماء الذين يقدمون أعمالهم للنشر. مع مرور الوقت، يطلب منك المحررون تقييم أبحاث العلماء الآخرين ـ غالبًا ما يقرر خبيران أو ثلاثة خبراء فقط المقالات التي ستحظى بالقبول في أي مجال معين؛ ومع وضع هذه المعرفة في الاعتبار، ماذا سيحدث عندما يقدم باحث مبتدئ ورقة بحثية صادمة تهدد بالإطاحة بالخبراء الراسخين؟ ومن المرجح أن يصبحوا صارمين بشكل خاص عند تقييمها ـ وهذا هو تحيز المقارنة الاجتماعية في العمل!

ويصف عالم النفس ستيفن جارسيا وزملاؤه الباحثون مثالاً منع فيه أحد الحائزين على جائزة نوبل أحد زملائه الشباب الواعدين من التقدم للعمل في جامعته، على الرغم من أن هذا قد يبدو حكيماً في البداية؛ بمرور الوقت، يؤدي الأمر إلى نتائج عكسية عندما ينضم الزميل الشاب المذكور إلى مجموعة بحثية أخرى ـ مما قد يحول دون أي اتصال آخر بين الأستاذ القديم وبينه وبين هذا المعجزة الشابة.
يقترح جارسيا أن تحيز المقارنة الاجتماعية قد يكون أحد العوامل التي تمنع المؤسسات من الحفاظ على مكانتها كمجموعات بحثية عالمية على مدى فترة طويلة. تمكنت مجموعات بحثية قليلة من البقاء في القمة لسنوات عديدة متتالية.

يعد تحيز المقارنة الاجتماعية مشكلة مهمة أخرى مع الشركات الناشئة. شغل جاي كاواساكي منصب "المبشر الرئيسي" Apple لمدة أربع سنوات، وهو اليوم يقدم المشورة لرواد الأعمال باعتباره رأسماليًا مغامرًا لشركة ومستشارًا. وفقًا لكاواساكي: "اللاعبون المتميزون يوظفون أشخاصًا أفضل منهم". كما ذكر ستيف [جوبز]، يقوم لاعبو B بتجنيد لاعبين C حتى يشعروا بالتفوق عليهم ويقوم لاعبو C بتجنيد لاعبين D؛ عند تعيين لاعبين B، يتوقع بدلاً من Z في النهاية إلى توظيف لاعبين B حدوث ما أسماه "انفجار البوزو" داخل مؤسستك؛ يؤدي توظيف لاعبين توصية: قم بتعيين أشخاص أفضل منك وإلا ستقود قريبًا فريقًا من المستضعفين. ينطبق هنا ما يسمى بتأثير B. لاعبو Duning-Kruger الذين يعانون من عدم الكفاءة بموهبة التغاضي عن مدى انتشارها، Z؛ غالبًا ما يتمتع لاعبو معتقدين أنهم يمتلكون ذكاءً أكثر مما هو موجود بالفعل؛ يخلق هؤلاء الأشخاص تفوقًا وهميًا يقودهم إلى ارتكاب المزيد من الأخطاء التي تؤدي بدورها إلى تآكل مجموعة المواهب بمرور الوقت.

كان إسحاق نيوتن يبلغ من العمر 25 عامًا في ذلك الوقت، وعندما أغلقت مدرسته بسبب تفشي الطاعون في 1666-167، عرض إسحاق بارو أن يأتي معه ويرى بحثه، والذي تركه بارو على الفور كأستاذ لينضم كأحد طلاب نيوتن. ـ لقد كان نبيلاً منه حقًا! يا له من مثال أخلاقي وضعته. ومتى كانت آخر مرة سمعت فيها عن تنحي أستاذ جامعي لصالح مرشح آخر أو رئيس تنفيذي يتخلى عن منصبه بسبب إدراكه أن أحد موظفيه يمكنه القيام بعمل أفضل؟

الخلاصة: في الختام، هل تقومين برعاية أفراد أكثر موهبة منك؟ في حين أنه قد يهدد مكانتك في البداية، إلا أنه لن يفيدك إلا على المدى الطويل. سوف يتفوق عليك الآخرون في مرحلة ما على أي حال؛ وحتى يأتي ذلك الوقت، سيكون من الحكمة الوقوف على جوانبهم الجيدة والتعلم منهم ـ وهو ما كان دافعي لكتابة الشهادة في النهاية. لمزيد من القراءة انظر: الحسد (الفصل 86)؛ تأثير التباين (الفصل 10).

لماذا الانطباعات الأولى خادعة؟

تأثيرات الأسبقية والحداثة

اسمحوا لي أن أقدم رجلين، آلان وبن. قرر على الفور من تفضله دون الإفراط في التفكير فيه لفترة طويلة: آلان ذكي ومجتهد ومندفع ونقدي وعنيد وغيور بينما تتضمن صفات بن هذه الخصائص ولكن مع لمسة: يمكن أن يكون بن أيضًا غيورًا وعنيدًا ومندفعًا ومندفعًا ويعمل بجد وذكاء. أيضًا. يختار معظم الأشخاص آلان على الرغم من أن كلا الوصفين يبدوان متشابهين. يميل عقلك إلى إيلاء المزيد من الاهتمام للصفات المدرجة أولاً وبالتالي تكوين شخصيتين متميزتين ـ. آلان مجتهد في العمل بينما يُظهر بن الغيرة والصفات العنيدة ـ وهو ما يُعرف باسم تأثير الأولوية

وبدون تأثير الأولوية، سيتخلى الناس عن قاعات الدخول الفخمة في مقارهم؛ سيشعر محاميك بالرضا تمامًا عند ظهوره وهو يرتدي أحذية رياضية بالية بدلاً من أحذية أوكسفورد المصممة في اجتماعاتك.

غالبًا ما يتسبب تأثير الأولوية في حدوث أخطاء عملية. يناقش دانييل كانيمان الحائز على جائزة نوبل كيف أنه، في بداية عمله كأستاذ، قام بتقييم أوراق الامتحانات بالترتيب: الطالب 1 يليه الطالب 2، ثم تم إعطاء درجات أعلى لجميع الأسئلة اللاحقة التي تمت الإجابة عليها بشكل لا تشوبه شائبة؛ وهذا يعني أن الطلاب الذين أجابوا بشكل مثالي سيصبحون المفضلين لدى كانيمان وسيكون لهذا في النهاية تأثير على كيفية تقييمه لأجزاء أخرى من اختباراتهم. ولمواجهة هذا التأثير، بدأ كانيمان في تصنيف الأسئلة الفردية على دفعات ـ حيث تم تصنيف جميع الإجابات على السؤال الأول، ثم تم تقييم جميع الإجابات على السؤال الثاني وما إلى ذلك ـ وبالتالي مواجهة هذا التأثير وتحييده تمامًا.

لسوء الحظ، قد لا تنجح هذه الخدعة دائمًا في الممارسة العملية؛ على سبيل المثال، عند تعيين موظفين جدد فإنك تخاطر بتعيين الشخص الذي يترك انطباعًا أوليًا جيدًا أولاً. لتحقيق أقصى قدر من الكفاءة عند الإجابة على أسئلة مماثلة واحدًا تلو الآخر من جميع المرشحين في الطابور.

تخيل نفسك كجزء من مجلس إدارة الشركة. ينشأ موضوع مناقشة لم تتخذ قرارًا بشأنه بعد، ويعبر واحد أو أكثر من المشاركين الحاضرين عن رأي قد يؤثر على كيفية تقييمك له بشكل عام. لا تتردد في التعبير عن ذلك قبل أن يفعل الآخرون ـ بهذه الطريقة يمكن للجميع التعلم.
من خلال القيام بذلك، سوف تكتسب المزيد من التأثير على زملائك وتجلبهم إلى جانبك. إذا كنت ترأس لجنة، تأكد من جمع الآراء بترتيب عشوائي حتى لا يكون لأحد أفضلية غير عادلة على عضو آخر.

قد لا يكون تأثير الأسبقية هو المخطئ دائمًا؛ غالبًا ما يلعب تأثير الحداثة دورًا مؤثرًا بنفس القدر. تميل المعلومات المخزنة مؤخرًا إلى الالتصاق بشكل أفضل في ذاكرتنا ـ ويحدث هذا لأن ملفات الذاكرة قصيرة المدى لدينا تحتوي فقط على مساحة محدودة؛ بمجرد ظهور شيء جديد، يجب أن تفسح القطعة القديمة الطريق.

متى تتفوق الأولوية على الحداثة، والعكس صحيح؟ عندما تواجه اتخاذ قرارات فورية بناءً على انطباعات متعددة (الخصائص، وإجابات الامتحانات، وما إلى ذلك)، فإن تأثيرات الأولوية تكون أثقل. ولكن إذا تشكلت هذه الانطباعات على مدى فترة زمنية أطول ـ على سبيل المثال، إذا استمعت إلى خطاب مؤخرًا، فإن تأثير الحداثة يكون أكثر وضوحًا؛ سوف تتذكر بشكل أكثر وضوحًا النقاط/الخطوط النهائية بدلاً من النقاط الأولية.

الخلاصة: الانطباعات الأولية والأخيرة هي المهيمنة، مما يعني أن المحتوى بينهما له تأثير ضئيل فقط. حاول تجنب اتخاذ القرارات بناءً على الانطباعات الأولية فقط؛ هذه سوف تخدعك بلا شك بشكل أو بآخر. قم بتقييم جميع الجوانب بشكل عادل ونزيه ـ على الرغم من أن قول ذلك قد يكون أسهل من فعله ـ مثل إجراء المقابلات من خلال تدوين الدرجات كل خمس دقائق ثم حساب متوسطها بعد ذلك للتأكد من أن جميع الجوانب تحتسب بشكل متساوٍ مثل درجات الترحيب والوداع.

(انظر أيضًا وهم الانتباه (الفصل 88)؛ تأثير النائم (الفصل 70) ؛ تأثير البروز (الفصل 83

لماذا يعتبر الصنع المنزلي هو الأفضل؟

متلازمة "لم يُخترع هنا".

مهاراتي في الطبخ أساسية إلى حد ما، وزوجتي تعرف ذلك. ومع ذلك، في كثير من الأحيان، أتمكن من صنع شيء صالح للأكل. في الآونة الأخيرة، عند شراء بعض النعل، ابتكرت صلصة غير عادية مكونة من النبيذ الأبيض والفستق المهروس والعسل وقشر البرتقال المبشور والخل البلسمي ـ وعندما تذوقتها بدأت في التخلص من ما اعتبرته تجربة جريئة للغاية؛ لكنني اعتقدت أن مذاقها رائع وشرحت تفاصيلها ولكن لم يلاحظ أي تغيير في تعبيرها.

وبعد مرور أسبوعين، أعدت زوجتي نعل العشاء مرة أخرى، وهذه المرة قامت بطهيه بنفسها. لقد أعدت صلصتين: صلصة بور بلانك المجربة والحقيقية بالإضافة إلى وصفة غير عادية من أحد كبار الطهاة الفرنسيين وكان مذاقها فظيعًا؛ تم الكشف عنها لاحقًا على أنها سويسرية بدلاً من ذلك! من الواضح أنها فاجأتني. لقد استسلمت لمتلازمة "لم يُخترع هنا" (متلازمة NIH)، حيث يصبح أي إبداع تصنعه بنفسك متفوقًا مقارنة بأي شيء يأتي بعده.

تتسبب متلازمة المعاهد الوطنية للصحة في وقوع الناس في حب أفكارهم الخاصة. وهذا لا ينطبق فقط على وصفات صلصة السمك، بل على كافة أشكال الحلول والأفكار التجارية والاختراعات التي يتم تطويرها داخليًا؛ غالبًا ما تصنف الشركات مثل هذه المفاهيم على أنها أكثر أهمية من أي مفاهيم من مصادر خارجية؛ ولكن هذا قد لا يكون بالضرورة دقيقا في الواقع. التقيت مؤخرًا بالرئيس التنفيذي لأحد مزودي البرامج لشركات التأمين الصحي. وأوضح مدى صعوبة قيام شركته ـ على الرغم من أنها تقود السوق من حيث الخدمة والأمن والوظائف ـ ببيع منتجاتها البرمجية مباشرة إلى العملاء المحتملين. تعتقد العديد من شركات التأمين أن الحلول الداخلية الخاصة بها توفر الحلول المثلى، إلا أن مديرًا تنفيذيًا آخر أخبرني بمدى صعوبة إقناع موظفيه في المقر الرئيسي بقبول الحلول المقترحة من الشركات التابعة البعيدة.

عندما يتعاون الناس لحل المشكلات وتقييم هذه الأفكار بأنفسهم، فإن متلازمة المعاهد الوطنية للصحة سوف تظهر نفسها حتماً وتأخذ مجراها. ولذلك لا بد أن يكون لها نتيجة مؤثرة ينتج عنها ظهورها المؤثر. وهذا يجعل الحالة أكثر أهمية.

إن تقسيم الفرق إلى مجموعتين أمر منطقي: ستقوم إحداهما بتوليد الأفكار بينما تقوم الأخرى بتقييمها، حيث يتم تقييم الأفكار التي يولدها فريق واحد من قبل فريق آخر، ثم يتم عكسها ـ وبهذه الطريقة تحصل كلتا المجموعتين على وقت متساوٍ في إنشاء الأفكار وتقييم المفاهيم من فريق آخر. نحن نميل إلى تقييم أفكار أعمالنا بشكل أكثر إيجابية من تلك التي يقترحها الآخرون ـ وهي سمة أساسية لنجاح ريادة الأعمال ولكنها تؤدي في كثير من الأحيان إلى عوائد مخيبة للآمال في الشركات الناشئة.

استخدم عالم النفس دان أريلي مدونته في صحيفة نيويورك تايمز لتحديد متلازمة المعاهد الوطنية للصحة. طلب أريلي من القراء تقديم حلول لستة مشاكل، مثل "كيف يمكن للمدن تقليل استهلاك المياه دون التقيد بالقانون؟"، وتقديم الاقتراحات وتقييم الجدوى؛ مزيد من التحديد لاستثمارات الوقت والمال في كل فكرة مقترحة؛ أخيرًا باستخدام خمسين كلمة فقط، لذا فإن جميع الإجابات المقدمة متطابقة تمامًا. وبغض النظر عن ذلك، فقد قيّم معظم القراء إجاباتهم بأنها أكثر أهمية وقابلة للتطبيق من زملائهم المساهمين حتى عندما كانت المشاركات متطابقة عمليًا.

على المستوى المجتمعي، يمكن أن يكون لمتلازمة المعاهد الوطنية للصحة نتائج كارثية. نحن في كثير من الأحيان نرفض الأفكار الذكية من الثقافات الأخرى لمجرد أننا لا نستطيع أن نقدر مزاياها المثبتة. كانت سويسرا، حيث تمتلك كل ولاية أو كانتون (تنطق كانتونيسالي بالفرنسية) سلطات معينة، موطنا لحالة غير عادية من المشاركة الوطنية في الصحة (NIH) عندما رفض كانتون صغير الموافقة على حق المرأة في التصويت على الرغم من حكم المحكمة الفيدرالية الغاضب في عام 1990 الذي يقضي فعليا غيرتها ـ مثال صارخ آخر على التدخل الوطني في الصحة. خذ بعين الاعتبار أيضًا دوار المرور الحديث الذي صممه مهندسو النقل البريطانيون خلال الستينيات وتم تنفيذه في جميع أنحاء بريطانيا. إنها تتميز بمتطلبات إنتاجية صارمة. وبعد عدة عقود من النسيان والمقاومة، انتشرت تدابير تخفيف الازدحام المروري مثل الدوارات في نهاية المطاف في جميع أنحاء أمريكا الشمالية وأوروبا القارية. تفتخر فرنسا وحدها الآن بوجود أكثر من 30000 دوار ينسبها العديد من الفرنسيين خطأً إلى منشئها، الذي صمم ساحة النجمة.

الخلاصة: نحن نميل إلى الانجراف بأفكارنا الخاصة، مما يجعلنا ثملين بشكل متزايد بقوتها. البقاء رصينًا وتقييم جودتها بموضوعية بعد فوات الأوان ـ أي من أفكارك من السنوات العشر الماضية كانت رائعة حقًا؟ بالضبط.

انظر أيضًا وهم الاستبطان (الفصل 67)؛ تأثير الوقف (الفصل 23)؛ التحيز لخدمة الذات (الفصل 45)؛ أثر الإجماع الكاذب (الفصل 77)

كيفية الربح من الأصول غير المعقولة

كل البجعات بيضاء." لعدة قرون، ظل هذا البيان صحيحا. وكانت كل عينة ثلجية دليلاً على هذا الادعاء؛ أي لون"
آخر؟ لا يمكن تصوره. كان ذلك حتى عام 1697، عندما واجه ويليم دي فلامينج لأول مرة بجعة سوداء أثناء رحلة
استكشافية إلى أستراليا؛ منذ ذلك الحين أصبح البجع الأسود يرمز إلى الاحتمالات غير المتوقعة في الحياة.

في أحد أيام عام 1987، كان هذا هو اليوم الذي وصف فيه نسيم طالب هذا الحدث في كتابه دون أن يحذر من نتائجه!
حدث البجعة السوداء.

أحداث البجعة السوداء هي أحداث لا يمكن تصورها والتي تغير الحياة والمهنة والمجتمع بشكل كبير ـ بدءًا من
النيازك التي تضربك وصولاً إلى اكتشاف سوتر للذهب في كاليفورنيا أو وفاة سوتر؛ ومن اكتشاف سوتر إلى
سبوتنيك وتطوير متصفح الإنترنت؛ أو أي لقاء آخر يقلب الحياة تمامًا رأسًا على عقب ـ كل منها عبارة عن بجعات
سوداء محتملة يمكن أن يكون لها تداعيات إيجابية أو سلبية ـ وكلها مؤهلة للبجعات السوداء.

اشتهر دونالد رامسفيلد ذات يوم بطرح فكرة فلسفية قوية في مؤتمر صحفي: هناك أشياء نعرفها على وجه اليقين
("الحقائق المعروفة")، وبعض الأشياء التي تظل مجهولة (المجهولات المعروفة)، وتلك الأشياء التي تظل مخفية أو
غامضة بالنسبة لنا ("مجهول مجهول").

هل نقوم حالياً باستكشاف حجم ونطاق الكون، أو وجود الأسلحة النووية في إيران، أو ما إذا كان الإنترنت يجعلنا أكثر
ذكاءً أو غباءً أم لا؟ تمثل هذه الأسئلة "مجهولات معروفة"، والتي من خلال بذل ما يكفي من الجهد قد نأمل في يوم
من الأيام أن نقدم إجابات عليها؛ على عكس المجهول المجهول مثل هوس الفيسبوك الذي لم يتوقعه أحد عند بدايته قبل
عشر سنوات: لقد كان حقًا غير متوقع ولا يمكن التنبؤ به.

لماذا البجعات السوداء مهمة؟ على الرغم من أن الأمر قد يبدو غريبًا، إلا أن البجعات السوداء تحدث بشكل متزايد
بمرور الوقت وتميل إلى أن تصبح ذات أهمية متزايدة. بينما يمكننا التخطيط لمستقبلنا بكل يقين، فإن الأحداث غير
المتوقعة مثل البجعات السوداء غالبًا ما تجعلنا نتدافع في الاستجابة.
غالبًا ما تؤدي حلقات ردود الفعل والتأثيرات غير الخطية إلى تخريب أفضل نوايانا، مما يؤدي إلى نتائج غير متوقعة.
أحد الأسباب هو القدرة الكامنة في أدمغتنا على الصيد والجمع. في العصر الحجري، نادرًا ما واجه الصيادون أي
شيء غير عادي حقًا ـ فغالبًا ما كانت الغزلان التي نطاردها أبطأ أو أسرع، أو أكثر بدانة أو أنحف. كل شيء كان
يميل نحو متوسط ثابت.

اليوم مختلف؛ إنجاز واحد يمكن أن يضاعف دخلك بمقدار كبير ـ فقط اسأل لاري بايج، يوسين بولت، جورج
سوروس، جي كيه. رولينج أو بونو على سبيل المثال. قبل الآن، لم يكن من الممكن تصور مثل هذه الثروات، ولم
تصبح مثل هذه الأعمال البطولية ممكنة إلا مؤخرًا، مما أدى إلى خوفنا في العصر الحديث من السيناريوهات
المتطرفة. نظرًا لأن الاحتمالات لا يمكن أن تقل عن الصفر وأن الأفكار البشرية غالبًا ما تظهر أخطاء، فيجب أن
تفترض أن كل شيء له احتمالية أعلى من الصفر.

ماذا يمكن ان يفعل؟ ضع نفسك في المواقف التي قد تسمح لك بالركوب.

اصنع لنفسك إمكانية أن تكون محظوظًا بما يكفي لتجربة حدث البجعة السوداء الإيجابي (على الرغم من أن هذا غير محتمل على الإطلاق). فكر في أن تصبح فنانًا أو مخترعًا أو رجل أعمال بمنتج قابل للتطوير. إن بيع وقتك كموظف أو طبيب أسنان أو صحفي لن يكون كافيًا ـ على الرغم من أنه حتى لو اضطررت إلى الاستمرار في هذا المسار، تجنب البيئات التي قد تسمح بظهور أحداث البجعة السوداء السلبية.
ابتعد عن الديون، واستثمر مدخراتك بشكل متحفظ قدر الإمكان، وتقبل العيش بمستوى معيشي متواضع بغض النظر عما إذا كان قد تحقق إنجاز كبير أم لا.

ملاحظات حول النفور من الغموض (الفصل 80)؛ الوهم التنبؤي (الفصل 40) ؛ المسارات البديلة (الفصل 39) والتوقعات (الفصل 62) من هذا الكتاب.

المعرفة غير قابلة للتحويل

إن تأليف كتب عن التفكير الواضح يجلب العديد من المكافآت: حيث يسعد قادة الأعمال والمستثمرون أن يدفعوا لي مقابل إلقاء محاضرات حول هذا الموضوع مقابل أموال جيدة، رغم أن هذا يبدو غريبًا لأن الكتب أرخص بكثير. في أحد المؤتمرات الطبية، ألقيت محاضرة عن إهمال المعدل الأساسي باستخدام تشبيه من الطب: على وجه الخصوص عند مناقشة ألم الصدر الطعني بين المرضى الذين يبلغون من العمر 40 عامًا، قد يشير ذلك إلى مرض القلب أو ببساطة الإجهاد ـ حيث يكون الإجهاد أكثر احتمالاً (مع قاعدة أعلى لذلك سيكون من الحكمة اختبار هذا الاحتمال أولاً قبل اختبار أمراض القلب أو الإجهاد ـ وهو أمر فهمه جميع الأطباء بشكل حدسي عندما استخدمت مثالاً اقتصاديًا؛ ومع ذلك، تعثر معظمهم عند محاولة فهم هذه الفكرة بالتفصيل مقارنة بالقياسات من الطب أو الطب بشكل عام مقارنة باستخدام مثال اقتصادي من الطب، وقد تعثر هذا التشبيه بشكل بائس عند شرح هذا الجانب من إهمال المعدل الأساسي: عند استخدام مثال اقتصادي، تعثر معظمهم عند الحديث عن إهمال المعدل الأساسي (إهمال المعدل الأساسي أسهل).

كما هو الحال مع المستثمرين، عندما أتحدث أمام الجمهور، أواجه ظواهر مماثلة: عند استخدام أمثلة من التمويل أو الاقتصاد لتوضيح المغالطات التي تنتشر بسرعة؛ ولكن إذا استخدمت أمثلة من علم الأحياء، فإنها تبدو ضائعة ـ مما يوضح كيف لا تنتقل الأفكار بسهولة بين الحقول ـ وهو تأثير يُعرف بالاعتماد على المجال

فاز هاري ماركويتز بجائزة نوبل في الاقتصاد عام 1990 عن نظريته حول "اختيار المحفظة". تحدد هذه العملية التكوين الأمثل للمحفظة، مع الأخذ بعين الاعتبار اعتبارات المخاطر والعائد. وعندما طبق على مدخرات ماركويتز الخاصة ـ كيفية توزيعها بين الأسهم والسندات ـ فقد اختار ببساطة التوزيع بنسبة 50/50. لا يستطيع الحائز على جائزة نوبل أن يطبق عمليته المنهجية بشكل فعال في شؤونه الشخصية؛ حالة واضحة من الاعتماد على المجال؛ وبالتالي الفشل في نقل المعرفة من الأوساط الأكاديمية إلى الحياة اليومية.

صديقي من عشاق الأدرينالين. إنه يستمتع بتسلق المنحدرات المتدلية بيديه العاريتين والقفز من الجبال مرتديًا بذلة مجنحة، من بين أنشطة المغامرة الأخرى. أخبرني الأسبوع الماضي لماذا قد يكون بدء مشروع تجاري أمرًا محفوفًا بالمخاطر؛ ولا يمكن دائما استبعاد الإفلاس كخيار. وعندما ناقشنا وجهة نظره، أجبت: "أنا شخصياً أفضل أن أكون إمفلساً على أن أموت!" لم يقدر تفكيري

كمؤلف، أفهم صعوبة الانتقال من مجال خبرة إلى آخر. إن تخطيط الروايات وإنشاء الشخصيات أمر سهل بالنسبة لي؛ الصفحات الفارغة لا تخيفني! من ناحية أخرى، فإن التعامل مع الصناديق والشاشات الفارغة أمر مختلف تمامًا. يمكن أن يكون الديكور الداخلي أمرًا شاقًا؛ أستطيع أن أقضي ساعات أحدق في الفضاء دون أن تكون لدي أي فكرة

تعتمد الشركات غالبًا على تبعية المجال. قد تقوم شركة برمجيات بتعيين مندوب مبيعات فعال للسلع الاستهلاكية وتجد أن تحويل مواهبه من المنتجات الاستهلاكية إلى مبيعات الخدمات أمر بالغ الصعوبة. إن المقدم الذي يتفوق عند التحدث إلى مجموعات صغيرة قد يتعثر عندما يتجاوز عدد جمهوره 100 شخص؛ أو قد يفتقر المسوق الماهر فجأة إلى أي إبداع استراتيجي أثناء انتقاله من منصب الرئيس التنفيذي.

ويقدم لنا ماركويتز مثالاً يسلط الضوء على مدى صعوبة الانتقال من الحياة المهنية إلى الحياة الخاصة. أعرف رؤساء تنفيذيين يتفوقون كقادة في العمل ولكنهم يبدون وكأنهم صدفة فارغة عندما يحين وقت إقامة علاقات حميمة خارج جدران مكاتبهم. كما هو الحال في كثير من الأحيان، فإن الأطباء هم أسوأ مهنة مخالفة عندما يتعلق الأمر بتدخين

السجائر واستخدام منتجات التبغ. يميل ضباط الشرطة إلى أن يكونوا أكثر عنفًا في المنزل مقارنة بالمدنيين بينما يتلقى نقاد الأدب مراجعات سيئة لكتبهم. يميل معالجو الأزواج إلى أن تكون زيجاتهم أكثر هشاشة من عملائهم؛ بحسب أستاذ الرياضيات باري مازور. "منذ عدة سنوات كنت أحاول أن أقرر ما إذا كان ينبغي لي الانتقال من جامعة ستانفورد إلى جامعة هارفارد أم لا." بعد أن أصاب أصدقائي بالملل من خلال مناقشات لا نهاية لها، اقترح أحدهم أن أقوم بتجميع قائمة بالتكاليف والفوائد، بالإضافة إلى فائدتي المتوقعة من إجراء حساب تقريبي. وبدون تفكير، كان ردي: "هيا ساندي، هذا أمر خطير." وبدون التفكير في ردي بشكل صحيح، كان ردي:

قد يكون نقل المعرفة من مجال إلى آخر أمرًا صعبًا، لا سيما بين الأوساط الأكاديمية وبيئات الحياة الواقعية ـ وخاصة بين الأوساط الأكاديمية وبيئات الحياة الواقعية مثل الأوساط الأكاديمية مقابل سيناريوهات الحياة الواقعية. ولسوء الحظ، ينطبق هذا حتى على المعرفة الموجودة في هذا الكتاب: فقد تجد صعوبة في تطبيقه في الحياة اليومية؛ حتى بالنسبة لي ككاتبة، أثبت هذا الانتقال أنه صعب! لا يمكن ترجمة ذكاء الكتاب بسهولة إلى ذكاء الشارع.

انظر أيضًا Deformation Professionale (الفصل) والميل إلى الهراء (الفصل 16) ومعرفة السائق (الفصل 92)؛ 57)

أسطورة التشابه في التفكير

ما هي الموسيقى التي تفضلها: موسيقى الستينيات أم الثمانينات؟ كيف سيكون رد فعل الجمهور العام؟ يميل الناس إلى إبراز تفضيلاتهم على الآخرين؛ أولئك الذين يحبون الستينيات قد يفترضون أن معظم الآخرين يفعلون ذلك أيضًا؛ وبالمثل، قد يفترض عشاق الثمانينيات أن معظم الأشخاص الآخرين يشاركونهم ذوقهم في الموسيقى أيضًا. قد نبالغ في كثير من الأحيان في تقدير الإجماع بين الأشخاص من حولنا ونفترض أن الجميع يتفق مع أفكارنا ومعتقداتنا ـ تُعرف هذه الظاهرة باسم تأثير الإجماع الخاطئ.

اكتشف عالم النفس في جامعة ستانفورد، لي روس، هذا الأمر لأول مرة في عام 1977 من خلال إنشاء لوحة شطيرة مزينة بشعار "تناول الطعام في مطعم جو" وطلب من الطلاب الذين تم اختيارهم عشوائيًا ارتدائها حول الحرم الجامعي لمدة ثلاثين دقيقة، مع تقدير عدد الطلاب الآخرين الذين سيتطوعون للقيام بذلك؛ افترض أولئك الذين كانوا على استعداد لارتداء اللافتة أن معظم الأشخاص الآخرين (62٪) سيوافقون على ذلك، في حين اعتقد أولئك الذين رفضوا بأدب أن معظمهم (67٪) سيجدون الفكرة غبية للغاية؛ تخيلت كلا المجموعتين من الطلاب أنفسهم جزءًا من الأغلبية الشعبية.

وبوسعنا أن نلاحظ تأثير الإجماع الزائف بين جماعات المصالح والفصائل السياسية التي تبالغ باستمرار في تقدير شعبية قضاياها، مثل قضية الانحباس الحراري العالمي. بغض النظر عن مدى أهمية هذه القضية، فمن المرجح أنك تعتقد أن معظم الأشخاص الآخرين يشاركونك وجهة نظرك بشأنها. وبالمثل، يميل السياسيون إلى المبالغة في تقدير شعبيتهم بسبب انحياز التفاؤل المتأصل الذي لا يمكن إلا أن يجعلهم يعتقدون أن فرصهم الانتخابية أكبر مما هي عليه بالفعل.

بل إن أداء الفنانين أسوأ من ذلك: فعند الشروع في مشاريع جديدة، يتوقع الفنانون نجاحاً أكبر من أي وقت مضى. مثالي الشخصي كان روايتي ماسيمو ماريني التي حققت نجاحًا تامًا؛ بعد كل شيء، كان أداؤه جيدًا مقارنة بأسلافه (على الرغم من أن هذه الإصدارات تلقت أيضًا مراجعات إيجابية)، والتي بدت جيدة بنفس القدر في تقديري. لكن لسوء الحظ بالنسبة لي، اختلف الرأي العام وأثبت خطأي: هذه الظاهرة المعروفة باسم تأثير الإجماع الخاطئ.

وينطبق هذا أيضًا على الأعمال التجارية: فمجرد اعتقاد قسم البحث والتطوير بأن منتجه سوف يروق للمستهلكين لا يعني أن المستهلكين يفعلون ذلك أيضًا. تميل الشركات التي يقودها متخصصون في مجال التكنولوجيا إلى اتخاذ القرارات مع أخذ هذا التحيز في الاعتبار. يميل المخترعون إلى الانبهار بالميزات المتقدمة لمنتجاتهم ويفترضون بشكل خاطئ أن هذه الميزات ستجذب العملاء أيضًا.

إن تأثير الإجماع الكاذب رائع لسبب آخر. عندما لا يشارك الناس آراءنا، فإننا نصنفها بسرعة على أنها غير طبيعية أو مشبوهة. أكدت تجربة روس هذا. رأى الطلاب الذين يرتدون ألواح الساندويتش أن أولئك الذين لم يوافقوا على ذلك هم متعجرفون أو أنانيون بينما نظر إليهم في معسكر آخر على أنهم باحثون عن الاهتمام أو يرتدون اللافتات على أنهم أغبياء وصانعي ضجيج.

ولعلك تتذكر مغالطة الدليل الاجتماعي ـ فكرة أن الفكرة تصبح أفضل كلما اشترك فيها عدد أكبر من الناس ـ والتي تشير إلى تأثير إجماع كاذب أشبه بذلك الذي شوهد أثناء انتخابات الإجماع الزائف. لا، الدليل الاجتماعي هو استراتيجية بقاء تطورية. إن اتباع الحشود قد أنقذ بشرتنا في كثير من الأحيان على مدار الـ 100000 عام الماضية

مقارنة بالذهاب بمفردها. على الرغم من عدم مشاركة أي مؤثرات خارجية في خلق تأثيرات الإجماع الخاطئ، إلا أنها لا تزال تخدم وظيفة اجتماعية؛ ومن ثم فإن التطور لم يقضِ عليهم. لم تُخلق أدمغتنا للتعرف على الحقيقة؛ والغرض منها هو بدلاً من ذلك إنتاج ذرية أكبر عدد ممكن من المرات. كل من كان يُنظر إليه على أنه شجاع ومقنع (من خلال تأثير الإجماع الخاطئ) ترك انطباعًا أوليًا مثيرًا للإعجاب، واجتذب المزيد من الموارد، وزاد من فرصه في نقل جيناته إلى الأجيال القادمة. كان يُنظر إلى المتشككين على أنهم أقل جاذبية.

الخلاصة: إن الاعتراف بأن رؤيتك للعالم لا تتوافق مع المشاعر العامة هو نصف المعركة فقط ـ لا تفترض أن أصحاب الأفكار المختلفة هم أغبياء قبل أن ترفضهم تمامًا ولا تثق بهم، قم أولاً بإلقاء نظرة فاحصة وموضوعية على افتراضاتك وحاول تحدي نفسك. قبل الرد بشكل سلبي تجاه أصحاب وجهات النظر المختلفة.

انظر أيضًا الدليل الاجتماعي (الفصل 4) ومتلازمة "لم يتم اختراعه هنا" (الفصل 75) لمزيد من المناقشة حول هذه المفاهيم.

فرق المخاطر وعدم اليقين

النفور من الغموض

بغض النظر عن أي B، صندوقين. يحتوي الصندوق (أ) على 100 كرة: 50 كرة حمراء و50 كرة سوداء. في المربع منها تم اختياره دون النظر، 100 من نفس الحجم ولكن لا تعرف أي منها ستكون كرات حمراء أو سوداء إذا تم سحب أي منها من هناك عن طريق الصدفة ـ إذا خرجت كرة حمراء، فستربح 100 دولار ! أي صندوق ستختار: أ أم ب؟ يميل معظم الأشخاص إلى تحديد "أ" كخيار

العب مرة أخرى باستخدام نفس الصناديق تمامًا، وحاول سحب كرة سوداء واحدة هذه المرة مقابل 100 دولار! ما هو على كرات B المربع الذي ستختاره هذه المرة؟ على الأرجح سيكون أ؛ ومع ذلك، من الناحية المنطقية، سيحتوي حمراء أقل (وبالتالي المزيد من الكرات السوداء)، مما يبرر اختيارك هذه المرة.

الخطأ شائع؛ لا تقلق: تُعرف هذه الظاهرة باسم "مفارقة إلسبيرج" وسميت على اسم دانييل إلسبيرج، عالم النفس السابق بجامعة هارفارد (قام لاحقًا بتسريب أوراق البنتاغون السرية للغاية للصحافة مما أدى في النهاية إلى استقالة الرئيس نيكسون). توفر مفارقة إلسبيرج دليلا تجريبيا على أننا نميل إلى تفضيل الاحتمالات المألوفة على الاحتمالات غير المعروفة (المربع أ على المربع ب).

لذلك نعود إلى المخاطرة وعدم اليقين (أو الغموض) والاختلافات بينهما. المخاطرة تعني أن الاحتمالات معروفة؛ عدم اليقين هو عندما تظل الاحتمالات مجهولة؛ من خلال أخذ المخاطر في الاعتبار، يمكنك أن تقرر ما إذا كانت المقامرة منطقية أم لا. عدم اليقين يجعل اتخاذ القرارات أكثر صعوبة، وغالبا ما يؤدي إلى نتائج كارثية. من السهل الخلط بين المخاطر وعدم اليقين ـ مما يؤدي في كثير من الأحيان إلى عواقب وخيمة لأي شخص يحاول إجراء حسابات مع أحدهما مقابل الآخر. الإحصاء هو علم قديم عمره 300 عام يدرس المخاطر. يدرس العديد من الأساتذة مفاهيمها. ومع ذلك، لا يوجد كتاب مدرسي عن عدم اليقين؛ لذلك نحاول دمج عدم اليقين في فئات المخاطر دون أن يكون لذلك أي معنى. فيما يلي مثالان حيث تعمل هذه النظرية والآخر حيث لا تعمل: واحد من الطب (حيث تعمل بشكل جيد) والآخر (من الاقتصاد (حيث لا تعمل.

يشكل البشر المليارات على الأرض. لا تختلف أجسادنا بشكل كبير، حيث تصل إلى ارتفاعات وأعمار متشابهة (لن يصل طول أي شخص إلى 100 قدم).
يمكن للمرء أن يعيش لمدة 10000 سنة (أو ميلي ثانية فقط!). يمتلك معظم البشر عينين وأربعة صمامات للقلب و32 سنًا؛ وهذا يعني أننا سنبدو مشابهين للفئران من منظور الأنواع الأخرى. ونتيجة لذلك، عند التعامل مع الأمراض التي تشترك في سمات مماثلة مثل السرطان، فمن المنطقي أن نقول، على سبيل المثال: "هناك خطر بنسبة 30٪ أن تموت بسبب السرطان". ومن ناحية أخرى، فإن التأكيد على أن "هناك احتمالاً بنسبة 30% أن ينهار اليورو في غضون خمس سنوات" لن يكون منطقياً على الإطلاق. لماذا؟ يعيش الاقتصاد في بيئة من عدم القدرة على التنبؤ. لا يوجد تاريخ عملة يسمح لنا باستخلاص الاحتمالات بأي قدر من اليقين؛ ويوضح الفارق بين المخاطر وعدم اليقين أيضا هي (CDS) سبب الاختلاف الكبير بين التأمين على الحياة ومقايضات العجز الائتماني. إن مقايضات العجز الائتماني وثائق تأمين ضد حالات تخلف محددة عن عدم قدرة الشركات على السداد، مثلما يغطي التأمين على الحياة المخاطر في شكل يمكن حسابه بسهولة؛ تُدخل مقايضات العجز الائتماني حالة من عدم اليقين في حياتنا مما ساهم في في المائة" أو "وضع x الاضطرابات المالية عام 2008. عندما يتم سماع عبارات مثل "خطر التضخم المفرط هو في المائة"، انتبه: يجب أن ترفع الأعلام الحمراء y أسهمنا معرض للخطر بنسبة

لتجنب الأحكام المتسرعة، يجب أن تتعلم قبول الغموض. لسوء الحظ، يمكن أن تكون هذه مهمة صعبة ولا يمكن التغلب عليها ولا يمكنك التأثير عليها بشكل مباشر. تلعب اللوزة الدماغية دورًا أساسيًا هنا ـ هذه المنطقة بحجم حبة الجوز في مركز الدماغ والمسؤولة عن معالجة الذاكرة والعواطف تلعب دورًا محوريًا هنا أيضًا: شكلها يحدد قدرتك أو عدم قدرتك على التعامل مع عدم اليقين؛ تعكس ميولك السياسية هذه الديناميكية حيث يختلف قدرتك على تحمل عدم اليقين اعتمادًا على بنيتها؛ يرتبط هذا من نواحٍ عديدة بعدد المرات التي يميل فيها تصويتك نحو المحافظة ـ وهو ما يتضح جزئيًا بسبب الأسباب البيولوجية وراء ميولهم السياسية!

ومن يرغب في التفكير بوضوح يجب عليه أن يفهم الفرق بين المخاطرة وعدم اليقين. فقط في حالات معينة يمكننا الاعتماد على احتمالات واضحة ـ يمكن أن توفر الكازينوهات أو رمي العملات المعدنية أو كتب الاحتمالات مثل هذا الضمان ـ وغالبًا ما نواجه غموضًا مثيرًا للقلق يتطلب الصبر في التعامل معه. تعلم أن تقبل كل شيء كجزء من الحياة!

أنظر أيضا: البجعة السوداء (الفصل 75)؛ إهمال الاحتمال (الفصل 26)؛ إهمال المعدل الأساسي (الفصل 28)؛ انحياز التوفر (الفصل 11) والمسارات البديلة (الفصل 39) لمزيد من الاعتبارات. (82-91).

؟ هارسليفيلو؟ سوسومانييلو؟ على Irouleguy: في أحد المطاعم مؤخرًا، اطلعت على قائمة النبيذ الخاصة بهم في يأس الرغم من أنه ليس خبيرًا، كان من الواضح أن الساقي كان يحاول إقناعنا باختياراته الدنيوية. أخيرًا في الصفحة يأمر على ."52$ Bourgogne، Reserve du Patron: الثامنة كان الاسترداد في شكل "نبيذنا الفرنسي المنزلي الفور بفكرة واحدة "بالتأكيد لا يمكن أن يكون هذا أسوأ ...".

منذ عدة سنوات، أتاح لي تخصيص كل شيء ـ استخدام البيانات ومزامنة التطبيقات iPhone منذ أن اشتريت جهاز وإعدادات التشفير ومستويات صوت مصراع الكاميرا ـ وفقًا لمواصفاتي الدقيقة. ولكن قد يكون تخمينك صحيحًا: لم يتم تكوين أي منها حتى الآن إ

في أعماقي، لا أواجه أي تحديات فنية؛ بل أنا ببساطة ضحية أخرى لـ "التأثير الافتراضي". عندما يشعرنا شيء ما بالراحة والترحيب، فإننا نميل إلى الالتزام بإعداداته الافتراضية ـ مثل إعداد النبيذ المنزلي وإعدادات الهاتف المحمول في المصنع والتي عادة ما نستقر فيها بسعادة. تمامًا مثلي، يفضل العديد من الأشخاص الخيارات القياسية على الخيارات الفردية ـ على سبيل المثال، عند شراء سيارات جديدة، يميل العديد من المشترين إلى اختيار اللون الافتراضي بغض النظر عن توفره في الموديلات الأخرى؛ يختاره العديد من المشترين بغض النظر. يختار الكثيرون التقصير على أي شيء آخر!

في كتابهما "الوكزة"، يوضح الخبير الاقتصادي ريتشارد ثالر وأستاذ القانون كاس سانستاين كيف يمكن للحكومات أن توجه مواطنيها بشكل فعال دون انتهاك الحريات التي يحميها الدستور. ولا تحتاج السلطات إلا إلى تقديم بعض الخيارات ـ بما في ذلك دائما خيار "الخروج" لأولئك غير القادرين على الاختيار فيما بينهم ـ حتى يتمكن الناس من اتخاذ قرار مستنير بشأن سياسات التأمين على السيارات لأنفسهم ولجيرانهم. وقد أثبتت ولايتي نيوجيرسي وبنسلفانيا ذلك من خلال وثيقتي التأمين على السيارات المقدمتين لسكانهما. أعلنت ولاية نيوجيرسي عن هذه السياسة كخيار قياسي لها وكان معظم الناس سعداء بقبول تكلفتها المنخفضة والتنازل عن بعض حقوق التعويض في حالة وقوع حادث. بدا سائقو ولاية بنسلفانيا أكثر ميلاً نحو اختيار الخيار الثاني الأكثر تكلفة كخيارهم القياسي، وسرعان ما جعلوا هذا الخيار الأكثر مبيعًا. وكانت هذه النتيجة رائعة للغاية بالنظر إلى أن السائقين في كلا الولايتين متشابهان بشكل عام قد تختلف التغطية اعتمادًا على ما يفضله الفرد والميزانية المطلوبة

ولنتأمل هنا هذه التجربة: هناك نقص حاد في المتبرعين بالأعضاء، ومع ذلك فإن 40% فقط يختارون التبرع بالأعضاء. أجرى إريك جونسون ودان غولدشتاين استطلاعًا للرأي سألوا فيه الناس عما إذا كانوا يريدون الانسحاب من الخدمة بعد الموت. من خلال جعل التبرع بالأعضاء هو الخيار الافتراضي بدلاً من خيار الاشتراك/الانسحاب الافتراضي، زادت نسبة الإقبال بشكل كبير من 40% إلى أكثر من 80%! أظهر هذا الفرق الكبير بين أسلوب الاشتراك الافتراضي وأسلوب إلغاء الاشتراك الافتراضي.

عندما لا يتم تحديد خيار قياسي، فإننا نميل إلى الاكتفاء بأي إعداد افتراضي موجود وتوسيع حالته الحالية والتحقق من صحتها. الطبيعة البشرية تفضل ما يعرفونه؛ عند الاختيار بين تجربة شيء جديد أو التمسك بما نعرفه بالفعل، يميل الكثيرون إلى تفضيل التمسك بما هو مألوف على الرغم من معرفتهم بأن أي تغيير سيفيدهم؛ يتقاضى البنك الذي أتعامل معه 60 دولارًا سنويًا لإرسال كشوفات الحساب بالبريد؛ وتنزيلها بدلاً من ذلك سيوفر هذه النفقات، ولكن بطريقة ما لا تزال هذه الخدمة تزعجني؛ ربما لأنه يشعر بالأمان الكافي؟

إذن، من أين ينبع الانحياز للوضع الراهن؟ يلعب النفور من الخسارة دورًا أساسيًا في هذه الظاهرة. تؤثر الخسائر علينا بقوة تبلغ ضعف قوة المكاسب، مما يجعل مهام مثل إعادة التفاوض على العقود صعبة للغاية ـ كل امتياز تقدمه يزن ضعف أي شيء تتلقاه في المقابل، مما يؤدي إلى خسائر صافية من خلال مثل هذه التبادلات.

يُظهر كل من التأثير الافتراضي والتحيز للوضع الراهن ميلنا القوي إلى التمسك بالكيفية التي تسير بها الأمور، حتى لو كان هذا يضعنا في وضع غير مؤات. ومن خلال تغيير السلوك البشري من خلال ضبط الإعدادات الافتراضية بشكل مختلف، يمكنك التأثير على قرارات الإنسان بشكل أكثر نجاحًا.

"ربما تتبع حياتنا مفهومًا افتراضيًا خفيًا كبيرًا"، اقترحت على أحد مرافقي العشاء، على أمل استفزازه إلى مناقشة فلسفية عميقة. بدلاً من ذلك، بعد أخذ عينات من نبيذ Reserve du Patron قال ببساطة، "ربما يحتاج الأمر إلى وقت فقط."

أنظر أيضاً تعب القرار (الفصل 53)؛ مفارقة الاختيار (الفصل 21)؛ النفور من الخسارة (الفصل 32).

لماذا "الفرصة الأخيرة" تجعلنا نشعر بالذعر؟

الخوف من الندم | | يمتلك بول أسهمًا في الشركة "أ"، ولكنه كان يفكر خلال العام في بيعها وشراء أسهم من الشركة "ب" بدلاً من ذلك ـ وفي النهاية اختار عدم القيام بذلك وأدرك اليوم أنه كان سيحصل على مبلغ إضافي قدره 1200 دولار لو فعل ذلك بدلاً من ذلك. وفي الوقت نفسه، كان جورج يمتلك أسهمًا من الشركة "ب" لكنه باعها ليشتري أسهم بدلاً من ذلك والحصول B "أ" بدلاً من ذلك؛ يدرك كلا الرجلين اليوم أنه كان بإمكانهما الاستمرار بشكل أفضل مع على ربح إضافي قدره 1200 دولار لو استمرا في ذلك لفترة أطول؛ من يشعر بالندم أكثر؟ بول أم جورج؟

الندم هو الشعور بإتخاذ القرار الخاطئ، والتمني أن يمنحنا أحدهم فرصة أخرى. عندما سئلوا من سيشعر بالسوء بعد اتخاذ خيار سيئ، اختار 8% فقط بول بينما اختار 92% جورج على الرغم من تطابق الحالتين: اتخذ كل من بول بينما كان A وجورج خيارات سيئة للأسهم مما تركهما خارج جيوبهما بنفس القدر؛ كان بول يمتلك بالفعل أسهمًا في على جورج أن يشتريها بنفسه، وكان بول سلبيًا بينما كان جورج يتصرف بنشاط ـ يبدو أن أولئك الذين لا يتبعون المنطق السائد يشعرون بالندم أكثر.

ليس التصرف دائمًا هو مصدر الندم؛ في بعض الأحيان يمكن أن يؤدي التقاعس عن العمل إلى إحداث تأثير عاطفي أكبر من فعل شيء حيال ذلك. خذ، على سبيل المثال، دار نشر تقف وحدها في رفض نشر الكتب الإلكترونية العصرية؛ ويؤكد صاحبها أن الكتب يجب أن تظل مطبوعة على الورق كما تمليه التقاليد. وبعد ذلك بوقت قصير، فشل تسعة ناشرين في خططهم لإطلاق استراتيجيات الكتاب الإلكتروني؛ أدى هذا إلى ترك الناشرين الورقيين التقليديين فقط على حالهم قبل الإفلاس ـ بما في ذلك الناشر الذي حاول لكنه استسلم في النهاية وذهب في طريق الناشر التقليدي حيث كانت دور النشر التقليدية هي الضحية الأخيرة. في النهاية، من الذي شعر أكثر تجاه هذه السلسلة من القرارات المتخذة؟ ومن حاز على أكبر قدر من الدعم؟ على اليمين: الناشر الورقي التقليدي بموقفه التقليدي ضد إنشر المتذمر الإلكتروني العصري

خذ بعين الاعتبار كتاب دانييل كانيمان "التفكير والسرعة والبطء" كمثال: بعد كل حادث تحطم طائرة، نسمع عن فرد كان ينوي الطيران قبل يوم أو بعده بيوم ولكن لأي سبب من الأسباب قام بتغيير حجزه في اللحظة الأخيرة ـ مما يخلق استثناءً يحظى بقبولنا. تعاطف أكثر من هؤلاء الركاب "العاديين" على متن الرحلة المنكوبة منذ بدايتها. الخوف من الندم يمكن أن يجعلنا نتصرف بطريقة غير عقلانية؛ ولتجنب قبضته غير المرغوب فيها علينا، غالبًا ما نتصرف بشكل متحفظ حتى لا نحيد كثيرًا عما يتوقعه الآخرون منا. لا أحد محصن. حتى المتداولين ذوي الثقة العالية لمراجعات الأداء وحسابات المكافآت) فقط حتى D لا يميلون إلى بيع المزيد من الأسهم الغربية في 31 ديسمبر (يوم ينحرفوا كثيرًا عن القطيع. وبالمثل، فإن الخوف من الندم (المعروف باسم تأثير الوقف) يمنع الناس من التخلص من الأشياء التي لم تعد ضرورية ـ خوفًا من تداعيات الندم إذا اتضح أنك بحاجة إلى أحذية التنس البالية بعد كل شيء!

يمكن أن يكون الندم ساحقا بشكل خاص عندما يقترن بعرض "الفرصة الأخيرة"، مثل كتيبات رحلات السفاري التي تدعي أنها توفر "فرصتك الأخيرة لرؤية وحيد القرن قبل أن ينقرض نوعه". ولكن لماذا قد يسافر أي شخص على طول الطريق من أوروبا الآن لمثل هذا الغرض غير العقلاني؟

لنفترض أنك طالما حلمت بامتلاك منزلك الخاص، إلا أن الأراضي أصبحت نادرة ولم يتبق سوى عدد قليل من قطع الأراضي المطلة على البحيرة؛ لقد جاء ثلاثة وذهبوا، ولم يتبق سوى واحدة فقط كفرصة أخيرة لك! تشعر بالذعر تجاه ما يبدو أنها الفرصة الأخيرة المتاحة، فتشتري هذه الأرض بسعر باهظ، معتقدًا أن هذه قد تكون هي؛ في الواقع، على

الرغم من أن العقارات ذات الإطلالات الخلابة على البحيرة ستستمر في الظهور في السوق؛ الفرص الأخيرة يمكن أن تصيبنا بالذعر، مما يقودنا إلى هذا الطريق ـ حتى بالنسبة لصانعي الصفقات ذوي الخبرة!

انظر أيضًا خطأ الندرة (الفصل 27)؛ تأثير الوقف (الفصل 23)؛ المسارات البديلة (الفصل 39) والتأطير (الفصل 42

تفاصيل لافتة للنظر تقودنا إلى الضلال.

تخيل للحظة أن الماريجوانا كانت محور الخطاب الإعلامي السائد لبعض الوقت الآن، حيث تصور البرامج التلفزيونية مدمنين مخدرات ومزارعين وتجار سريين؛ وتطبع الصحف الشعبية صورًا لفتيات يبلغن من العمر 12 عامًا يدخن الحشيش؛ صحائف واسعة النطاق تستكشف الجوانب الطبية بالإضافة إلى الاعتبارات الفلسفية لاستخدام الماريجوانا ـ يبدو أن الجميع يتحدثون عنها! لنفترض أن التدخين لا يؤثر سلبًا على القيادة بأي شكل من الأشكال ـ فقد ينتهي الأمر بأي سائق بالتورط في حادث في مرحلة ما عن طريق الصدفة فقط؛ وبالمثل، فإن السائقين الذين يعانون من مفاصل قد ينتهي بهم الأمر إلى التورط في حوادث من وقت لآخر تمامًا مثل أي شخص آخر ـ تمامًا عن طريق الصدفة وحدها!

كورت صحفي محلي. في إحدى الأمسيات أثناء قيادته للمنزل، عثر على مكان حادث بسيارة ملفوفة حول جذع شجرة. نظرًا لعلاقته مع سلطات إنفاذ القانون المحلية، علم أنهم عثروا على الماريجوانا مخبأة داخل المقعد الخلفي لهذه السيارة ـ مما دفعه إلى الإسراع بالعودة إلى غرفة التحرير مع هذا العنوان: "الماريجوانا تقتل سائق سيارة آخر".

كما ناقشنا سابقًا، نفترض عدم وجود علاقة إحصائية بين استخدام الماريجوانا وحوادث السيارات وحوادث كل منهما، مما يترك عنوان كيرت غير مبرر وادعاءاته غير مدعومة بالحقائق. لقد وقع كيرت فريسة لشيء يسمى التأثير البارز ـ حيث تحظى السمات أو السمات البارزة باهتمام أكثر مما تستحق؛ كون الماريجوانا أمرًا واضحًا هنا فقد جعله يعتقد أن هذا الحادث كان سببه.

بمجرد أن يدخل كيرت مجال الصحافة التجارية، يقع حدث مهم: أعلنت إحدى أكبر الشركات في العالم للتو أنها ستقوم بترقية امرأة إلى منصب الرئيس التنفيذي! كورت، الذي كان سعيدًا بهذا التطور، بدأ على الفور في كتابة تعليقه: من المحتمل أن المرأة حصلت على ترقية بسبب كونها أنثى ـ في حين أن هذا في الواقع ربما لا علاقة له بالجنس (نظرًا لأن الرجال عادة ما يشغلون معظم الأدوار العليا)؛ ولو كانت الشركات الأخرى التي تعمل بالفعل تعتبر القيادة النسائية مهمة للغاية، لكانت قد فعلت ذلك على الأرجح منذ فترة طويلة؛ في هذه القصة الإخبارية وحدها، يصبح الجنس بارزًا، وبالتالي يكتسب وزنًا إضافيًا من كيرت وقارئه.

الصحفيون ليسوا وحدهم عندما يتعلق الأمر بالوقوع فريسة للتأثير البارز، فنحن جميعًا كذلك. رجلان يسرقان متجراً مهاجرون نيجيريون يسرقون أحد البنوك، ويتم القبض عليهم على الفور، ويتم الكشف عن ذلك عند استجوابهم من قبل ضباط إنفاذ القانون بعد ذلك بوقت قصير. وفي حين لا يمكن تحميل أي مجموعة عرقية معينة المسؤولية بشكل غير متناسب عن عمليات السطو على البنوك، فإننا لا نزال نربط بين المهاجرين النيجيريين الخارجين عن القانون وبين عمليات السطو على البنوك؛ إنه يشوه تفكيرنا. نحن نفترض أنهم مهاجرون خارجون عن القانون في ذلك مرة أخرى! وبالمثل، إذا ارتكب أحد الأرمن جريمة اغتصاب، فغالبًا ما يتم إلقاء اللوم عليه بدلاً من العوامل الأخرى الموجودة بين الأمريكيين الموجودة بين الأمريكيين بدلاً من العوامل الأخرى الموجودة داخل الأمريكيين والتي تساهم أيضًا في تكوين التحيزات على الرغم من نسيان الغالبية العظمى من الحياة المشروعة التي تعيشها ـ نتذكر الحوادث الجديرة بالملاحظة بشكل خاص والتي تتعلق بالمهاجرين بمجرد أن نسمع عن شيء متعلق بهم وعادة ما تبدأ بحوادث سلبية ملفتة للنظر أولاً!

يمكن أن يشكل التأثير البارز تصورنا للأحداث الماضية وكذلك كيفية تصورنا للمستقبل. اكتشف دانييل كانيمان وأموس تفيرسكي أننا كثيرا ما نعطي أهمية غير مبررة للمعلومات البارزة عند التنبؤ، وهو ما قد يفسر لماذا يتفاعل

المستثمرون بقوة أكبر مع الأخبار المثيرة (مثل إقالة الرئيس التنفيذي) مقارنة بالمعلومات الأقل إثارة للاهتمام مثل توقعات نمو الأرباح الطويلة الأجل. حتى المحللين المحترفين لا يمكنهم دائمًا التحايل على نفوذها.

الخلاصة: المعلومات البارزة لها تأثير كبير على أفكارنا وأفعالنا. ونحن نميل إلى التغاضي عن العوامل البطيئة النمو ذات التأثيرات الطويلة الأجل التي نميل إلى إهمالها تماما. لا تعميك المخالفات؛ على سبيل المثال، يوجد كتاب ذو سترة حمراء ملفتة للنظر ونابضة بالحياة في قائمة الكتب الأكثر مبيعًا، مما يدفع القراء إلى عزو نجاحه فقط إلى إغلافه الفني ـ لا تقع في هذا الإغراء: اجمع ما يكفي من القوة العقلية لمحاربة التفسيرات التي تبدو واضحة.

انظر أيضًا تأثير الهالة (الفصل 38)؛ تأثيرات الأسبقية والحداثة (الفصل 73)؛ الانحياز التأكيدي (الفصول 7-8)؛ الحث (الفصل 31)؛ خطأ الإسناد الأساسي (الفصل 36) والتأثير الإرشادي (الفصل 66

لماذا لا يكون المال عارياً؟

كان أحد أيام الخريف في أوائل الثمانينات من القرن العشرين عاصفًا وأوراق الشجر المبللة تدور حوله. أثناء دفع دراجتي إلى أعلى التل باتجاه المدرسة، لاحظت شيئًا غريبًا عند قدمي: تم الكشف عن ورقة كبيرة ذات لون بني صدئ تبلغ قيمتها 500 فرنك سويسري - ما يقرب من 250 دولارًا اليوم؛ ثروة مطلقة في ذلك الوقت لطالب في المدرسة الثانوية! وسرعان ما اختفت هذه الأموال من جيبي. لقد استخدمتها بسرعة لشراء أحد أفضل الموديلات (المتوفرة بفرامل قرصية وتروس شيمانو (على الرغم من أن دراجتي السابقة كانت تعمل بشكل جيد!

على الرغم من أنني لم أكن مفلسًا تمامًا في ذلك الوقت، حيث تمكنت من توفير بضع مئات من الفرنكات من خلال قص العشب في الحي الذي أعيش فيه، لم تخطر ببالي أبدًا فكرة إهدار مثل هذا المال الذي كسبته بشق الأنفس على شيء تافه مثل الذهاب إلى السينما أو الذهاب للتسوق. - لم يكن إنفاقي مفرطًا وكان منطقيًا أكثر عند التفكير في هذا السلوك؛ لا يجوز النظر إلى المال إلا بشكل مختلف اعتمادًا على مصدره؛ لذلك يأتي مع الارتباطات العاطفية المرفقة التي تضيف طبقات إضافية.

سؤالين. لنتخيل أنه بعد العمل الجاد لمدة عام، وفي نهايته تجد أن لديك 20 ألف دولار إضافية في حسابك عما كانت عليه في بدايته، ماذا ستفعل بها؟ أ) اتركه جالسًا في البنك الذي تتعامل معه. ب) استثمرها. ج) استخدمه لإجراء التحسينات الضرورية مثل تجديد المطبخ المتعفن أو استبدال الإطارات البالية. د) دلّل نفسك بإجازة بحرية فاخرة.

كإجابتهم C أو B أو A كما هو معتاد بالنسبة لمعظم الأشخاص، من المحتمل أن تختار.

كما هو مذكور D أو C أو B أو A السؤال الثاني. ماذا ستفعل لو ربحت 20 ألف دولار في اليانصيب؟ اختر من بين مما يكشف عن تفكير خاطئ؛ مع أنك حر في عدها كيفما شئت؛ D 20.000 أو C أعلاه؛ يأخذ معظم الناس الآن إما دولار تبقى 20.000 دولار.

تزودنا الكازينوهات بالعديد من الأمثلة على الأوهام المشابهة لهذا. يضع أحد الأصدقاء مبلغ 1000 دولار على طاولة الروليت - فقط ليخسره كله - ثم يدعي: "لم أقم بالمقامرة بمبلغ 1000 دولار؛ لقد خسرت كل شيء". لقد فزت بكل ذلك في وقت سابق. وعندما سأله الآخرون عن خسائره، أجاب: "ولكنها نفس المبلغ!" ويصر: لا على الإطلاق لا تخبرني!"" يضحك. إننا نتعامل مع الأموال التي نكسبها أو نكتشفها أو نرثها بإهمال أكبر من الأموال التي"" نكتسبها بالعمل الجاد؛ أطلق الاقتصادي ريتشارد ثالر على هذا التأثير اسم تأثير المال المنزلي. ويقودنا إلى تحمل مخاطر أكبر؛ غالبًا ما يجد الفائزون باليانصيب أنفسهم في وضع أسوأ بمجرد صرف أرباحهم؛ وبهذا المعنى فإن القول المأثور - اربح البعض، واخسر البعض - لا يمكن إلا أن يؤدي إلى تقليل الخسائر الحقيقية.

قسم ثالر طلابه إلى مجموعتين. علم أحدهم أنهم ربحوا 30 دولارًا ويمكنهم المشاركة في قرعة العملة حيث تعني الكتابة 9 دولارات في العائدات، والصورة ستؤدي إلى خسائر 9 دولارات؛ قرر 7 من كل 10 طلاب المخاطرة والمشاركة. على النقيض من ذلك، اكتشفت مجموعة أخرى أنهم لم يفزوا بأي شيء للوهلة الأولى، ومع ذلك كان لديهم خيار بين الحصول على 30 دولارًا كما وعدوا أو المشاركة في قرعة أخرى للعملة حيث فاز الوجه بـ 21 دولارًا بينما حصل الذيل على 39 دولارًا. ومع ذلك، وافق 43% فقط على أي من الخيارين على الرغم من أن كلا الخيارين يقدمان نفس القيمة المتوقعة: 30 دولارًا

يفهم استراتيجيو التسويق قوة تأثير المال المنزلي. تكافئك مواقع المقامرة عبر الإنترنت برصيد قدره 100 دولار عند التسجيل، وتمنح شركات بطاقات الائتمان رصيدًا مجانيًا للمكالمات عند ملء نماذج الطلبات، وتمنح شركات الطيران أميالاً عند الانضمام إلى نوادي المسافر الدائم، وتوفر شركات الهاتف رصيدًا للمكالمات لمساعدة الأشخاص على التعود على إجراء المكالمات بشكل متكرر ـ كل ذلك بفضل هذه الإستراتيجية الدقيقة المعروفة باسم تأثير المال المنزلي! الكثير من جنون القسيمة ينبع من هذه الظاهرة.

الخلاصة: كن حذرًا عند ربح المال أو الحصول على شيء مجانًا من شركة ما. من المحتمل جدًا أن تقوم بسداده مع الفائدة بسبب الوفرة المطلقة؛ لذلك فمن الأفضل تجريد هذه الأموال المجانية الظاهرة من أي ترف، أو تحويلها إلى ملابس عمال، أو إيداعها في حسابك البنكي، أو إعادتها إلى شركتك الخاصة في أسرع وقت ممكن.

انظر أيضًا: تأثير الوقف، وخطأ الندرة، وتجنب الخسارة في الفصل 23-32 لمزيد من التحليل للقرارات التي لا تعمل (الفصل 23-25 و32-33))

تسويف

صديقي فنان. تحتوي كتبه على حوالي 100 صفحة كل سبع سنوات وتنتج سطرين من الطباعة يوميًا ـ على الأكثر!
وعندما سئل عن إنتاجيته البائسة أجاب: "البحث أكثر متعة من الكتابة". على هذا النحو، فهو يجلس على مكتبه،
يتصفح الويب لساعات متواصلة أو ينكب على كتب غامضة بحثًا عن قصص رائعة ومنسية ليكتبها قبل أن يقنع نفسه
بأن الأمر لن يكون منطقيًا حتى يكون في "المزاج الصحيح". لسوء الحظ، نادرًا ما يحدث هذا بما يكفي لتبرير مماطلة
إكتابته لأنه أقنع نفسه بالبدء فقط بمجرد ظهور "المزاج المناسب" وترسخ ـ نادرًا ما يحدث

صديق آخر حاول يوميا طوال السنوات العشر الماضية التوقف عن التدخين؛ كل سيجارة يمكن أن تكون سيجارته
الأخيرة. وفي الوقت نفسه، ظلت إقراراتي الضريبية غير مكتملة على مكتبي لمدة ستة أشهر؛ على الرغم من أنني لم
أفقد الأمل في أنهم سوف يملأون أنفسهم في نهاية المطاف.

المماطلة هي الميل إلى تأجيل اتخاذ الإجراءات التي تتطلب التضحية ـ الذهاب إلى صالة الألعاب الرياضية، أو تبديل
وثائق التأمين بسياسات أرخص أو كتابة رسائل شكر هي مجرد أمثلة قليلة على مثل هذه المهام التي قد تحتاج إلى
القيام بها ولن تساعد الحلول في هذه المهام. الحالات.

التسويف حماقة، لأنه لا توجد مهمة تكتمل من تلقاء نفسها. نحن نعلم أنها مفيدة فلماذا نؤجلها إلى وقت آخر؟ لأن
الوقت يتأخر بين البذر والجني. أظهر أستاذ علم النفس روي بوميستر هذه الفكرة من خلال تجربة رائعة. لقد وضع
الطلاب أمام فرن مليء بكعكات الشوكولاتة المخبوزة، مما أرسل رائحتها العطرة التي لا تقاوم إلى الغرفة. ثم وضع
وعاءً مملوءًا بالفجل بالقرب من الفرن، وأبلغ الطلاب أنه يمكنهم تناول ما يريدون دون قيود؛ ومع ذلك، كانت ملفات
تعريف الارتباط محظورة تمامًا. وتركهم بمفردهم في الغرفة لمدة ثلاثين دقيقة. سُمح للطلاب في المجموعة الثانية
بتناول ملفات تعريف الارتباط بحرية قبل أن تحاول كلا المجموعتين حل مسألة رياضية صعبة تتضمن ملفات تعريف
الارتباط؛ أولئك الممنوعون من تناول الطعام توقفوا عن تناول الطعام بسرعة مضاعفة مقارنة بأولئك الذين سمح لهم
باستهلاك غير محدود لملفات تعريف الارتباط ؛ لقد مرت هذه الفترة من ضبط النفس بنجاح.
تم استنفاد قوة الإرادة، مما تركهم بدون طاقة عقلية أو قوة إرادة كافية للتعامل مع المهمة التي بين أيديهم. تعمل قوة
الإرادة مثل البطارية؛ وبمجرد استنفادها، قد تكون التحديات المستقبلية غير قابلة للتغلب عليها.

لا يمكن أن يكون ضبط النفس متاحًا دائمًا طوال الوقت؛ فهو يحتاج إلى وقت ومساحة للتجديد. لحسن الحظ، كل ما
يتطلبه الأمر لتحقيق هذا الهدف هو إعادة تزويد نسبة السكر في الدم بالوقود والاسترخاء ـ وهما استراتيجيتان
إبسيطتان لكنهما مهمتان

على الرغم من أن تناول ما يكفي من الطعام وأخذ فترات راحة منتظمة يعدان من العناصر الأساسية للنجاح، إلا أن
العنصر الحاسم التالي هو استخدام الحيل المختلفة للبقاء على الطريق الصحيح. قد يتضمن ذلك التخلص من عوامل
التشتيت ـ على سبيل المثال، عند كتابة الروايات، غالبًا ما أقوم بتعطيل الوصول إلى الإنترنت حتى لا انحرف عن
مساري عند الوصول إلى جزء معقد من الكتابة. لكن الأسلوب الأقوى على الإطلاق هو تحديد المواعيد النهائية؛ وجد
عالم النفس دان أريلي أن السلطات الخارجية ـ مثل المعلمين أو مسؤولي مصلحة الضرائب ـ تميل إلى العمل بشكل
أفضل. لا تعمل المواعيد النهائية المفروضة ذاتيًا إلا إذا تم تقسيم المهمة تدريجيًا بحيث يحصل كل جزء على تاريخ
إاستحقاقه الخاص؛ ومن هنا فإن قرارات السنة الجديدة الغامضة محكوم عليها بالفشل

المماطلة هي أمر إنساني وغير عقلاني؛ ولذلك، لمكافحته بفعالية استخدام نهج متكامل. تمكنت جارتي من كتابة أطروحة الدكتوراه الخاصة بها في ثلاثة أشهر باستخدام هذه الإستراتيجية: استئجار غرفة صغيرة بدون هاتف أو اتصال بالإنترنت وتحديد ثلاثة مواعيد لكل جزء من ورقتها لكل موعد نهائي تعلنه لأي شخص يرغب في الاستماع (بما في ذلك طباعتها على أعمالها) بطاقات!) كانت تزود نفسها بالوقود أثناء وقت الغداء أو ساعات المساء من خلال قراءة مجلات الموضة أو النوم.

أنظر أيضا: تحيز الإغفال (الفصل 44)؛ مغالطة التخطيط (الفصل 91)؛ التحيز للعمل (الفصل 43)؛ الخصم الزائدي (الفصل 51)؛ تأثير زيجارنيك (الفصل 93))

بناء القلعة الخاصة بك

الحسد ما الذي قد يجعلك أكثر غيرة؟ هناك ثلاثة سيناريوهات للحسد قد تزعجك: أ) عندما تزيد رواتب أصدقائك بينما تبقى رواتبك كما هي. ب) ينخفض متوسط رواتبهم بينما ينخفض متوسط رواتبك. ج) ينخفض متوسط رواتبك والعكس صحيح.

إذا كانت إجابتك "أ"، فلا تقلق: هذا أمر طبيعي تمامًا: مجرد ضحية أخرى للوحش ذو العيون الخضراء

إليكم حكاية روسية: مزارع يجد مصباحًا سحريًا. بعد فركه، يأتي من فراغ جني مجهول، ويعدهم بأمنية واحدة. وبعد التفكير لبعض الوقت والتفكير في خياراته، قرر المزارع أخيرًا: جارتي لديه بقرة؛ ولذلك أرجو أن تموت حتى أرثها.

على الرغم من أن الأمر قد يبدو سخيفًا، إلا أنه من المحتمل أن تتمكن من التواصل مع المزارع. اعترف بذلك: لا بد أن أفكارًا مماثلة قد خطرت في ذهنك في مرحلة ما من حياتك. خذ بعين الاعتبار زميلك الذي يحصل على مكافأة كبيرة بينما تتلقى أنت فقط شهادة هدية: يمكن أن يؤدي الحسد إلى أفعال غير حكيمة مثل رفض مساعدته بعد الآن وحتى ثقب إطارات سيارته البورش؛ ابتهاج سرًا عندما تنكسر ساقه أثناء التزلج هي نتيجة تبتهج بها سرًا.

يبرز الحسد من بين جميع المشاعر باعتباره من المشاعر التي يسهل التخلص منها، على عكس الغضب أو الحزن أو الخوف. وفقًا لتحليل بلزاك للحسد باعتباره رذيلة ـ لأنه لا يوجد منفعة واحدة يجلبها معه ـ يمكن للحسد أن يخدم غرضًا واحدًا فقط ـ الإطراء الصادق؛ وإلا فهو وقت ضائع.

يمكن أن ينشأ الحسد بأشكال عديدة: الملكية، والمكانة، والصحة، والمواهب الشبابية، والشهرة، والجمال. نظرًا لتشابه ردود الفعل الجسدية لكليهما، فمن السهل الخلط بين الحسد والغيرة؛ والفرق يكمن في ما هو موضوعه (الحالة والمال والصحة وغيرها). لكي تحدث الغيرة، فإنها تحتاج إلى مشاركة طرفين على الأقل بينما يتطلب الحسد ثلاثة أطراف على الأقل (يشعر بيتر بالغيرة لأن سام لا يرد على هاتفه بينما تتصل به الفتاة الجميلة المجاورة بدلاً من ذلك).

يمكن أن يقودنا الحسد في كثير من الأحيان إلى طريق غير صحي من خلال الانقلاب على الأشخاص الأكثر تشابهًا معنا في العمر والمهنة والإقامة. لكن لماذا نشعر بالاستياء تجاه رجال أعمال من قرن آخر، نباتات أو حيوانات لا تشكل تهديدا أو تفتقر إلى المكانة الاجتماعية ـ لا شيء من هذا يستحق الحسد بأي حال من الأحوال. ككاتب، أنا لا أحسد أصحاب الملايين من جميع أنحاء العالم؛ بل تلك الموجودة داخل مدينتي. يأتي الموسيقيون أو المديرون أو أطباء الأسنان في المقام الأول. يحسد الرؤساء التنفيذيون الرؤساء التنفيذيين الآخرين الكبار؛ عارضات الأزياء يحسدن عارضات الأزياء الأكثر نجاحًا؛ وكما قال أرسطو على أفضل وجه: "الخزافون يحسدون الخزافين".

افترض على سبيل المثال أن نجاحك المالي يسمح لك بالانتقال من أحد أحياء نيويورك الأكثر قسوة إلى الجانب الشرقي العلوي من مانهاتن. في البداية، قد تبدو هذه الخطوة رائعة؛ قد يعجب الأصدقاء بشقتك وعنوانك. ولكن بعد ذلك بسرعة، تدرك أن هناك شققًا ذات أبعاد مختلفة من حولك، جنبًا إلى جنب مع مجموعات أقران جديدة مكونة من أفراد أكثر ثراءً مقارنةً بمجموعة أقرانك القديمة، مما يتسبب في ظهور مشكلات جديدة ـ الحسد وقلق المكانة بينهم.

كيف يمكنك محاربة الحسد؟ أولاً، توقف عن مقارنة نفسك بالآخرين. ثانيًا، ابحث عن دائرة اختصاصك واملأها بنفسك؛ احفر منطقة تتألق فيها ـ مهما كانت صغيرة ـ حتى يعرف الجميع أنك سيد تلك القلعة

مثل كل المشاعر، الحسد له جذوره في التطور البشري. إذا كان الإنسان من الكهف المجاور قد أخذ من لحم الماموث أكثر مما كان عادلاً بالنسبة لنا نحن الخاسرين، فإن الحسد دفعنا إلى فعل شيء حيال ذلك؛ مات الصيادون وجامعو الثمار المتساهلون من الجوع بينما كان الآخرون يحتفلون. لكن اليوم، لم يعد الحسد يلعب هذا الدور الأساسي. إذا اشترى جاري لنفسه سيارة بورش، فهذا لا يعني أقل من ذلك بالنسبة لي!

عندما أشعر بتزايد حسدي، تذكرني زوجتي: "لا بأس أن تحسد أولئك الذين تطمح أن تصبح عليهم".

(انظر أيضًا تحيز المقارنة الاجتماعية (الفصل 72)؛ حلقة مفرغة المتعة (الفصل 46).

لماذا تفضل الروايات على الإحصائيين؟

التجسيد لمدة 18 عامًا، مُنعت وسائل الإعلام الأمريكية من عرض صور نعوش الجنود الذين سقطوا. وعندما رفع وزير الدفاع روبرت جيتس هذا الحظر في فبراير/شباط 2009، تدفقت الصور على الإنترنت بالآلاف. رسميًا، يحتاج أفراد العائلة إلى الحصول على الموافقة قبل نشر أي شيء؛ ولكن في الواقع لا يمكن تطبيق هذه القاعدة بشكل فعال. وكان لهذا التقييد غرض واحد ـ التغطية على التكاليف الحقيقية للحرب ـ من خلال إخفاء أرقامها الحقيقية في هيئة إحصائيات بينما يثير الأشخاص الحقيقيون المشاعر فينا جميعاً.

لماذا هذا هو الحال؟ لآلاف السنين، كانت المجموعات ضرورية لبقائنا، لذلك على مدار المائة ألف عام الماضية طورنا قدرة مذهلة على قراءة أفكار الآخرين ـ يُعرف هذا المصطلح العلمي باسم "نظرية العقل". إليك تجربة لتوضيح ذلك: يتم إعطاؤك 100 دولار ويجب عليك تقسيمها مع شخص ما، ويتم أخذ اقتراحك في الاعتبار سواء إذا قبل عرضك، فسيتم تقسيم الأموال وفقًا لذلك أو إعادتها ـ إذا لم يوافق الشخص الآخر ، يجب عليك العودة كل ذلك دون استرداد أي شيء، كيف سيتم ذلك؟

للوهلة الأولى، قد يكون من المنطقي أن نعطي شخصًا غريبًا مجهولًا القليل جدًا ـ مثل دولار واحد فقط ـ لأن أي شيء سيكون أفضل من لا شيء. ومع ذلك، لاحظ الاقتصاديون الذين أجروا تجارب باستخدام ألعاب الإنذار (المصطلح الفني) أن الأشخاص يتصرفون بشكل مختلف تمامًا عند المشاركة. كانوا يقدمون ما بين 30% إلى 50%، أي شيء أقل من ذلك يعتبر غير عادل ـ وهو مثال على تعاطفنا تجاه إنسان آخر. يمكن أن تكون لعبة الإنذار بمثابة فتحت أعيننا على كيفية اختلاف تصوراتنا اعتمادًا على من يراقب.

ومع ذلك، مع تعديل واحد صغير من الممكن تقليل هذا الشعور بشكل كبير: نقل اللاعبين إلى غرف منفصلة. عندما لا يتمكن الناس من رؤية نظرائهم أو لم يلتقوا بهم مطلقًا ـ أو لم يعرفوا عنهم أبدًا ـ تصبح محاكاة مشاعرهم أكثر صعوبة؛ أصبحت في النهاية صورة تمامًا وتنخفض حصتها إلى أقل من 20٪ في المتوسط.

أجرى بول سلوفيتش تجربة أخرى عن طريق جمع التبرعات. وشاهدت إحدى المجموعات صورة روكيا من مالاوي ـ وهي طفلة تعاني من سوء التغذية وتعيش على المساعدات الخيرية ـ قبل أن يتم عرض صورتها عليها وإظهار مقدار الأموال التي ستساعدها.
بعد عرض الإحصائيات المتعلقة بالمجاعة في ملاوي، تبرع الأشخاص في إحدى المجموعات بمتوسط 2.83 دولار من أصل 5 دولارات تلقوها لإكمال مسح موجز؛ وبعد الاطلاع على الإحصاءات التي توضح بالتفصيل إصابة أكثر من ثلاثة ملايين طفل يعانون من سوء التغذية، انخفض متوسط التبرعات بنسبة 50%؛ بدا هذا غير بديهي، حيث قد يعتقد المرء أن كرم الناس سيزداد مع معرفة حجمه؛ لسوء الحظ لا يبدو أن هذا هو الحال؛ الناس وليس الإحصائيات هي التي تحرك أفعالنا!

لقد أدركت المؤسسات الإعلامية منذ فترة طويلة أن التقارير الواقعية المملة والمخططات الشريطية لا تجذب القراء؛ ونتيجة لذلك، كان المبدأ التوجيهي الخاص بهم في إعداد التقارير الإخبارية منذ فترة طويلة هو إعطاء كل حدث "صورة". عند الإبلاغ عن شركة أو ولاية تظهر في الأخبار، على سبيل المثال، عادة ما تظهر صورة رئيسها التنفيذي بجانبها (إما مبتسما أو متجهما اعتمادا على طلب السوق)، ويصبح رؤساء الولايات أو حكام الولايات أيقونات في هذه القصص؛ عندما يضرب شيء مثل الزلزال، يصبح ضحاياه هم وجه كل شيء.

يفسر هذا الهوس نجاح أحد أعظم اختراعات الثقافة: الرواية. يعرض هذا "التطبيق القاتل" الأدبي الصراعات الفردية والشخصية على مصائر الأفراد. بدلاً من كتابة أطروحة أكاديمية شاملة حول التعذيب النفسي في نيو إنجلاند البروتستانتية، ما زلنا نقرأ كتاب هوثورن «الحرف القرمزي»؛ وبالمثل بالنسبة للكساد الكبير؟ ورغم أن إحصاءاتها قد تبدو بعيدة بالنسبة لأغلبنا، إلا أنها تظل حية في الذاكرة، كما شهدنا من خلال رواية ستاينبيك "عناقيد الغضب".

الخلاصة: كن حذرًا عند مواجهة القصص الإنسانية. استفسر عن حقائقهم وتوزيعهم الإحصائي حتى تتمكن من وضع سياق سردهم بشكل أفضل. إذا كنت ترغب في تحريك الأشخاص أو تحفيزهم لتحقيق أهدافك الخاصة، فتأكد من أن قصتك تتضمن أسماء ووجوهًا لأن ذلك سيؤدي إلى رواية قصص أكثر قوة.

(انظر أيضًا انحياز القصة (الفصل ١٣)؛ وهم الأخبار (الفصل 99)؛ ربط التحيز (الفصل 22

أنت لا تدرك ما كنت في عداد المفقودين

بعد هطول أمطار غزيرة في جنوب إنجلترا، فاض أحد الأنهار على ضفافه. أغلقت الشرطة وحولت حركة المرور عند معبرها لمدة أسبوعين ـ ولكن مرة واحدة على الأقل كل يوم، كانت هناك سيارة واحدة على الأقل تمر عبر علامات التحذير وسقطت في المياه المتدفقة بسرعة، غير مدركة تمامًا لما يقع أمامها مباشرة.

أجرى علماء النفس في جامعة هارفارد دانييل سيمونز وكريستوفر شابريس تجربة قام فيها فريقان من الطلاب بتمرير كرة السلة ذهابًا وإيابًا بين الفرق التي ترتدي قمصانًا سوداء أو بيضاء ـ حيث كان ارتداء القمصان السوداء أكثر كفاءة في تمرير الكرات من نظرائهم في تمريرهم إلى الوراء. يمكن مشاهدة هذا المقطع القصير المعروف باسم عبر الإنترنت (شاهده قبل قراءة المزيد!). ألقِ نظرة هنا قبل قراءة المزيد!) "The Monkey Business Illusion" يُطلب من المشاهدين حساب عدد المرات التي يمرر فيها اللاعبون الذين يرتدون قمصانًا بيضاء الكرة بين كلا الفريقين أثناء نسجهما عبر دوائر ينسجمان ذهابًا وإيابًا ويمرران ذهابًا وإيابًا. عند نقطة ما في الفيديو، حدث شيء غير متوقع: دخل فجأة طالب يرتدي زي غوريلا وبدأ بضرب صدره قبل أن يغادر سريعًا مرة أخرى. يتم سؤالك عن النهاية إذا لاحظت أي شيء غير عادي؛ رد نصف المشاهدين بعدم تصديق أنه كان هناك أي سلوك غريب؛ لم يتمكنوا من فهم أي وجود من هذا القبيل ـ بالتأكيد لا توجد غوريلا هنا؟

واحدًا من أكثر التجارب شهرة في علم النفس ويسلط الضوء على ما يسميه Monkey Business Test يعد اختبار علماء النفس وهم الانتباه: نعتقد أننا نلاحظ كل شيء يحدث من حولنا بينما في الواقع نميل فقط إلى ملاحظة ما نركز عليه ـ هنا، التمريرات التي قام بها فريق وايت؛ يمكن أن تكون الانقطاعات غير المعلنة كبيرة وواضحة مثل الغوريلا!

في بعض الأحيان، قد يؤدي إجراء المكالمات الهاتفية أثناء القيادة إلى تعريض إدراكنا للانتباه للخطر. في معظم الأحيان لا يمثل هذا أية مشكلات؛ إن إجراء المكالمات بشكل عام ليس له أي تأثير سلبي على مهام القيادة مثل الالتزام بالمسارات واستخدام الفرامل عند الضرورة. ولكن بمجرد حدوث شيء غير متوقع ـ مثل طفل يركض عبر الطريق ـ يصبح انتباهك مشتتًا للغاية بحيث لا يمكنك الاستجابة بشكل مناسب في الوقت المناسب؛ تظهر الدراسات أن هذا صحيح فيما يتعلق بالهواتف المحمولة أو الكحول.
بغض النظر عن الطريقة التي تحمل بها الهاتف أو تستخدمه، فإن تأثيره على وقت استجابتك للأحداث غير المتوقعة يظل محدودًا.

هل تتعرف على عبارة "الفيل في الغرفة؟" وهذا يشير إلى موضوع واضح لا يرغب أحد في مناقشته؛ من المحرمات غير المعلنة. على النقيض من ذلك، يمكننا تعريف "الغوريلا في الغرفة" بأنها: قضية يجب مناقشتها على الفور ولكن يتم التغاضي عنها أو تجاهلها لأنه لا أحد يعرف عنها.

كانت الخطوط الجوية السويسرية شركة طيران تركز بشدة على التوسع حتى أنها تجاهلت سيولتها المتناقصة بسرعة، مما أدى إلى إفلاسها في عامي 2001 و2002. أو لنتأمل هنا سوء الإدارة داخل دول الكتلة الشرقية الذي أدى إلى انفصالها، مما أدى إلى سقوط جدار برلين والمخاطر على دفاتر البنوك التي أدت إلى انفصالها. لم يهتم أحد كثيرًا قبل عام 2007. توضح لنا هذه الأمثلة عدد المرات التي تتجول فيها الغوريلا بيننا دون أن ندرك.

ليس كل حدث استثنائي يفلت منا؛ بل ما لا نلاحظه يذهب أدراج الرياح ولا نراه؛ مما يتركنا غير مدركين لأي عناصر مهمة نتجاهلها ويؤدي إلى الاعتقاد الخاطئ بأننا نلاحظ كل شيء مهم.

بين الحين والآخر، حرر نفسك من وهم الاهتمام. فكر في جميع السيناريوهات المحتملة والتي تبدو غير محتملة ـ قد تنشأ أحداث غير متوقعة لا يتحدث عنها أحد؛ القضايا الكامنة التي لا يعالجها أحد لا يتم تناولها؛ فكن يقظًا من الصمت على قدر الضجيج؛ التحقق من المناطق الطرفية بدلاً من المناطق المركزية فقط؛ توقع شيئًا غير عادي ولكنه ضخم ـ إكونك ضخمًا لا يضمن أن يتم ملاحظتك؛ يجب أيضًا توقع ظهور شيء غير عادي

انظر أيضًا: التأثير الإيجابي (الفصل 95)؛ الانحياز التأكيدي (الفصول 7-8)، وانحياز الإتاحة (الفصل 11)، وتأثيرات الأولوية والحداثة (الفصل 73

التحريف الاستراتيجي أفضل

تخيل أنك تتقدم لوظيفة أحلامك: تقوم بصقل سيرتك الذاتية حتى تتألق، وتتألق أثناء المقابلة، وتسلط الضوء على جميع إنجازاتك وقدراتك مع التقليل من أي نقاط ضعف أو نكسات. عندما يسألونك ما إذا كان بإمكانك زيادة المبيعات بنسبة 30% وخفض التكاليف بنسبة 30%، فيجب أن يكون ردك: "فكر في الأمر قد تم". اتبع لاحقًا؛ أي محاولات لتقديم إجابات غير خيالية يمكن أن تضع نفسك خارج المنافسة وتؤدي في النهاية إلى استبعادك من مزيد من الدراسة من قبل القائمين على المقابلة؛ قدم حتى إجابات شبه واقعية يمكن أن تضعك خارج الاعتبار - بغض النظر عن مدى جودتها في المقابل.

تخيل نفسك كصحفي لديه فكرة كتاب رائعة يتحدث عنها الجميع. وبعد أن وجد ناشرًا مهتمًا مستعدًا لدفع مقدم، سأل متى يمكن أن يتوقع المخطوطة (هل يمكن أن تكون جاهزة خلال ستة أشهر؟) تتلعثم: "حسنًا... ليس لدي أي فكرة". كم من الوقت استغرق الأمر مني في المرة الأخيرة؟" أجبت بـ: "اعتبر أن الأمر قد تم". بمجرد توقيع العقد وإيداع الأموال في حسابك المصرفي، سيكون هناك دائمًا وقت لمشاريع أخرى وكتابة القصص!

التحريف الاستراتيجي هو المصطلح الرسمي لمثل هذا السلوك: كلما زادت المخاطر، كلما أصبحت تأكيداتك أكثر مبالغة. على الرغم من أن التحريف الاستراتيجي لن ينجح في كل مكان - على سبيل المثال، إذا وعد طبيب العيون خمس مرات متتالية بإعطائك رؤية مثالية ثم يقدم نتائج أسوأ من ذي قبل بعد كل إجراء، فقد تتوقف في النهاية عن تصديق وعوده تمامًا - إلا أن التحريف الاستراتيجي قد لا يزال قائمًا تثبت قيمتها عند تجربة مجهودات لمرة واحدة، مثل المقابلات (حيث لن تقوم إحدى الشركات بتعيينك أكثر من مرة!). ومع ذلك، لا ينبغي أن تعمل هنا أيضًا؛ وبدلاً من ذلك قد ينجح الأمر عند مواجهة محاولات لمرة واحدة أو محاولات فريدة تتضمن محاولات فريدة من نوعها - وهو أمر لن يفعله طبيب العيون.

والمشاريع الضخمة معرضة بشكل خاص للتضليل عندما تكون مساءلتها منتشرة، كما هو الحال عندما لا تعود الحكومة التي مولتها في الأصل تتمتع بالسلطة، أو عندما تشارك العديد من الشركات وغالباً ما تشير بأصابع الاتهام، أو عندما يكون تاريخ الانتهاء بعد بضع سنوات. من أكسفورد المشاريع واسعة النطاق عن كثب. تعد تجاوزات التكلفة والجدول الزمني أمرًا Bent Flyvbjerg يعرف شائعًا لأن العروض الفائزة لا تعكس دائمًا التميز العام؛ بل يتعلق الأمر بما يبدو أفضل على الورق - وهو ما يسميه فلايفبيرج "الداروينية العكسية": وعادة ما يفوز الشخص الذي ينتج الهواء الأكثر سخونة. هل التحريف الاستراتيجي مجرد ممارسة خادعة؟ ليس بالضرورة؛ تمامًا كما أن وضع النساء للمكياج يعد خداعًا، في حين أن استئجار الرجال لسيارات بورش لإظهار قدراتهم المالية هو خداع - خادع ولكنه مقبول اجتماعيًا حتى لا نزعج منه - وينطبق الشيء نفسه على ممارسات التحريف المستخدمة عندما تضع النساء مساحيق التجميل أو عندما يستأجر الرجال سيارات بورش لعرضها. البراعة المالية تُخدع موضوعيًا ولكنها مقبولة اجتماعيًا لذا لا ننزعج منها أيضًا! وينطبق الشيء نفسه على مخططات التحريف الاستراتيجية المستخدمة أثناء المفاوضات - حتى لو كان طرف واحد فقط على علم بأساليب التحريف المستخدمة ضد طرف آخر ولكن يمكنه الإفلات من العقاب على تحريفه أثناء المفاوضات؛ نفس التهم عند تطبيق التحريف بشكل استراتيجي يمكن أن يفلت من كونه سيئ السمعة عند تطبيقه من حيث الخداع عند تطبيقه بشكل استراتيجي أيضًا - مثل الرجال الذين يستأجرون سيارات بورش كإشارة إلى البراعة المالية للإشارة إلى البراعة المالية هم ببساطة يكذبون في هذا الصدد ولكن لا تنزعج من ذلك مقبول اجتماعيًا حتى لا ننزعج من التحريف الاستراتيجي. وينطبق الشيء نفسه على التحريف الاستراتيجي المستخدم ضدهم سواء تم استخدامه بشكل مخادع ضد أحدهما أو الآخر بشكل غير متوقع أو تم التعامل معه بشكل مختلف اعتمادًا على ذلك. الشيء نفسه مع التحريف عند استخدامه عند تحريفه.

قد لا يؤدي التحريف الاستراتيجي دائمًا إلى عواقب خطيرة؛ ومع ذلك، عندما يتعلق الأمر بالأمور التي تهمك حقًا مثل صحتك أو موظفيك المستقبليين، كن حذرًا. عند التعامل مع الأشخاص (سواء المرشحين لمناصب أو مؤلفين أو أطباء عيون)، لا تعتمد على ما يدعونه؛ انظر إلى أدائهم السابق بدلاً من ذلك. عند التعامل مع المشاريع (سواء كانت مشاريع مشابهة أو مقترحات جديدة تبدو متفائلة بشكل غير واقعي). كن حذرًا من أي شيء يبدو متفائلاً بشكل غير واقعي؛ اطلب من المحاسب فحص الخطط بدقة؛ إضافة بند في العقود ينص على العقوبات في حالة وقوعها؛ وتحويل هذه الأموال مباشرة إلى حساب الضمان لحماية حساب الضمان الخاص به كإجراء إضافي ضد تجاوز التكاليف.

راجع أيضًا تأثير الثقة المفرطة (الفصل 15) للحصول على التفاصيل ومكان مفتاح إيقاف التشغيل.

التفكير الزائد عن اللازم

كان هناك ذات يوم حريش ذكي جلس مكتوف الأيدي على حافة الطاولة عندما لاحظ وجود حبة سكر لذيذة في جميع أنحاء الغرفة. وسرعان ما قام بتقييم خياراته: ما هي أرجل الطاولة التي يجب أن يزحف عليها لأعلى أو لأسفل أولاً؟ بعد ذلك كان عليه أن يحدد من يجب أن يتخذ الخطوة الأولى وبأي ترتيب. نظرًا لأنه كان ماهرًا في الرياضيات، فقد أجرى جميع الحسابات الضرورية واختار مسارًا واحدًا على جميع المسارات الأخرى قبل أن يتخذ خطوته الأولية في النهاية. لسوء الحظ، على الرغم من أن حساباته وتأملاته تسببت في تشابكه في الجو مما جعله يتوقف عن الموت قبل أن يتم تحقيق المزيد من التقدم؛ في الواقع، قام بتجويعه وتجويعه في النهاية قبل أن يتم تحقيق أي تقدم على الإطلاق وتجويعه قبل أن يقترب أو يتقدم في الحياة أكثر مما كان يتصور من قبل، ومات جوعًا بسبب الإفراط في التفكير.

في بطولة الجولف البريطانية المفتوحة عام 1999، لعب لاعب الجولف الفرنسي جان فان دي فيلدي بشكل لا تشوبه شائبة حتى الحفرة الأخيرة، حيث تقدم بثلاث تسديدات. حتى مع ميزة التسديدات الثلاث هذه، كان بإمكانه بشكل مريح أن يسدد تسديدتين فوق المعدل دون أن يفشل؛ الدخول إلى البطولات الكبرى على بعد لحظات فقط! عندما صعد فان دي فيلدي إلى الملعب، بدأت حبات العرق تتشكل على جبهته. انتهت تأرجحته الأولى بالطيران في الأدغال على بعد عشرين قدمًا من الفتحة المستهدفة وجعلت فان دي فيلدي متوترًا بشكل متزايد من التسديدات اللاحقة التي أدت فقط إلى زيادة هذا الشعور بالقلق. ضرب فان دي فيلدي كرته في العشب الذي يصل ارتفاعه إلى الركبة قبل أن يسقطها في الماء ويخلع حذائه ليخوض فيها. للحظة فكر في إطلاق النار من البركة؛ في النهاية على الرغم من أنه قرر تسديد ركلة الجزاء في الرمال؛ وبعد إطلاق النار عليه سبع مرات، شق طريقه أخيرًا إلى المنطقة الخضراء وإلى جحره؛ خسر فان دي فيلدي بطولة بريطانيا المفتوحة لكنه ضمن لنفسه مكانًا في تاريخ الرياضة من خلال هذا الأداء الثلاثي الشهير الآن.

أجرت تقارير المستهلك تجربة تذوق مع متذوقين ذوي خبرة في الثمانينيات، شملت 45 نوعًا من هلام الفراولة. وفي وقت لاحق، أجرى أساتذة علم النفس تيموثي ويلسون وجوناثان سكولر اختبارات مماثلة باستخدام طلاب جامعة واشنطن. ظهرت نتائج مماثلة، حيث فضل كل من الخبراء والطلاب نكهات مماثلة من الهلام. لكن ويلسون ذهب إلى أبعد من ذلك: فقد أجرى اختبارًا آخر مع مجموعة أخرى من الطلاب الذين فضلوا خيارات مختلفة عن ذي قبل ـ ولكن هذه المرة اختاروا خيارات مختلفة تمامًا!

في المجموعة الأولى، ملأ المشاركون استبيانًا مطولًا يبررون تقييماتهم بالتفصيل، وتوصلوا إلى تصنيفات غير متوازنة تمامًا، تضم بعضًا من أفضل الأصناف في الأسفل.

في الأساس، كثرة التفكير تعيق وصول المرء إلى حكمة عواطفه. على الرغم من أن هذا البيان قد يبدو غير عادي عندما يأتي من شخص مثلي يسعى جاهداً لإزالة اللاعقلانية من عمليات تفكيري، إلا أن العواطف تتشكل تمامًا مثل الأفكار العقلانية الواضحة تمامًا؛ تمثل العواطف ببساطة شكلاً مختلفًا من أشكال معالجة المعلومات التي قد توفر نصيحة أكثر حكمة من النصائح العقلانية.

وهذا يؤدي إلى سؤال مهم: متى يجب على المرء أن يستمع إلى رأسه أو أمعائه؟ قد تتضمن القاعدة الأساسية ما يلي: عندما يتعلق الأمر بأنشطة مثل المهارات الحركية (الحريش أو فان دي فيلدي أو تعلم آلة موسيقية) والأسئلة التي تناولتها عدة مرات من قبل (مثل "دائرة الكفاءة" لوارن بافيت)، فمن الأفضل عدم المبالغة في التحليل عن كثب. إن اتخاذ القرار المتعمد يقوض قدراتك البديهية على معالجة المشكلات. تمامًا كما كان الحال في العصر الحجري، عند اتخاذ القرارات المتعلقة بالطعام والصداقة، كان ما يسمى بالاستدلال متفوقًا على التفكير العقلاني. مع أن الأمور المعقدة مثل قرارات الاستثمار التي تتطلب تفكيرًا رصينًا، فإن التطور لم يؤهلنا لمثل هذه الاعتبارات، لذلك يتفوق المنطق دائمًا على الحدس.

(انظر أيضًا الانحياز للعمل (الفصل 43)؛ التحيز المعلوماتي (الفصل 59

الفصل 91 (لماذا تتحمل الكثير من الديون).

مغالطة التخطيط

كل صباح، عندما تقوم بإعداد قائمة المهام الخاصة بك، هل غالبًا ما تحقق النجاح في وضع علامة على كل شيء في نهاية كل يوم؟ كم مرة يحدث هذا عند معظم الناس؟ قد يصل معظمهم إلى هذه الحالة مرة واحدة فقط كل بضعة أشهر. ببساطة، أنت تتحمل الكثير. خططك طموحة بشكل غير واقعي - وهو أمر قد تغفره لو كانت هذه هي المرة الأولى التي تقوم فيها بتجميع قوائم المهام، ولكن هذا السلوك أصبح جزءًا من روتينك بمرور الوقت. وبالتالي، فأنت على دراية تامة بقدراتك ومن غير المرجح أن تبالغ في تقديرها يوميًا. وهذا ليس بالأمر المضحك. ففي مجالات أخرى من الحياة نتعلم من التجربة ـ لماذا لا يوجد مثل هذا عندما يتعلق الأمر بالتخطيط؟ على الرغم من أن أغلب مساعيك السابقة كانت متفائلة أكثر من اللازم بالنسبة للواقع اليوم. يشير دانييل كانيمان إلى هذه الظاهرة باسم مغالطة التخطيط.

طلب روجر بوهلر وفريقه البحثي من صفهم في السنة النهائية، بقيادة عالم النفس الكندي روجر بوهلر، تحديد تاريخين للتقديم: أحدهما كان واقعيًا بينما يعكس الثاني تاريخًا غير محتمل لسيناريو السيناريو الأسوأ. وقد التزم 30% فقط بالمواعيد النهائية الواقعية بينما احتاجوا عادةً إلى وقت إضافي بنسبة 50% عما كان مخططًا له في الأصل وسبعة أيام إضافية عما كان متوقعًا لتواريخ التقديم المحددة في أسوأ السيناريوهات.

تتجلى مغالطة التخطيط بشكل خاص عندما يتعاون الناس، سواء كان ذلك في مجال الأعمال أو العلوم أو السياسة. تميل المجموعات إلى المبالغة في تقدير المدة والفوائد بينما تقلل من تقدير التكاليف والمخاطر بشكل منهجي. ومن الأمثلة البارزة على ذلك دار أوبرا سيدني التي تم التخطيط لها في عام 1957 مع توقع اكتمالها في عام 1963 بتكلفة تقديرية أولية قدرها 7 ملايين دولار ولكنها افتتحت في النهاية للعمل بمبلغ 102 مليون دولار. 14 مرة أعلى مما كان متوقعا

لماذا لا نبدو مخططين طبيعيين؟ قد يكون هناك سببان لقدراتنا التخطيطية غير الفعالة. الأول هو التفكير بالتمني: نحن نسعى جاهدين لتحقيق النجاح في كل ما نقوم به. ثانيًا: في كثير من الأحيان، نركز بشدة على مشروعنا مع إهمال التأثيرات الخارجية مثل الأحداث غير المتوقعة التي تنشأ بشكل غير متوقع (يمكن أن يحدث هذا مع الجداول اليومية أيضًا، على سبيل المثال، ابنتك تريد شيئًا ما) والتي تقودنا بعد ذلك إلى مسار لا يمكن التنبؤ به؛ أو الاهتمام القليل جدًا بهذه الأحداث بسبب التركيز عليها بشكل ضيق للغاية (قد ينطبق هذا أيضًا هنا ـ عند التخطيط).

كلبك يبتلع عظم السمك. تنفد بطارية سيارتك بشكل غير متوقع. يظهر عرض لشراء منزل ويحتاج إلى دراسة عاجلة على مكتبك ـ نتيجة لذلك، تسوء الخطط! فهل يكون الإعداد خطوة بخطوة هو الحل؟ لا؛ إن الإعداد خطوة بخطوة لا يؤدي إلا إلى تضخيم مغالطات التخطيط من خلال تضييق نطاق التركيز بشكل أكبر، وبالتالي تقليل قدرتك على توقع المفاجآت في الحياة.

إذن ماذا يجب أن تفعل؟ حول تركيزك من الأمور الداخلية ـ مثل مشروعك ـ إلى الأمور الخارجية مثل المشاريع المشابهة. قم بمراجعة المعدل الأساسي وتقييم الجهود السابقة. إذا استمرت مشاريع مماثلة لمدة ثلاث سنوات واستهلكت 5 ملايين دولار، فمن المرجح أن ينطبق ذلك على مشروعك أيضًا ـ بغض النظر عن مدى دقة التخطيط له. لذلك، قبل اتخاذ أي قرارات تتعلق به، من المهم إجراء جلسة "ما قبل الوفاة" (تعني حرفيًا "قبل الوفاة") قبل اتخاذ هذه الاختيارات المهمة. يقترح غاري كلاين إلقاء هذا الخطاب القصير على أي فريق مجتمع: "تخيل أنه بعد عام واحد وأن كل شيء سار وفقًا للخطة ولكن في مكانها حدثت كارثة ـ خذ خمس أو عشر دقائق للكتابة عن هذه الكارثة ـ ستوضح لك القصص كيف قد تتطور الأمور".

انظر أيضًا المماطلة (الفصل 85)؛ الوهم التنبؤي (الفصل 40) ؛ تأثير زيجارنيك (الفصل 93)؛ التفكير الجماعي (الفصل 25) للمزيد.

المطارق البرية لا ترى إلا المسامير

نظام التشوه المهني

يأخذ الفرد قرضًا ويطلق شركته الخاصة ليعلن إفلاسه بعد فترة وجيزة.

يعاني من الاكتئاب ثم ينتحر.

هل تقرأ هذه القصة كمحلل أعمال؟ على هذا النحو، كجزء من وظيفتك، يجب أن تحاول تقييم سبب عدم نجاح هذه الفكرة: هل كان قائدًا غير فعال، أو كانت الإستراتيجية خاطئة، أو أن السوق صغير جدًا، أو كانت المنافسة شرسة جدًا؟ كمسوق، قد تفترض أن الحملات كانت سيئة التنظيم أو أنه فشل في الوصول إلى الجمهور المستهدف. قد يتساءل الخبراء الماليون عما إذا كان القرض هو الأداة المالية المناسبة؛ يرى الصحفيون المحليون فرصة في هذه القصة: كم هو محظوظ أنه انتحر! ككاتب، قد تفكر في كيفية تحول حادثة ما إلى مأساة يونانية قديمة. قد يشك المصرفيون في حدوث خطأ في قسم القروض. يميل الاشتراكيون إلى إلقاء اللوم على فشل الرأسمالية؛ قد ينظر المحافظون الدينيون إلى هذا الحدث على أنه عقاب إلهي أو قد يتعرف الأطباء النفسيون على انخفاض مستويات السيروتونين. إذن ما هي وجهة النظر التي يجب أن تسود؟

لا أحد. لاحظ مارك توين ذات مرة: "إذا كانت كل أدواتك مطارق، فإن كل مشاكلك ستكون مسامير". أشار تشارلي مونجر، الشريك التجاري لوارن بافيت ومؤلف كتاب "تأثير كرة الثلج" لتشارلي مونجر إلى التأثير التالي لاستخدام نموذج واحد فقط: "لكن هذه يمكن أن تكون طريقة كارثية تمامًا في التفكير والعمل في العالم؛ ولذلك يجب أن تأتي نماذج متعددة من مجالات مختلفة، حيث لا تكمن كل الحكمة في قسم أكاديمي واحد.

فيما يلي بعض الأمثلة على التشوه الاحترافي: يسعى الجراحون إلى حل كل مشكلة طبية بالجراحة؛ تميل الجيوش إلى تفضيل الحلول العسكرية أولاً؛ مهندسون متخصصون في الأعمال الإنشائية؛ غالبًا ما يقدم معلمو الاتجاه تنبؤات سخيفة ـ باختصار: عندما يُسألون عن مشكلة ما، فإن معظم الإجابات عادة ما تتعلق بأحد مجالات خبرتهم.

لماذا لا ينبغي للخياطين ممارسة الخياطة كما يعرفون أفضل؟ يحدث التشوه المهني عندما يطبق الأشخاص عملياتهم المتخصصة في مجالات لا ينبغي عليهم فعلها. لا شك أنك رأيت ذلك يحدث بنفسك؟ المعلمون يوبخون الأصدقاء مثل الطلاب. تعامل الأمهات الجدد أزواجهن مثل الأطفال. أو خذ جداول بيانات Excel - نستخدمها حتى عندما لا يكون لاستخدامها أي معنى، كما هو الحال عند توقع التوقعات المالية للشركات الناشئة أو مقارنة العشاق المحتملين الذين وجدناهم عبر مواقع المواعدة ـ قد تكون واحدة من أخطر الاختراعات منذ ظهور أجهزة الكمبيوتر.

حتى داخل مجالاتهم الخاصة، يميل المراجعون الأدبيون إلى الإفراط في استخدام المطرقة. يتم تدريب المراجعين على اكتشاف المراجع والرموز والرسائل المخفية داخل الكتب؛ كروائي، أجد هذه الممارسة مزعجة لأن المراجعين يستحضرون مثل هذه الأجهزة التي لا وجود لها. وهذا لا يختلف عما يفعله صحافيو الأعمال ـ الذين يدققون حتى في التعليقات البسيطة التي يدلي بها محافظو البنوك المركزية بحثاً عن أي إشارة إلى تغيرات في السياسة المالية من خلال تحليل الكلمات التي يتحدثون بها بصوت عالٍ.

الخلاصة: عند استشارة أحد الخبراء، لا تتوقع الحل الشامل الأفضل؛ نتوقع بدلاً من ذلك نهجًا يمكن حله باستخدام صندوق الأدوات الخاص بهم. تذكر أن عقولنا ليست أجهزة كمبيوتر مركزية، ولكنها تحتوي بدلاً من ذلك على أدوات متخصصة متعددة قد يلزم استخدامها في نقاط مختلفة خلال رحلتها. لسوء الحظ، "سكاكين الجيب" لدينا غير مكتملة. نظرًا لتجارب الحياة والخبرة المهنية، فإننا نمتلك بالفعل بعض الشفرات. ولكن من أجل صقل مجموعة مهاراتنا بشكل أكبر، من الضروري إضافة أداتين أو ثلاث أدوات ـ النماذج العقلية التي تقع خارج مجال خبرتنا ـ إلى صندوق الأدوات لدينا. على مدى السنوات العديدة الماضية، تبنت منظورًا بيولوجيًا للحياة واكتسبت رؤية جديدة للأنظمة المعقدة. قم بتقييم أوجه القصور لديك واطلب المعرفة والمنهجيات المناسبة لمعالجتها؛ يستغرق القيام بذلك حوالي عام واحد من الجهد ولكنه سيؤتي ثماره: ستصبح سكينة الجيب الخاصة بك أكبر وأكثر تنوعًا، وسيصبح عقلك أكثر وضوحًا!

(انظر أيضًا حماقة المتطوعين (الفصل 65)؛ الاعتماد على المجال (الفصل 76) ومغالطة المقامر (الفصل 29

تمت المهمة

تأثير زيجارنيك

برلين، 1927: قام العديد من طلاب وأساتذة الجامعة بزيارة مطعم حيث يقوم النادل بأخذ الطلب تلو الآخر دون تدوين أي وثائق، مما يثير قلقهم من حدوث شيء سيئ بالتأكيد. ومع ذلك، بعد انتظار قصير فقط، تلقى جميع رواد المطعم ما طلبوه بالضبط. وفي الخارج في الشارع بعد العشاء، أدركت طالبة علم النفس الروسية بلوما زيجارنيك أنها تركت وشاحها خلفها في المطعم. بالعودة إلى المطعم، قابلت النادل المشهور بذاكرته المذهلة وسألته عما إذا كان قد رآه. لكنه لا يزال يجهلها أو أين جلست. والتي تستجيب لها بسخط من خلال سؤالها كيف كان من الممكن أن ينسى من أو أين جلسوا عندما تكون ذاكرته مذهلة للغاية! "كيف يمكنك أن تنساني؟"، تتساءل، غير مصدقة من قلة وعيه. رده: "أحتفظ بكل أمر في رأسي حتى يتم تنفيذه"، أجاب باقتضاب: "أحتفظ بكل أمر في رأسي حتى يتم تقديمه". أجاب باقتضاب: "أحتفظ بكل طلب حتى يتم تقديمه" "أجاب النادل باقتضاب: "أحتفظ بكل طلب في رأسي حتى يتم تقديمه" ولم يتذكر "طلباتي السابقة أيضًا" (ج).

درس زيجارنيك وكورت لوين هذا السلوك الغامض وخلصا إلى أن الناس يعملون عمومًا مثل النوادل: فنحن لا ننسى أبدًا المهام غير المكتملة؛ إنهم يتذمرون من وعينا حتى نعطيهم الاهتمام؛ ولكن بمجرد الانتهاء، تختفي هذه العناصر من الذاكرة تمامًا.

يشير الباحثون الآن إلى هذه الظاهرة باسم تأثير زيجارنيك. ومع ذلك، كشف تحقيقها عن بعض الحالات غير العادية: على سبيل المثال، ظل بعض الأفراد غير متوترين تمامًا على الرغم من وجود مشاريع متعددة قيد التنفيذ. ألقى روي بوميستر وفريقه البحثي في جامعة ولاية فلوريدا مؤخرًا بعض الضوء على هذه الظاهرة. وقام بتقسيم الطلاب الذين اقتربوا من أداء امتحاناتهم النهائية إلى ثلاث مجموعات؛ تتكون المجموعة الأولى من الحفلات التي أقيمت خلال هذا الفصل الدراسي بينما ركزت المجموعات 2-4 على الامتحانات الرسمية. كان على المجموعة 2 التركيز على الامتحان القادم بينما احتاجت المجموعة 3 إلى إنشاء خطة دراسية مفصلة. ثم طلب باومايستر من الطلاب في المجموعات 2 و3 و4 إكمال الكلمات تحت ضغط الوقت ـ رأى البعض كلمة "ذعر"، بينما فكر آخرون في "حفلة" أو باريس. وقد أثبت هذا التمرين ثاقبًا للغاية؛ حيث بدت المجموعة 1 مرتاحة بشأن أداء امتحانها بينما كان الطلاب في المجموعات 2 لم يكن بإمكانهم التفكير في أي شيء آخر، ومع ذلك، ما برز حقًا هو المجموعة 3، حيث إكانت نتائجهم مذهلة حقًا
وعلى الرغم من أن هؤلاء الطلاب اضطروا إلى التركيز على الامتحان القادم، إلا أن عقولهم ظلت مسترخية وخالية من القلق. أثبتت التجارب اللاحقة هذه الملاحظة: المهام المعلقة تميل إلى إزعاجنا فقط حتى تكون لدينا خطة منظمة لكيفية التعامل معها؛ واعتقد زيجارنيك خطأ أن إكمال المهام سيكون كافيًا في هذا الصدد؛ وبدلا من ذلك ينبغي أن يكون النهج الاستراتيجي كافيا.

عن هدفه باعتباره هدفًا يتمثل في امتلاك عقل صافي مثل (GTD) "يعلن كتاب ديفيد ألين الأكثر مبيعًا "إنجاز الأمور الماء. ولتحقيق هذا الهدف، لا يحتاج المرء إلى حياة منظمة تمامًا ولكن يجب عليه إنشاء خطة عمل لمعالجة مشكلات الحياة غير المخطط لها وكتابتها في مهام خطوة بخطوة ـ عندها فقط يمكن لعقلك أن يجد راحة البال. إن التأني في التخطيط أمر بالغ الأهمية؛ الأهداف الغامضة مثل "تنظيم حفلة عيد ميلاد زوجتي" أو "العثور على عمل جديد" لا يمكن أن توفر الراحة؛ يجبر ألين عملائه على تقسيم هذه المشاريع إلى عشرين إلى خمسين مهمة فردية قبل البدء في مثل هذه المشاريع إن أمكن من أجل ضمان النجاح وتحقيق السلام. عقل

قد تتعارض توصية ألين مع مغالطة التخطيط (الفصل 91): التخطيط التفصيلي يمكن أن يجعلنا نتغاضى عن العوامل الخارجية التي يمكن أن تعرقل المشاريع، ولكن هنا يكمن المفتاح: من أجل راحة البال، اختر نهج ألين مع الحصول على تقديرات أكثر دقة للتكاليف والفوائد والمدة وجوانب المشروع الأخرى تبحث عن مشاريع مماثلة بدلاً من إنشاء خطة مفصلة واحدة. أو افعل الأمرين معًا

ومع ذلك، لا تحتاج إلى أي أدوات عالية التقنية لإنجاز ذلك بنفسك ـ ما عليك سوى الاحتفاظ بمفكرة بجوار سريرك واستخدامها عندما لا تستطيع النوم لتدوين المهام المعلقة وكيف ستتعامل معها ـ وهذا من شأنه أن يساعد على إسكات ما بداخلك. الأصوات التي تستمر في الصراخ: "أنت تريد الله ولكن لم يبق لديك طعام للقطط"، كما قال آلن ـ نصيحته تظل صالحة حتى لو وجدت الله بالفعل أو لا تمتلك أي حيوانات أليفة

انظر أيضًا المماطلة (الفصل 85)؛ مغالطة التخطيط (الفصل 91) لاعتبارات إضافية.

بناء القوارب أكثر أهمية من التجديف

لماذا يوجد عدد قليل جدًا من رواد الأعمال التسلسليين؟

لماذا يبدو أن هناك عددًا قليلاً جدًا من رواد الأعمال المتسلسلين - رجال الأعمال الذين ينشئون شركات متعددة مربحة على التوالي؟ من المؤكد أن ستيف جوبز وريتشارد برانسون موجودان، لكنهما يمثلان أقلية صغيرة. يمثل رواد الأعمال المتسلسلون أقل من واحد في المائة من جميع مؤسسي الشركات الناشئة. ولكن هل يتقاعد جميع أصحاب المشاريع المتسلسلين هؤلاء ويعيشون في يخوت خاصة بعد أن حققوا النجاح، كما فعل المؤسس المشارك لشركة مايكروسوفت بول ألين؟ مستحيل. يمتلك رجال الأعمال الحقيقيون قدرًا كبيرًا من الطاقة بحيث لا يمكنهم الجلوس على كرسي الشاطئ لساعات طويلة. ربما يرجع ذلك إلى عدم رغبتهم في التخلي عن شركاتهم وتدليلها حتى يبلغوا 65 عامًا، على الرغم من أن معظم المؤسسين يبيعون أسهمهم في غضون 10 سنوات من تأسيس شركاتهم. وقد يتصور المرء أن الأشخاص الذين يتمتعون بالموهبة، وشبكة شخصية موسعة، ومؤهلات راسخة، قادرون على تأسيس العديد من الشركات البادئة الأخرى ــ ولكن العديد منهم لا ينجحون في القيام بذلك. لماذا يتوقفون؟ لم يتوقفوا. لقد فشلوا للتو في القيام بذلك بنجاح. يلعب الحظ دورًا أكبر من المهارة عندما يتعلق الأمر بنجاح الأعمال، وهو الأمر الذي لا يحب أي رجل أعمال أن يسمع عنه. أتذكر أنني شعرت بعدم الارتياح عندما علمت بهذه الفكرة لأول مرة؛ كان تفكيري المباشر هو: "هل كان نجاحي عشوائيًا؟". في البداية قد أشعر بالإهانة لأن الحظ لعب دورًا كبيرًا.

دعونا نتبع نهجًا صادقًا وواقعيًا لنجاح الأعمال. كم منها يعود إلى العمل الجاد والموهبة المتميزة مقابل الحظ؟ لسوء الحظ، يمكن أن يؤدي هذا السؤال بسهولة إلى تصورات خاطئة؛ بينما تلعب الموهبة دورًا أساسيًا في قصة نجاح أي شركة، فإن العمل الجاد لا يمكن أن يحقق النتائج بمفرده. لسوء الحظ، لا المهارات ولا العمل الجاد وحده يكفي لتحقيق النجاح؛ وكلا العنصرين ضروريان، ولكنهما ليسا كافيين. كيف لنا أن نعرف هذا؟ هناك اختبار سهل ومباشر: عندما يتمتع شخص ما بنجاح طويل الأمد مقارنة بأقرانه الأقل تأهيلا، تصبح الموهبة ذات أهمية قصوى. للأسف هذا لا ينطبق على مؤسسي الشركة؛ وإلا فإن معظم رواد الأعمال الناجحين سيستمرون في إطلاق شركات ناشئة متعددة بعد تحقيق النجاح الأولي.

ما هو الدور الذي يلعبه قادة الشركات في نجاح الشركة؟ حدد الباحثون السمات المرتبطة بكونك رئيسًا تنفيذيًا قويًا - إجراءات الإدارة والذكاء الاستراتيجي السابق كأمثلة. ثم قام الباحثون بقياس العلاقة بين سلوكيات الرئيس التنفيذي من ناحية، ونمو قيمة الشركة خلال فترة ولايتهم من ناحية أخرى. وكان استنتاجهم: إذا تمت مقارنة شركتين بشكل عشوائي، ففي 60% من الحالات، يقود الرئيس التنفيذي الأقوى الشركة الأقوى. فقد وجد كانيمان أنه في 40% من الحالات، كان الرؤساء التنفيذيون الأضعف يقودون شركات أقوى؛ وهذا يمثل 10 نقاط مئوية فقط أكثر من عدم وجود علاقة على الإطلاق. واختتم كلامه بالإشارة إلى أن الناس عمومًا لا يشترون بحماس الكتب المكتوبة عن قادة الأعمال الذين هم أفضل بقليل من المتوسط في المتوسط؛ وحتى وارن بافيت لا يرى أي معنى في ترقية بعض الرؤساء التنفيذيين؛ اتخاذه؟ "[...؟]" يعتمد السجل الإداري الجيد "على القارب الذي يدخل إليه الشخص أكثر من اعتماده على مدى فعالية توجيهه".

بعض المجالات لا تعتمد على المهارة على الإطلاق. وصف كانيمان في كتابه "التفكير والسرعة والبطء" زيارته لشركة إدارة الأصول التي أرسلت جدول بيانات بأداء كل مستشار على مدى ثماني سنوات كجزء من إحاطتهم له. ومن بين هذه البيانات، خصص كانيمان لكل مجموعة تصنيفًا: 1، 2، 3 وما إلى ذلك بترتيب تنازلي. وسرعان ما قام بحساب علاقتهما عبر تصنيفات السنوات. ثم قام بعد ذلك بحساب الارتباط بين التصنيفات من السنة الأولى حتى السنة الثامنة ـ مع وجود المستشارين أحيانًا في كلا الطرفين. وتبين أنها مجرد فرصة عشوائية. وفي بعض الأحيان قد

تظهر أقرب إلى القمة منها في بعض الأحيان إلى الأسفل. كان أداء المستشارين مستقلاً عن السنوات السابقة أو اللاحقة ـ وكان الارتباط صفراً! ومع ذلك، حصل هؤلاء المستشارون على مكافآت مقابل إنجازاتهم. وبعبارة أخرى، كانت الشركة تكافئ الحظ على المهارة.

الخلاصة: بعض المهن تعتمد بشكل كبير على الأشخاص الذين يستخدمون قدراتهم، مثل الطيارين والسباكين والمحامين. تتطلب المجالات الأخرى مهارة ولكنها ليست حاسمة ـ مثل رواد الأعمال والقادة. وفي بعض الأحيان تقرر الصدفة كل شيء، كما هو الحال في الأسواق المالية؛ هنا، يمكن لوهم المهارة أن يسود. لذا أظهر احترامك للسباكين بينما تستمتع بالمهرجين الماليين الناجحين!

أنظر أيضاً حظ المبتدئين (الفصل 49)؛ تحيز البقاء (الفصل 1)، والتحيز للسلطة (الفصل 9)، وتأثير الثقة المفرطة، ووهم السيطرة، والتحيز للنتيجة في الفصول اللاحقة (20 و21 على التوالي).

لماذا يمكن لقوائم المراجعة تضليلك؟

بسيطة بما فيه الكفاية. تشترك جميع أرقامها في شيء مشترك - 394، 411، 054، A للوهلة الأولى، تبدو السلسلة 646 مرتبطة بأربع ميزات، مما يجعل حل هذه السلسلة سهلًا نسبيًا. بعد ذلك تأتي السلسلة ب؛ تستخدم جميع أرقامها ست ميزات في مرحلة ما. ماذا يمكن أن تتعلم من هذا؟ غالبًا ما يكون اكتشاف الغياب أصعب من اكتشاف الحضور؛ نحن نميل إلى إعطاء أهمية أكبر للأشياء الموجودة بدلاً من الأشياء غير الموجودة.

في الأسبوع الماضي، بينما كنت في الخارج في نزهة على الأقدام، خطر لي: لم يصبني شيء. كان هذا مفاجئًا جدًا نظرًا لأنني نادرًا ما أشعر بالألم على أي حال، وعندما يحدث ذلك يمكن أن أشعر به بشكل مكثف؛ ومع ذلك نادرا ما نعترف بغيابه؛ كان جمالها شديدًا لدرجة أنها جلبت الفرح للحظة واحدة فقط ـ فقط لكي يغيب كل ذلك عن ذهنها بسرعة مرة أخرى.

في حفل موسيقي كلاسيكي، قامت الأوركسترا بأداء السيمفونية التاسعة لبيتهوفن وسط استحسان كبير في قاعة الحفلات الموسيقية الحماسية. ويمكن رؤية الدموع تنهمر خلال قصيدة الحركة الرابعة، مما يجعل المرء يشعر بالامتنان لوجودها؛ ولكن هل هذا صحيح؟ لا شك لا؛ لو لم يتم تأليف العمل لما افتقده أحد ولما تلقى المخرج مكالمات غاضبة تطالب بكتابة هذه القطعة الفنية وتنفيذها على الفور ـ هذه الظاهرة المعروفة بالتأثير الإيجابي للميزة هي ما يجعلنا سعداء حقًا اليوم.

وتستخدم حملات الوقاية هذه الاستراتيجية بفعالية؛ على سبيل المثال، عبارة "التدخين يسبب سرطان الرئة" أكثر إقناعًا بكثير من عبارة "عدم التدخين يؤدي إلى حياة خالية من سرطان الرئة". وكثيراً ما يستسلم المدققون وغيرهم من المهنيين الذين يعتمدون على قوائم المراجعة لهذا التأثير الإيجابي: حيث تظهر الإقرارات الضريبية المستحقة على الفور في قوائمهم، في حين لا تظهر الأنشطة الاحتيالية مثل تلك التي تمارسها شركة إنرون أو مخطط بونزي التابع لبيرني مادوف. كما تغيب عن هذه القوائم تعهدات "التجار المارقين"، مثل نيك ليسون وجيروم كيرفيل الذين تسببوا في تقلبات مالية مثل هذه ـ وبالتالي إخفاء مثل هذه الأنشطة عن التدقيق العام.
لا توجد قائمة مرجعية لتتبع تخفيضات قيمة العملة؛ وفي حين أن الأعمال غير القانونية قد تكون قيد النظر من قبل بنوك الرهن العقاري، فإن انخفاض قيمة العملة بسبب محطات الحرق يمكن أن يحدث دون ملاحظة مراقبتها.

تخيل إنشاء منتج غير مرغوب فيه مثل صلصة السلطة التي تحتوي على نسبة عالية من الكوليسترول، ولكنك تريد أن يشعر المستهلكون بالأمان بشأن استخدامه؟ عند وضع علامة على مثل هذا المنتج، قم بتسليط الضوء على جميع خصائصه الإيجابية بدلاً من ذلك. لن يلاحظ العملاء غيابه؛ بينما ستضمن الميزات الإيجابية بقاء المستهلكين على اطلاع.

يُظهر البحث الأكاديمي في كثير من الأحيان التأثير الإيجابي للميزة. عادةً ما يؤدي تأكيد الفرضيات إلى النشر، وقد يؤدي أيضًا إلى الفوز بجوائز نوبل؛ في حين أن تزييف الفرضيات، على الرغم من فائدته العلمية، إلا أنه من الصعب نشره ولم يحظ قط بهذا النوع من الاعتراف المرموق. إحدى النتائج الأخرى للتأثير الإيجابي للميزة هي ميلنا نحو القيام بـ (مثل نسيان) الإيجابية من الاقتراحات السلبية Y. وهذا يجعلنا أكثر تقبلاً للنصائح Y. بدلاً من النصائح السلبية (انسى X - قبول النصائح الإيجابية ـ مثل

الخلاصة: غالبًا ما يواجه البشر صعوبة في إدراك اللاأحداث بدقة. نحن نميل إلى تجاهل ما هو غير موجود. على سبيل المثال، نحن ندرك ما إذا كانت هناك حرب ولكننا لا نقدر غيابها أثناء وقت السلم؛ وبالمثل، نادرًا ما نفكر في

المرض عندما نكون في صحة جيدة؛ وبالمثل بعد الوصول إلى كانكون دون التعرض لحادث تحطم طائرة! ومن خلال تنمية المزيد من اليقظة الذهنية حول الغياب، قد نصبح أكثر سعادة؛ على الرغم من أن القيام بذلك يتطلب عملاً عقليًا وتفكيرًا شاقًا ـ إحدى الأدوات المفيدة هي التساؤل عن سبب وجود شيء ما بدلاً من العدم لأن هذا السؤال بمثابة وسيلة مفيدة لمحاربة التأثيرات الإيجابية!

انظر أيضًا تأثير فورير (الفصل 64)؛ الانحياز التأكيدي (الفصول 7-8)؛ تحيز الاختيار الذاتي (الفصل 47)؛ انحياز التوفر (الفصل 11)؛ وهم الإنتباه (ت88

تأكيد الانحياز بين السهم والعصفور

قطف الكرز

تقدم الفنادق نفسها في أفضل حالاتها على الإنترنت. يتم اختيار الصور التي تصور صورًا جميلة ومهيبة بعناية؛ يتم ببساطة إخفاء أي زوايا غير جذابة أو أنابيب متسربة أو غرف إفطار غير جذابة بواسطة السجاد الممزق ـ بالطبع أنت تعلم أن هذا صحيح عندما تواجه ردهة قبيحة المظهر لأول مرة؛ وبدلاً من ذلك، ما عليك إلا أن تهز كتفيك وتتحرك نحو مكتب التسجيل في أسرع وقت ممكن.

إن قطف الكرز، كما تمارسه الفنادق، ينطوي على اختيار الميزات الجذابة والتأكيد عليها مع إخفاء الميزات الأخرى. يجب عليك التعامل مع التجارب الأخرى بنفس الطريقة: كتيبات السيارات أو العقارات أو مكاتب المحاماة هي شيء آخر يجب عليك التعامل معه بحذر ـ فمعرفة كيفية عملها لا توقعنا في غيبتها!

لكنك تميل إلى الاستجابة بشكل مختلف عند قراءة التقارير السنوية للشركات والمؤسسات والمنظمات الحكومية. هنا تميل إلى توقع تصوير موضوعي؛ لسوء الحظ، قد تكون مخطئًا: هذه الهيئات غالبًا ما تنتقى بعناية: يتم الاحتفال بالأهداف التي تم تحقيقها بينما لا يتم ملاحظة النكسات.

تخيل نفسك كرئيس قسم. يدعوك مجلس الإدارة الخاص بك لتقديم حالة اللعب لفريقك. كيف ستتعامل مع هذا العرض التقديمي؟ من خلال التأكيد على انتصاراتها مع تضمين بعض الشرائح التي تسلط الضوء على التحديات. من السهل نسيان أي إنجازات لم تتحقق.

تمثل الحكايات تحديًا فريدًا عندما يتعلق الأمر بقطف الكرز. تخيل أنك المدير التنفيذي لشركة تقوم بتصنيع الأجهزة التقنية. بعد إجراء استبيان رضا العملاء، أصبح من الواضح أن معظم العملاء لا يمكنهم استخدام أداتك بسبب طبيعتها المعقدة. الآن يتدخل مدير الموارد البشرية: "لقد حصل والد زوجي على هذا بالأمس وتعلم على الفور كيفية العمل عليه. ما هو الوزن الذي ستخصصه لهذا الكرز بالذات؟ قريب من الصفر." يمكن أن يكون دحض الحكاية أمرًا صعبًا لأنه يتضمن قصصًا صغيرة تروق لأدمغتنا. ولمواجهة هذا التأثير، يقوم القادة المهرة بتدريب أنفسهم طوال حياتهم المهنية ليصبحوا شديدي الحساسية تجاه الحكايات التي تأتي في طريقهم ويستجيبون على الفور بإطلاق النار. ضد أي مثل هذه القصص التي تنشأ.

يوضح Antifragile، يصبح قطف الكرز أكثر وضوحًا عندما ننغمس في حقول أكثر ارتفاعًا أو نخبوية. في كتابه طالب بالتفصيل كيف تتباهى جميع مجالات البحث ـ من الفلسفة إلى الطب والاقتصاد ـ بنتائجها: "مثل السياسيين، فإن الأكاديميين ماهرون في إخبارنا بما فعلوه من أجلنا بدلاً من ما لم يفعلوه؛ وبالتالي إثبات أساليبهم التي لا غنى عنها ". قد يكون هذا أمرًا انتقائيًا، لكن احترامنا للأكاديميين يجعل من المستحيل علينا اكتشافه.

أو لنتأمل مهنة الطب: إن إخبار الناس بعدم التدخين هو أعظم إنجاز طبي منذ انتهاء الحرب العالمية الثانية، وفقا للطبيب دروين بورش في كتابه تناول الدواء. هناك عدد قليل من المضادات الحيوية التي تشبه الكرز تعمل كمليهات، وبالتالي يميل الباحثون في مجال المخدرات إلى الاحتفاء بهم في حين لا يفعل ذلك النشطاء المناهضون للتدخين.

تميل الأقسام الإدارية في الشركات الكبيرة إلى التصرف مثل أصحاب الفنادق من خلال تمجيد أنفسهم من خلال الترويج لكل ما أنجزوه ولكنهم لا ينقلون مطلقًا ما لم يتم إنجازه للشركة. ماذا يمكنك أن تفعل حيال هذا؟ عند العمل في المجلس الإشرافي لمنظمة ما، تأكد من السؤال عن "بقايا الكرز" مثل المشاريع الفاشلة أو الأهداف المفقودة ـ سوف

تتعلم منها أكثر بكثير مما تتعلمه من النجاحات! ومن المثير للدهشة مدى ندرة طرح مثل هذه الأسئلة! ثانياً: بدلاً من توظيف جيش من المراقبين الماليين لحساب التكاليف حتى آخر سنت، خذ وقتاً لمراجعة الأهداف بانتظام. قد تندهش عندما تجد أنه مع مرور الوقت، أصبحت بعض الأهداف الأصلية أقل واقعية وتم استبدالها بأهداف مفروضة ذاتيًا والتي تظل دائمًا قابلة للتحقيق؛ وفي أي وقت تظهر فيه مثل هذه الأهداف، ينبغي عليهم رفع الأعلام الحمراء؛ سيكون إذلك بمثابة إطلاق سهم وإنشاء نقطة مركزية حول المكان الذي يهبط فيه

ملاحظات حول التحيزات (الفصل 13)؛ التحيزات التي تخدم الذات (الفصل 45)؛

العصر الحجري للبحث عن كبش فداء

فشل تحليل السبب الواحد

في برنامجه الإخباري، يتم إجراء مقابلات مع خبراء MSNBC. كريس ماثيوز هو أحد الصحفيين البارزين في سياسيين. لم أفهم أبدًا ما تنطوي عليه وظيفتهم أو سبب وجود مثل هذه الوظائف، على الرغم من أن الغزو الأمريكي للعراق في عام 2003 كان في المقدمة. سأل كريس ماثيوز الخبراء تلو الآخر عن دوافعها ـ بدءًا من نظريات الانتقام من أحداث 11 سبتمبر إلى وجود أسلحة الدمار الشامل وراء هذا الصراع ـ وكانت أسئلته مهمة للغاية: "ما هو الدافع للحرب؟" "، إلى" لماذا غزونا العراق، إلى جانب عروض المبيعات ". وهكذا دواليك...وهلم جرا...وهلم جرا...وهلم جرا...وهلم جرا...

أسئلة مثل هذه لم تعد تناسبني؛ إنها تعكس أحد الأخطاء العقلية الأكثر حدوثًا ـ وهو أمر لا يوجد له مصطلح يومي؛ ومن ثم سأستخدم لغة غريبة مثل "مغالطة السبب الواحد" بدلاً من ذلك.

وبعد خمس سنوات، في عام 2008، ساد الذعر مرة أخرى في الأسواق المالية وانهارت البنوك، مما اضطر دافعي الضرائب إلى إنقاذهم بدولارات الضرائب. لقد قام المستثمرون والساسة والصحفيون بالتحقيق في كل جانب من جوانب هذا الانهيار المالي: هل سياسة جرينسبان النقدية المتساهلة؟ غباء المستثمر؟ وكالات التصنيف المشكوك فيها؟ مدققي الحسابات الفاسدين؟ وكانت نماذج المخاطر السيئة أو الجشع المطلق من الأسباب المحتملة كلها، وكانت جميعها تستحق اللوم بنفس القدر. ولا يمكن لأي عامل منفرد أن يدعي المسؤولية بمفرده، ولكن يمكن للجميع أن يساهموا بشكل كبير

إن الصيف الهندي المثالي، أو طلاق أحد الأصدقاء، أو الحرب العالمية الأولى، أو السرطان، أو إطلاق النار في مدرسة، أو النجاح العالمي لشركة ما أو حتى الكتابة نفسها، هي أحداث ناجمة عن عوامل متعددة تساهم في حدوثها ـ ومع ذلك ما زلنا نحاول إلقاء اللوم كله على فرد واحد أو شيء وحده.

ما الذي يسبب نضج التفاحة وسقوطها ليس واضحا: هل الجاذبية تجذبها نحو الأرض، أم أن جذعها يذبل تحت أشعة الشمس الجافة، أم أن وزنها زاد، أم أن الرياح العاتية تتسبب في سقوطها، أم أن طفلا متحمسا يقف تحتها يريد لتناول وجبة خفيفة على ذلك؟ لا يوجد عامل واحد يفسر سقوطها. في كتاب "الحرب والسلام" لتولستوي، يوضح هذا المقطع ذلك بشكل جميل.

تخيل أنك مدير منتج لعلامة تجارية شهيرة لحبوب الإفطار وقد قدمت مؤخرًا مجموعة متنوعة عضوية منخفضة السكر أثبتت فشلها الساحق بعد شهر واحد من المبيعات. فكيف ستبدأ بالتحقيق في أسبابه؟ أولاً، عليك أن تفهم أنه لا يوجد عامل واحد سيكون مسؤولاً عن هذا الفشل؛ كل عامل يلعب دوره. خذ ورقة وارسم جميع الأسباب المحتملة، بالإضافة إلى أسبابها الجذرية. عند الانتهاء، ستكون قد أنشأت شبكة معقدة من المؤثرين المحتملين. بعد ذلك، حدد ما يمكنك تغييره (مثل الطبيعة البشرية) مع التخلص من ما لا يمكنك تغييره. وأخيرًا، قم بإجراء اختبارات تجريبية من خلال تغيير العوامل المميزة عبر الأسواق ـ وهذا يستغرق وقتًا ومالًا ولكنه ضروري إذا أردنا تجاوز الافتراضات السطحية.

إن مغالطة السببية الفردية قديمة وخطيرة. على مدى آلاف السنين، توصلنا إلى الاعتقاد بأن الناس هم أسياد مصائرهم ـ وقد قدم أرسطو هذا الادعاء منذ أكثر من ألفي عام! الآن نفهم أن هذا غير صحيح وأن الإرادة الحرة هي سؤال

مفتوح. يتم تحديد أفعالنا من خلال شبكة معقدة من العوامل التي تتراوح بين الاستعداد الوراثي والبيئة والتعليم وتركيز الهرمونات داخل خلايا الدماغ، وما زلنا نتمسك بشدة بصورة عفا عليها الزمن للحكم الذاتي. هذه الممارسة ضارة ومشكوك فيها أخلاقيا. وطالما أننا نؤمن بأسباب فردية للأحداث أو الكوارث، فسيكون من الممكن دائما إلقاء اللوم على الأفراد. علاوة على ذلك، فقد مارس الناس منذ فترة طويلة لعبة العثور على شخص ما أو شيء يلقون عليه اللوم، مما أدى إلى خلق تصور مفاده أن السلطة يجب أن تمارس من خلال فرد أو مجموعة على حساب أخرى.

ومع ذلك، تمكنت تريسي تشابمان من بناء نجاحها العالمي بالكامل عليها ـ خاصة من خلال أغنية "أعطني سببًا واحدًا". لكن ألم تكن هناك عوامل أخرى معنية أيضًا؟

أنظر أيضاً التبرير "لأن" (الفصل 52)؛ تزوير التاريخ (الفصل 78)؛ التحيز بعد فوات الأوان (الفصل 14) وخطأ الإسناد الأساسي (الفصل 36) لمزيد من التوضيح.

خطأ نية العلاج

على الرغم من أنه قد يكون من الصعب تصديق ذلك، إلا أن شياطين السرعة يقودون سياراتهم بأمان أكبر من السائقين "الحذرين". ضع في اعتبارك هذا: من ميامي إلى ويست بالم بيتش تقع على بعد حوالي 75 ميلاً. السائقون الذين يقطعون مسافة في أقل من ساعة نصنفهم على أنهم متهورون لأن متوسط سرعتهم يتجاوز 75 ميلاً في الساعة؛ يقع جميع الآخرين ضمن مجموعتنا من السائقين الحذرين. ما هي المجموعة التي تتعرض لحوادث أقل؟ يجب أن يكون السائقين المتهورين. أكمل السائقون الثلاثة الرحلة في غضون ساعة، وبالتالي لا ينبغي أن يكونوا متورطين في أي حوادث؛ أي شخص وجد نفسه في حادث يقع تلقائيًا في فئة السائقين الأبطأ. يمثل هذا المثال مغالطة خبيثة يشار إليها بخطأ نية المعالجة والذي للأسف يفتقر إلى اسم جذاب.

قد يبدو هذا مشابهًا لتحيز البقاء (الفصل الأول)، ولكن هناك فرق مهم. مع تحيز البقاء، فإنك ترى فقط المشاريع أو السيارات الناجحة المتورطة في حوادث بينما في حالة خطأ نية المعالجة تظهر هذه المشاريع أو السيارات الفاشلة بشكل بارز ولكن ببساطة ضمن فئة غير مناسبة.

لقد عرضت علي مؤخرا دراسة مثيرة للاهتمام أجراها أحد المصرفيين والتي كشفت عن حقيقة مثيرة للاهتمام: الشركات التي لديها ديون في ميزانياتها العمومية تميل إلى أن تكون أكثر ربحية بشكل ملحوظ من الشركات التي تحتفظ فقط بالأسهم كأدوات مالية (أي لا يوجد ديون في ميزانيتها العمومية). . أصر المصرفي على أن كل شركة يجب أن تقترض متى تشاء، مع كون بنكه هو أفضل مكان لهذا الغرض. لقد فحصت دراسته عن كثب. كيف يمكن أن يكون ذلك؟ ومن بين 1000 شركة تم اختيارها عشوائيا، حققت تلك الشركات التي حصلت على قروض كبيرة عوائد أعلى على حقوق الملكية وإجمالي رأس المال مقارنة بالشركات الممولة بشكل مستقل. لقد كانوا جميعًا أكثر نجاحًا. وسرعان ما أدركنا أن الشركات غير المربحة غير مؤهلة للحصول على قروض الشركات، وبالتالي تندرج ضمن مجموعة "الأسهم فقط"، حيث تميل الشركات التي تتمتع بمساندة نقدية أكبر إلى البقاء واقفة على قدميها لفترة أطول وتظل جزءاً من هذه الدراسة على الرغم من أي مشاكل صحية قد تطرحها. ومن ناحية أخرى، فإن الشركات التي تقترض بكثافة تميل إلى الفشل بسرعة أكبر. وعندما لا يتمكنون من سداد الفوائد على ديونهم، تستحوذ البنوك على هذه الشركات وتبيعها؛ ويميل أولئك الذين يبقون ضمن "مجموعة الديون" إلى البقاء في صحة جيدة نسبيًا بغض النظر عن حجم الديون الموجودة في ميزانياتهم العمومية.

كن حذرًا إذا كنت تعتقد أنك تفهم. قد يكون التعرف على خطأ نية المعالجة أمرًا صعبًا؛ لنستخدم الطب كمثال: قامت إحدى شركات الأدوية بإنشاء دواء جديد لمكافحة أمراض القلب. أثبتت إحدى الدراسات أن هذا الدواء يقلل بشكل كبير من معدلات وفيات المرضى مقارنة بتناول الحبوب الوهمية وحدها؛ بين المستخدمين المنتظمين، ينخفض معدل الوفيات لمدة خمس سنوات من 15% إلى 11% في غضون خمس سنوات، وأعلى مرتين بين المستخدمين غير المنتظمين الذين تناولوه بكميات مختلفة؛ فهل يمكن حقًا اعتبارها ناجحة أم فاشلة؟

المشكلة هي أن الحبوب قد لا تكون العامل الحاسم. بل إن سلوك المريض هو الذي يهم في النهاية. ربما توقف المرضى عن تناول الدواء بسبب آثار جانبية حادة ووجدوا أنفسهم في فئة "التناول غير المنتظم" أو كانوا مرضى جدًا لدرجة أنهم لم يتمكنوا من الاستمرار في تناوله بانتظام؛ وفي كلتا الحالتين، لم يبق سوى الأفراد الأصحاء نسبيًا ضمن مجموعة "التناول المنتظم"، مما يجعل الدواء يبدو أكثر فعالية بكثير مما هو عليه بالفعل؛ هؤلاء المرضى المرضى حقًا والذين لم يتمكنوا من تناول جرعات منتظمة هم الذين ينتمون إلى مجموعات "التناول غير المنتظم".

تسمح الدراسات ذات السمعة الطيبة للباحثين الطبيين بتحليل بيانات جميع المرضى الذين كانوا يعتزمون علاجهم في البداية؛ بغض النظر عما إذا كانوا قد شاركوا في المحاكمة أم لا. ولكن لسوء الحظ، تتجاهل العديد من الدراسات هذه

القاعدة إما عن قصد أو عن غير قصد؛ كن على أهبة الاستعداد: تحقق دائمًا مما إذا كان الأشخاص الخاضعون للاختبار ـ مثل السائقين المتورطين في حوادث، والشركات المفلسة، والمرضى المصابين بأمراض خطيرة ـ قد اختفوا لسبب ما من عينة العينة الخاصة بك، ثم قم بوضع الدراسة في مكانها: في سلة المهملات.

أنظر أيضا: انحياز البقاء (الفصل 1)؛ ظاهرة ويل روجرز (الفصل 58)؛

لماذا لا يقرأ الناس الأخبار؟

أخبار الوهم زلزال في سومطرة. تحطم طائرة في روسيا. رجل يحتجز ابنته في القبو لمدة 30 عامًا؛ هايدي كلوم تنفصل عن سيل؛ تسجيل الرواتب في بنك أوف أمريكا؛ هجوم في باكستان؛ استقالة رئيس مالي؛ رقم قياسي عالمي جديد في رمي الجلة.

هل حقا تحتاج إلى هذه المعرفة؟

نحن على علم جيد للغاية، ومع ذلك نظل جاهلين للغاية. وذلك لأننا اخترعنا قبل قرنين من الزمان شكلاً سامًا من المعرفة يسمى الأخبار التي تروق للعقل مثلما يفعل السكر للجسم ـ فهي لذيذة ولكنها قد تكون مدمرة بمرور الوقت.

قبل ثلاث سنوات، أجريت تجربة. توقفت عن القراءة والاستماع إلى الأخبار وألغيت جميع اشتراكاتي في الصحف والمجلات؛ تم قطع القنوات التلفزيونية والإذاعية من تشكيلة الفريق؛ تم حذف تطبيقات الأخبار من جهاز iPhone الخاص بي تمامًا. في البداية كان الأمر صعبًا، حيث كنت أشعر بالقلق دائمًا من أن شيئًا مهمًا قد يفلت من قبضتي؛ ولكن بعد مرور بعض الوقت، طورت وجهة نظر مختلفة. وبعد ثلاث سنوات، أثمرت جهودي بأفكار أكثر وضوحًا ورؤى أعمق وقرارات أفضل ووقت فراغ أكبر بكثير. وأفضل ما في الأمر هو أنه لم يتم تفويت أي شيء مهم نظرًا لأن شبكتي الاجتماعية الحقيقية تعمل بمثابة مرشح للمعلومات وتبقيني على اطلاع دائم.

بادئ ذي بدء، تتفاعل أدمغتنا بشكل غير متناسب مع أنواع مختلفة من المعلومات: فالتفاصيل الفاضحة والصادمة تحفزنا؛ التفاصيل المجردة أو المعقدة أو غير المعالجة لها تأثير ضئيل. يفهم منتجو الأخبار هذه الديناميكية تمامًا ـ فقصصهم الجذابة وصورهم المبهرجة و"الحقائق" المثيرة تجذب انتباهنا بينما يشتري المعلنون مساحة حتى يمكن رؤية إعلاناتهم؛ لذلك يجب تصفية جميع القصص الدقيقة أو المعقدة أو العميقة بعناية حتى لو كانت أكثر تأثيرًا على المجتمع ككل.
إن استهلاك الأخبار يشوه فهمنا للعالم، ويدفعنا إلى التعايش مع تمثيل غير دقيق للمخاطر والتهديدات التي نواجهها بالفعل.

ثانيا، الأخبار ليست ذات صلة. على مدار الاثني عشر شهرًا الماضية، ربما تكون قد استهلكت ما يقرب من 10000 مقتطف من الأخبار (ربما يصل إلى ثلاثين يوميًا). كن صادقًا: قم بتسمية أحد الأخبار التي ساعدتك على اتخاذ قرارات أفضل في الحياة أو العمل أو العمل مقارنةً بعدم الحصول على هذا الخبر مقارنةً بعدم الحصول عليه على الإطلاق ـ من بين 10000 قصة تم استهلاكها. لم يتمكن أي شخص سألته من ذكر أكثر من مقالتين مفيدتين من كل ما تم استهلاكه ـ وهي نتيجة بائسة من المؤسسات الإخبارية التي تؤكد أن معلوماتها توفر مزايا تنافسية في حين أن الاستهلاك يمثل في الواقع ضررًا اقتصاديًا؛ ولو أنهم ساعدوا الأشخاص على التقدم بشكل أكبر في التقدم الوظيفي، لكان الصحفيون في قمة هرم الدخل ـ فالعكس تمامًا هو الصحيح

وتمثل الأخبار أيضاً استخداماً غير فعّال للوقت: ففي المتوسط، يهدر كل إنسان نصف يوم كل أسبوع في القراءة عن الشؤون الجارية، الأمر الذي يؤدي إلى خسائر هائلة في الإنتاجية في مختلف أنحاء العالم. لنأخذ على سبيل المثال هجمات مومباي الإرهابية عام 2008: بسبب التعطش الذي لا يرتوي للاعتراف وحده، قتل الإرهابيون 200 حياة بريئة لمجرد الحصول على الشهرة والاعتراف. ولنفترض أن مليار شخص قضوا ساعة واحدة في متابعة الأحداث: في عرض التحديثات دقيقة بدقيقة والاستماع إلى تعليقات الخبراء والمحللين ـ وهو السيناريو المرجح للغاية نظرا لأن عدد سكان الهند يتجاوز المليار نسمة. ولذلك، فإن حساباتنا المتحفظة: مليار شخص مضروبًا في ساعة إلهاء تساوي

مليار ساعة توقف عن العمل. إذا قمنا بتحويل هذا الرقم إلى الأرواح المفقودة بسبب استهلاك الأخبار مقابل الخسائر الناجمة عن الهجمات، فإن هذا الرقم يبلغ حوالي 2000 حالة وفاة تهدر بسبب الاستهلاك وحده ـ وهي ملاحظة قاطعة ولكنها دقيقة.

يمكن أن يؤدي الابتعاد عن الأخبار إلى نتائج عميقة بنفس القدر مثل التخلص من أي من العادات السيئة الثمانية والتسعين الأخرى التي ذكرناها هنا. تخلص من عادتك الإخبارية تمامًا؛ اقرأ مقالات أو كتبًا طويلة بدلاً من ذلك ـ لا إشيء يتفوق على الكتب لفهم عالمنا

أنظر أيضاً خطأ الإسناد الأساسي (الفصل 36)؛ تأثير النائم (الفصل 70) ؛ الانحياز التأكيدي (الفصول 7-8)؛ تحيز المعلومات (الفصل 59)؛ التجسيد (الفصل 87) والتحيز للقصة (الفصل 13) كظواهر ذات صلة.

الخاتمة

سأل البابا مايكل أنجلو: أخبرني سر عبقريتك. كيف صنعت تمثال داود هذا، التحفة بين كل الروائع؟ أجاب مايكل أنجلو ببساطة عن طريق إزالة كل ما لم يكن ديفيد.

دعونا نكون واضحين. لا أحد يعرف على وجه اليقين ما الذي يجعلنا ناجحين أو سعداء، ومع ذلك فإننا نفهم ما الذي ينتقص من النجاح أو السعادة. المعرفة السلبية (ما لا يجب فعله) أقوى بكثير من المعرفة الإيجابية (ما يجب فعله).

استخدم مايكل أنجلو طريقة مايكل أنجلو للتفكير بشكل أكثر وضوحًا والتصرف بحكمة: فبدلاً من النظر إلى ديفيد فقط، إركز على كل ما يقف في طريقه وقم بإزالته تدريجيًا؛ وبالمثل في حالتنا: قم بإزالة الأخطاء لتحسين التفكير!

صاغ المفكرون اليونانيون والرومانيون والعصور الوسطى مصطلحًا لهذا النهج يُطلق عليه "الطريق السلبي" - حرفيًا "المسار السلبي"، وهو نهج للتخلي والاستبعاد والاختزال. كان اللاهوتيون من الرواد الأوائل في طريق النفي: لا يمكننا أن نقول ما هو الله؛ وبدلاً من ذلك لا يمكننا إلا أن نحدد غيابه؛ تطبيقه على الحياة الحديثة: لا يمكن تعريف النجاح بشكل مباشر؛ ولا يمكن تحديد وإزالة سوى ما يعيق سعيها - وهو في جوهره كل ما نحتاج إلى معرفته!

لقد ظهرت نظرية اللاعقلانية الساخنة هذه لعدة قرون. يعتقد جون كالفين، مؤسس البروتستانتية الصارمة في أربعينيات القرن السادس عشر، أن مثل هذه المشاعر تمثل الشر وأنه فقط من خلال التوجه نحو الله يمكنك صدها. كان الأشخاص الذين يعانون من انفجارات عاطفية بركانية يُعتبرون من أتباع الشيطان؛ لذلك تلا ذلك التعذيب والقتل. وفقًا لنظرية المحلل النفسي النمساوي سيغموند فرويد، التي تقترح أن الأنا والأنا العليا الأخلاقية لدينا تتحكم في هويتنا المندفعة وتقمعها من خلال الواجب أو الانضباط، وهو أمر لا يمكن أن يحدث. انسَ الالتزام أو الانضباط - فالتفكير وحده لا يمكنه التحكم في عواطفنا بدرجة أكبر من محاولة جعل شعرك ينمو بقوة الإرادة وحدها!

ومن ناحية أخرى، فإن النظرية الباردة عن اللاعقلانية لا تزال حديثة العهد. بعد الحرب العالمية الثانية، حاول الكثيرون تفسير ما يبدو أنه لا عقلانية للنازيين - فلم تُسمع أي انفجارات عاطفية أو خطابات نارية من هتلر نفسه في صفوف القيادة؛ حتى خطاباته النارية كانت مجرد عروض بارعة - لقد كانت الحسابات الباردة، وليس الانفجارات المفاجئة، هي التي قادتهم إلى طريقهم المظلم؛ وينطبق الشيء نفسه على ستالين أو الخمير الحمر.

بدأ علماء النفس في الابتعاد عن ادعاءات فرويد في الستينيات، والنظر بشكل علمي إلى تفكيرنا وقراراتنا وأفعالنا. ما نشأ كان نظرية باردة عن اللاعقلانية، والتي افترضت أن التفكير في حد ذاته أبعد ما يكون عن النقاء؛ حتى الأشخاص ذوي الذكاء العالي يقعون فريسة للفخاخ المعرفية التي تؤدي إلى الأخطاء. علاوة على ذلك، لا يتم توزيع الأخطاء بشكل عشوائي: تميل الأخطاء إلى التجمع في أنماط يمكن التنبؤ بها - مما يجعل الأخطاء أكثر قابلية للتنبؤ ولكن لا يمكن إصلاحها بالكامل - ومع ذلك كان مصدرها غير معروف لعقود من الزمن - في حين بدا كل شيء آخر في أجسامنا موثوقًا نسبيًا مقارنة بأدمغتنا.
لماذا يجب أن تعاني أدمغتنا من انتكاسات مستمرة؟

التفكير ظاهرة بيولوجية، وقد لعب التطور دوره في تشكيله كأي جانب آخر من جوانب الطبيعة. تخيل العودة 50 ألف سنة إلى الوراء وأخذ أحد أسلافنا معنا إلى الحاضر - إرساله لتصفيف الشعر، أو إرسال دروس في القيادة، أو تعليمه كيفية تشغيل الهاتف المحمول، ولكن لا شك أنه سيكون مناسبًا تمامًا؛ بعد كل شيء، لقد منحنا التطور البيولوجي كل

في بعض الحالات)! إذا تمكنا H&M (أو Hugo Boss) هذه القدرات كصيادين وجامعي الثمار الذين يرتدون بدلات من فعل هذا، تخيل العودة 50 ألف سنة إلى الوراء، وإخراج أحد الأسلاف وإحضاره إلى السفر عبر الزمن في الوقت الحاضر؛ ربما، بدلًا من أن يكون منبوذًا في الشارع، ويرسله منذ ذلك الوقت إلى ملابس يومنا هذا؛ إرساله/إرسالها لقص الشعر/قص الشعر/تصفيف الشعر في صالون تصفيف الشعر/تصفيف الشعر/إلباسهم/هم/لنا لمكياج بالملابس/الملابس الحديثة؟ لا؛ لقد دحض علم الأحياء كل الشكوك. جسديًا بما في ذلك المعرفي، نحن صيادون (أو جامعون نرتدي ملابس هوغو بوس وجامعون H&M في هذا الشأن).

ما تغير بشكل كبير منذ العصور القديمة هو بيئتنا المعيشية. كانت الأمور بسيطة ومستقرة في ذلك الوقت، حيث كان الناس يعيشون في مجموعات تصل إلى خمسين شخصًا دون حدوث تقدم تكنولوجي أو اجتماعي كبير. في السنوات العشرة آلاف الماضية فقط، بدأ عالمنا يخضع لتغير جذري، حيث ظهرت المحاصيل والماشية والقرى والمدن والتجارة العالمية والأسواق المالية كقوى رئيسية في تطوره. منذ عصر التصنيع، اختفى الكثير مما كان مثاليًا لوظيفة الدماغ البشري. إذا أمضت 15 دقيقة في أي مركز تسوق، فسوف تمر بعدد من الأشخاص أكبر مما رآه أجدادنا طوال حياتهم. أي شخص يدعي أنه يعرف كيف سيبدو العالم بعد 10 سنوات عادة ما يصبح منبوذا في غضون أشهر بعد تقديم مثل هذه التنبؤات. منذ 10000 عام، أنشأنا عالمًا لم نعد نفهمه. لقد أصبح كل شيء أكثر تعقيدًا ولكنه مرتبط بشكل أكثر تعقيدًا. ونتيجة لذلك، ارتفع الرخاء الاقتصادي بشكل كبير، ولكن أيضًا أمراض نمط الحياة (مثل مرض السكري من النوع الثاني وسرطان الرئة والاكتئاب) وارتفعت الأخطاء في التفكير بشكل كبير مع استمرار التعقيد في الارتفاع ـ وهذا لن يؤدي إلا إلى تفاقم أخطائهم وتضخيمها أكثر.

في جذورنا التي تعتمد على الصيد وجمع الثمار، كان النشاط في كثير من الأحيان أكثر ربحية من التفكير. كانت ردود الفعل السريعة ضرورية، بينما أثبتت التأملات المطولة أنها قاتلة. إذا هرب أحد رفاقك من الصيادين فجأة، فمن المنطقي أن تحذو حذوه؛ بغض النظر عما إذا كان النمر أو الخنزير قد أزعجك. الفشل في الهرب قد يكلفك حياتك؛ على النقيض من ذلك، إذا تسبب مجرد الركض من الخنزير في حدوث خطأ، فقد يكلفك ذلك سعرات حرارية فقط؛ إن كوننا مخطئين بشأن أمور مماثلة قد أتى بثماره: فقد خرج أي شخص بشكل مختلف قبل حدوث المواجهات ـ مما يجعلنا جميعًا أحفاد هؤلاء البشر العاقلين الذين يميلون إلى اتخاذ الإجراءات بسرعة من قبل الأجيال الأولى التي قادت. ونحن أحفادهم اليوم
يفضل المجتمع الحديث التفكير الفردي والعمل المستقل، وأي شخص وقع في فخ الضجيج في سوق الأوراق المالية يعرف هذا بشكل مباشر

يظل علم النفس التطوري مجرد فرضية في الغالب، لكنه مقنع للغاية في تفسير العديد من العيوب؛ وإن لم يكن كل شيء. خذ، على سبيل المثال، هذه العبارة: "كل لوح هيرشي يأتي في غلاف بني؛ ولذلك فإن جميع قطع الحلوى التي تشترك في هذه الخاصية يجب أن تكون أيضًا ألواح هيرشي.' وحتى الأفراد الأذكياء من الممكن أن يقعوا ضحية لهذا الفخ ـ كما هي حال القبائل الأصلية التي تعيش غير مثقلة بالحضارة ـ تماماً كما قد يظل أسلافنا الذين كانوا يعيشون على الصيد وجمع الثمار يعانون من أخطاء في المنطق لا علاقة لها بالتغير البيئي.

لماذا هذا؟ التطور لا يخلق بشرًا مثاليين؛ وطالما أننا نتقدم إلى ما هو أبعد من منافسينا (أي نتغلب على إنسان نياندرتال)، فإن التطور يتسامح مع السلوك المحمل بالأخطاء. خذ طائر الوقواق كمثال ـ لقد وضعوا البيض لملايين السنين في أعشاش الطيور المغردة حيث قامت الطيور الصغيرة بحضانة وإطعام الكتاكيت المولودة من هذا البيض ـ وهو فعل يمثل خطأ سلوكيا فشل التطور في تصحيحه لأنه لم يكن كذلك. لا تعتبر خطيرة بما فيه الكفاية من قبل الطيور الصغيرة.

ظهر تفسير إضافي لأخطائنا في أواخر التسعينيات: أدمغتنا مجهزة للتكاثر بدلاً من البحث عن الحقيقة؛ أي أننا نستخدم أفكارنا في المقام الأول للإقناع بدلاً من البحث عن الحقيقة؛ فمن يستطيع إقناع الآخرين يكتسب القوة والموارد، وهي الأصول التي توفر ميزة كبيرة عند التزاوج وتربية الأبناء. عادةً ما تتفوق الروايات في مبيعاتها على العناوين الواقعية على الرغم من صراحتها الأكبر.

وأخيرا، فإن القرارات البديهية ـ حتى تلك الخالية من المنطق ـ قد تكون مفيدة في ظروف معينة. ما يسمى بالبحث الإرشادي يستكشف هذه الظاهرة. نظرًا لأننا غالبًا ما نفتقر إلى جميع المعلومات المطلوبة عند اتخاذ قرارات مهمة، فإن الاختصارات العقلية أو القواعد الأساسية (الاستدلال) تصبح لا غنى عنها. على سبيل المثال، عند اختيار شركاء رومانسيين تنجذب إليهم، فإن القرار العقلاني الوحيد هو الاعتماد فقط على المنطق؛ غالبًا ما يؤدي استخدام الحدس إلى نتائج أفضل في هذه الحالة. ولابد أيضاً من تبرير العديد من القرارات في وقت لاحق بأسباب أو مبررات من نوع ما، وهو أمر لا يستطيع المنطق أن يبرره.

غالبًا ما تحدث القرارات (المهنة وشريك الحياة والاستثمارات) دون وعي. نقوم لاحقًا بصياغة المبررات بحيث نشعر أن خياراتنا كان واعيًا، على الرغم من أن هذا لا يبدو في كثير من الأحيان مثل الأساليب العلمية. بدلاً من ذلك نخترع الأسباب لتبرير استنتاجات محددة مسبقًا بدلاً من الحقائق الموضوعية.

لذلك، انسَ الانقسام بين الدماغ الأيمن والأيسر الذي وصفته كتب المساعدة الذاتية؛ والأهم من ذلك بكثير هو التمييز بين التفكير البديهي والتفكير العقلاني ـ فكلاهما له استخدامات صالحة؛ تميل العقول البديهية إلى أن تكون أسرع وعفوية وموفرة للطاقة بينما يتطلب التفكير العقلاني طاقة أكبر بكثير من نظيره البديهي. اشتهر دانييل كانيمان بشرح هذه الظاهرة في كتابه "التفكير بسرعة وببطء".

كثيرًا ما يتساءل الناس كيف تمكنت من عيش حياة خالية من الأخطاء منذ أن بدأت أخطائي المعرفية تتراكم، لكن الحقيقة هي أنني لا أفعل ذلك. والجواب؟ لا؛ ولا حتى قريبة. مثل أي شخص آخر، أتخذ قرارات سريعة من خلال استشارة مشاعري وليس أفكاري بدلاً من ذلك؛ عند اتخاذ القرارات بسرعة السؤال "ما رأيي في هذا؟" غالبًا ما يتم استبداله بـ "كيف أشعر حيال هذا؟" إن توقع المغالطات وتجنبها هو مسعى مكلف؛

لإبقاء الأمور مباشرة وواضحة، وضعت لنفسي القواعد التالية لاتخاذ القرار في المواقف ذات العواقب المحتملة الكبيرة (أي اتخاذ خيارات شخصية أو تجارية رئيسية)، وأحاول أن أظل معقولاً وعقلانيًا قدر الإمكان عند الاختيار بين الخيارات. النهج الذي أتبعه يشبه أسلوب الطيار: أقوم بإخراج قائمة الأخطاء الخاصة بي والتحقق منها واحدًا تلو الآخر، كما يفعل طيار الطائرة. لمساعدة نفسي على اتخاذ قرارات مستنيرة بشكل أكثر كفاءة (على سبيل المثال، بيبسي عادي أو دايت، أو مياه غازية أو مسطحة؟)، أستخدم أيضًا شجرة قرارات قائمة مرجعية ممتازة. في المواقف التي تكون فيها العواقب ضئيلة (على سبيل المثال، المياه الفوارة مقابل المياه المسطحة؟)، تساعد شجرة القرار بشكل كبير ـ على سبيل المثال عند الاختيار بين بيبسي العادي مقابل نظام غذائي أو المياه الغازية أو المسطحة. غالبًا ما أتخلى عن التحسين العقلاني وأترك الطريق حدسي يقود الطريق بدلاً من ذلك. يمكن أن يكون التفكير متعبًا؛ ولذلك إذا كان الضرر المحتمل في حده الأدنى فلا تجهد نفسك في الأمور التافهة. لن يكون لمثل هذه الأخطاء تداعيات دائمة وقد تؤدي طريقة العيش هذه إلى تجارب أفضل بشكل عام. تبدو الطبيعة غير مهتمة بما إذا كانت قراراتنا مثالية أم لا؛ كل ما يهم هو أن نبحر بأنفسنا خلال الحياة بنجاح ـ طالما أننا مستعدون للتصرف بعقلانية عندما تصبح الأمور صعبة. بالإضافة إلى ذلك، غالبًا ما أعتمد على حدسي عندما أعمل ضمن دائرة اختصاصي. تدرب على آلة موسيقية، وستتعلم أصابعك العزف على نغماتها. مع مرور الوقت، تصبح أطراف أصابعك ماهرة في التعامل مع المفاتيح أو الأوتار؛ تظهر النوتات الموسيقية ويتم تشغيل النوتات الموسيقية تلقائيًا تقريبًا ـ يستخدم وارن بافيت الميزانيات العمومية مثلما يفعل الموسيقيون المحترفون النوتات الموسيقية

ابحث عن دائرة كفاءتك ـ ذلك المجال الذي تفهم فيه وتتفوق فيه بشكل حدسي ـ واكتسب فهمًا قويًا. تلميح: قد يكون أصغر مما تدرك! عند اتخاذ قرارات مهمة خارج هذه الدائرة، قم بتطبيق تقنيات التفكير العقلاني الصارم بينما بالنسبة للقرارات الأقل إلحاحًا استخدم الحدس بحرية

النهاية

ابحث عن دائرة كفاءتك ـ ذلك المجال الذي تفهم فيه وتتفوق فيه بشكل حدسي ـ واكتسب فهمًا قويًا. تلميح: قد يكون أصغر مما تدرك! عند اتخاذ قرارات مهمة خارج هذه الدائرة، قم بتطبيق تقنيات التفكير العقلاني الصارم بينما بالنسبة للقرارات الأقل إلحاحًا استخدم الحدس بحرية

www.ingramcontent.com/pod-product-compliance
Lightning Source LLC
Chambersburg PA
CBHW060511120726
48002CB00011B/3112